VARONES AL SON DE LA MIGRACIÓN
Migración internacional y masculinidades de Veracruz a Chicago

CENTRO DE ESTUDIOS DEMOGRÁFICOS,
URBANOS Y AMBIENTALES

VARONES AL SON DE LA MIGRACIÓN
Migración internacional y masculinidades
de Veracruz a Chicago

Carolina Rosas

EL COLEGIO DE MÉXICO

325.2726209773
R789v

    Rosas, Carolina
       Varones al son de la migración : migración internacional y masculinidades de Veracruz a Chicago / Carolina Rosas. -- 1a ed. -- México, D. F. : El Colegio de México, Centro de Estudios Demográficos, Urbanos y Ambientales, 2008.
       307 p. ; 21 cm.

       ISBN 978-607-462-002-3

       1. Veracruz (México : Estado) -- Migración e inmigración -- Chicago (Estados Unidos). 2. Migración de trabajadores -- México -- Veracruz (Estado). 3. Masculinidad -- México -- Veracruz (Estado). I. t.

Primera edición, 2008

D. R. © El Colegio de México, A. C.
      Camino al Ajusco 20
      Pedregal de Santa Teresa
      10740 México, D. F.
      www.colmex.mx

ISBN 978-607-462-002-3

Impreso en México

ÍNDICE

AGRADECIMIENTOS

Este libro es una adaptación de la tesis que realicé para obtener el grado de doctora en Estudios de Población por el Centro de Estudios Demográficos, Urbanos y Ambientales de El Colegio de México; como tal, ha recibido constantes e importantes colaboraciones de muchas personas. Vaya mi más sincera gratitud para todos los que me acompañaron e hicieron altamente placentera esa labor.

Eterna gratitud y profundo respeto guardo para con Manuel Ángel Castillo, mi director de tesis y maestro, que ha estado siempre atento a mi trabajo académico y lo ha mejorado con sus inteligentes y generosas apreciaciones. Mi reconocimiento se extiende más allá de lo estrictamente académico: mil veces gracias por todas las manos que constantemente me has tendido.

Patricia Zamudio Grave, Cristina Oehmichen Bazán y Rodolfo Corona Vázquez desempeñaron la importante tarea de comentar críticamente las versiones preliminares; me brindaron muy buenas ideas además de su valioso tiempo: va para todos ellos un gran agradecimiento. A Patricia un especial reconocimiento por acompañarme en Xalapa y por propiciar, con sensibilidad, una mayor cercanía y compromiso entre los investigadores y las personas que hacen posible su trabajo.

Quiero también hacer extensivos mis agradecimientos y cariños a Ivonne Szasz Pianta, Juan Guillermo Figueroa y José Luis Lezama.

Corresponde a los afectos un papel primordial en toda esta labor: a mi familia en Argentina le agradezco su amor y su apoyo incondicional a mi desarrollo profesional; a los Urbina, en México, muy especialmente a Guadalupe, les debo su permanente compañía y su abrigo. Con mi querida Cecilia Gayet estaré siempre en deuda por tantas y tantas cuestiones imposibles de enumerar aquí.

11

Los cardaleños hicieron que mi trabajo de campo fuera tan ameno que frecuentemente se me presenta la idea de regresar para ampliar el estudio; sin ellos estas páginas estarían vacías, por lo que es fácil comprender su importancia, así como el respeto y el cariño que siento.

También he de mencionar a los miembros del jurado dictaminador del Premio Gustavo Cabrera Acevedo 2006 y a los dictaminadores anónimos de este libro. Muchas gracias por sus consideraciones y comentarios críticos.

Agradezco también los apoyos económicos que facilitaron mi investigación doctoral: al Programa de Salud Reproductiva y Sociedad y el Programa Interdisciplinario de Estudios de la Mujer, ambos de El Colegio de México, a The Ryoichi Sasakawa Young Leaders Fellowship Fund, al Centro de Investigaciones y Estudios Superiores en Antropología Social (Unidad Golfo) y al Grupo Interdisciplinario sobre Mujer, Trabajo y Pobreza.

INTRODUCCIÓN

La movilidad poblacional de carácter internacional se presenta en el cambio de milenio como un tema de punta dadas las magnitudes que ha alcanzado,[1] las repercusiones que provoca en países de origen, tránsito y destino, la variedad de factores que involucra —políticos, económicos, sociales, culturales y demográficos—, y por la complejidad que conlleva abordarlo (Castillo, 1995). Conforme aumentan el interés académico y la relevancia sociopolítica del tema se va reforzando una vasta serie de perspectivas y núcleos de intereses.

La migración mexicana hacia Estados Unidos cuenta con una larga historia y es una de las más importantes en el mundo. Factores diversos como la vecindad geográfica, la asimetría económica y las intensas relaciones entre ambos países propician la generación de flujos migratorios.[2] Sin embargo, más allá de la importancia cuantitativa de esta migración, hay cada vez más estudiosos interesados en conocer también aspectos cualitativos de su desarrollo, condicio-

[1] Algunas estimaciones revelan que el *stock* migratorio mundial se incrementó de 1965 a 1990 a una tasa de 1.9% anual, pasando de alrededor de 75 millones de personas a 120 millones. Entre 1985 y 1990 la tasa de crecimiento del *stock* migratorio internacional alcanzó 2.6%, y superó la tasa de crecimiento anual de la población mundial (Zlotnik, 1998; FNUAP, 1999). En 2000 este *stock* habría alcanzado, aproximadamente, 168 millones de personas (Martin y Widgren, 2002). Para 2005 se estimó que había 190 millones de migrantes en el mundo (Roig, 2005).

[2] Alrededor de 4 300 000 personas nacidas en México fueron enumeradas por el censo estadounidense de 1990, número que se elevó a 6 700 000 en 1996 y alcanzó una tasa de crecimiento anual del *stock* migratorio de 7.3% (Tuirán, 1993, Castillo, 1995; Zlotnik, 1998). Para 2000 se estimó que habría "8.5 millones de personas nacidas en México residiendo de manera autorizada o no autorizada en los Estados Unidos, lo que equivale a más del ocho por ciento de la población total de México y tres por ciento de la de aquel país" (Conapo, 2002a).

nantes y consecuencias; en esta línea, una de las perspectivas que se han incorporado en el análisis es la de género.

En los estudios de población las diferenciaciones de comportamientos y tendencias basadas en la variable sexo siempre han ocupado un lugar central, pero hasta hace poco tiempo las investigaciones no profundizaban en los condicionamientos socioculturales que las ocasionan. Poco a poco fueron apareciendo estudios orientados por un enfoque de género, interesados en demostrar la relevancia de las diferencias construidas socialmente entre hombres y mujeres para explicar los fenómenos sociodemográficos (García, Camarena y Salas, 1999). En otras palabras, se reconoció que la importancia de incluir el género en los estudios de población radicaba, precisamente, en su poder explicativo de los comportamientos al trascender la mera diferenciación biológica.

En el campo de los estudios de migración, el desarrollo de estudios sociodemográficos y socioantropológicos sobre la mujer en los años setenta permitió descubrir particularidades de los movimientos de mujeres, al entender las migraciones como componentes de procesos más amplios. El desarrollo de la perspectiva de género posibilitó también la comprensión de la migración femenina como un fenómeno social que difiere del de la masculina (Szasz, 1999).

En términos generales, estos estudios permitieron entender que las construcciones de género y las relaciones de poder aparecen mediando las trasformaciones político-económicas macroestructurales y el proceso migratorio, en conjunción con otros factores como la clase social y el origen étnico. Estas mediaciones no sólo afectan las motivaciones e incentivos para moverse, también la capacidad para hacerlo, el protagonismo en la toma de decisiones, los patrones y tipos migratorios, así como las consecuencias de la migración sobre la autonomía personal, entre otras cuestiones (Szasz, 1999).

El interés por el análisis conjunto de las construcciones de género y el fenómeno migratorio se ha centrado básicamente en las mujeres. La perspectiva de género ha sido invocada para poner de relieve la importancia y complejidad de la experiencia femenina en la migración (aspecto que debe ser reconocido y del que deriva gran parte de su importancia), pero la presencia masculina ha sido pocas veces rescatada. Esto ha resultado en un significativo desequilibrio entre la investigación sobre las mujeres y la referente a los hombres.[3]

En otras palabras: se encuentran pocos trabajos que presenten hallazgos acerca de los varones a partir de un enfoque de género (Goldring, 1996 y Hondagneu Sotelo, 1994, entre otros), y ninguno que los coloque como unidades de análisis primario. Como afirma Ivonne Szasz (1999:203)

> […] es conveniente pensar en la posibilidad de analizar las migraciones de varones desde una perspectiva de género. Si bien no encontramos antecedentes en la bibliografía internacional ni en la revisión de investigaciones realizadas en el país, es pertinente preguntarse sobre la forma en que la construcción social de la masculinidad y las relaciones hombre-mujer en distintos contextos de México influyen en las motivaciones, características y consecuencias de las migraciones de varones.

Precisamente, la poca visibilidad que desde el género tienen los hombres migrantes o los que en alguna forma se relacionan con el proceso migratorio, fue una de las primeras cuestiones que llamaron mi atención y me impulsaron a realizar este estudio.

Así, la investigación que recoge este libro se inscribe en la intersección de dos grandes áreas de estudio: la migración internacional, fenómeno que tradicionalmente abordan los estudios de población, y el género, perspectiva cada vez más socorrida al encarar cualquier análisis de tipo social. En términos generales, el propósito es analizar si los significados y prácticas sociales asociados con ciertos mandatos de la masculinidad se ven afectados por la aparición del fenómeno migratorio. Procuro ahondar en las relaciones complejas que se tejen entre la migración internacional y las construcciones de la masculinidad, partiendo del supuesto de que —en la medida en que el proceso migratorio altera la vida cotidiana— existe la posibilidad de que se reconfiguren las interpretaciones y prácticas asociadas a las construcciones de la masculinidad de al menos quienes participan en dicho proceso como migrantes. Los efectos de la migración sobre la masculinidad se rastrean en tres man-

---

[3] En este libro se utilizan los términos "hombres" y "varones" de forma indistinta.

datos masculinos: el rol de proveedor, el control sobre la mujer y la valentía.

Así, esta investigación plantea el análisis de una temática novedosa, por lo que gran parte de su importancia deriva de sus aportes al conocimiento de un tema tan poco explorado. La inclusión de los varones como sujetos principales de estudio y como seres *generizados*,[4] permitirá conocer ciertas "formas" de la masculinidad que tienen mucho que decir acerca de la migración, y viceversa. El principal interés radica en sentar bases que propicien y alienten la incorporación de los varones con el mismo grado de importancia que se ha adjudicado a las mujeres, a fin de avanzar en el conocimiento conjunto de la feminidad y la masculinidad en relación con el fenómeno migratorio, tras considerar que "no hay un mundo de las mujeres aparte del mundo de los hombres y que las experiencias y comportamientos de un sexo tienen que ver con las experiencias y comportamientos del otro" (García, Camarena y Salas, 1999:24).

LOS ESCENARIOS DE LA INVESTIGACIÓN

La investigación se llevó a cabo en una localidad rural llamada El Cardal —cuyo flujo migratorio está compuesto principalmente por varones— ubicada en el municipio de Naolinco de la región central del estado de Veracruz, así como en el principal destino internacional de los cardaleños: la ciudad de Chicago, en el estado de Illinois, Estados Unidos. Esta estrategia no desconoce la compleja dinámica de los movimientos (circularidad, multicentrismo, multidireccionalidad, etc.) que trasciende dicha bipolaridad, ni el impacto probable del contacto con otros ámbitos, por ejemplo durante el tránsito. Las limitaciones comunes a todas las investigaciones me llevaron a escoger sólo un lugar de origen y sólo uno de destino.

La elección de una comunidad veracruzana merece comentarios adicionales. Su elección obedeció al gran interés por abordar un "momento" del proceso migratorio muy poco explorado: el comienzo. Como se muestra en el capítulo II, el estado de Veracruz

---

[4] Utilizaré el término *generizados* como síntesis de la expresión "condicionados por el género".

forma parte de las zonas mexicanas que recientemente han experimentando un aumento inusitado en sus magnitudes migratorias. Gran parte de la importancia de este trabajo resulta de la posibilidad, que con muy poca frecuencia se presenta, de comenzar una investigación al mismo tiempo que el fenómeno migratorio está dando sus pasos iniciales, adquiriendo formas y produciendo los primeros efectos. La propia juventud del fenómeno dificulta, y a veces impide identificar pautas o patrones migratorios, sin embargo a lo largo de los capítulos trataré de formular algunas bases relativas a las micromodalidades migratorias en El Cardal. De esta manera espero contribuir al conocimiento del proceso migratorio internacional veracruzano, el cual por su carácter reciente puede presentar particularidades que lo diferencian de otros más antiguos y estudiados.

El atributo de migración reciente puede introducir matices en la forma en que los hombres experimentan la migración. Se trata de un fenómeno que está comenzando a formar parte de las vidas de los veracruzanos, de ahí que deban acomodarse a las nuevas situaciones y oportunidades que les presenta. Así, la juventud del proceso migratorio imprime ciertas particularidades a la dinámica migratoria y también a las representaciones, sentimientos y prácticas de los varones y mujeres relacionados con él. Sin embargo las diferencias respecto de contextos de mayor antigüedad migratoria muchas veces quedarán como hipótesis, dado que no fue posible realizar un trabajo comparativo y se hallaron pocos antecedentes que permitieran tales comparaciones; aun así, espero que los elementos que aparecen a lo largo de este libro permitan sentar las bases para esa necesaria comparación.

Por otra parte, en numerosos análisis relativos a las consecuencias de la migración sobre las construcciones y relaciones de género se hace hincapié en los efectos del contexto de destino. En esa línea se han realizado numerosas investigaciones, entre las que sobresalen las que indagan acerca de los cambios socioculturales que experimentan los migrantes en el encuentro con otras culturas, y la forma en que se posibilitan ciertas transformaciones en las relaciones de género (véase Toro Morn, 1995, entre otros). En la presente investigación, en cambio, la mirada está puesta sobre la comunidad de origen y los migrantes.

Considero que los integrantes de una comunidad comparten, al menos parcialmente, las representaciones sociales que les son propias. "La comunidad puede ser entendida como una colectividad cultural basada en un conjunto de relaciones sociales primarias significativas que permiten a los migrantes residir fuera de la localidad, de la región o del país de origen, sin dejar de ser miembros de la misma" (Oehmichen Bazán, 2000:324). En este sentido, y teniendo en cuenta la juventud del proceso migratorio analizado, asumo que la localidad no es sólo el "lugar" en que se socializaron —en el pasado— los migrantes, sino un ámbito de socialización y referencia actual y vigente. Así, la comunidad de origen es un ámbito adecuado para conocer los referentes materiales y simbólicos de la masculinidad con los cuales se identifican los migrantes o de los que discrepan; esto permite explorar el efecto de la migración materializado en identificación y discrepancia. No se trata de desmerecer la importancia del impacto del contexto de destino sobre la masculinidad, sino de llevar a cabo un recorte de tipo analítico.

INDICACIONES METODOLÓGICAS

Debido al tipo de cuestionamientos que impulsó la investigación, la metodología utilizada fue principalmente cualitativa. El trabajo de campo duró algo más de un año. Entre abril y octubre de 2001 trabajé intensamente en El Cardal, y durante más de un mes (de octubre a noviembre de 2001) permanecí en la ciudad de Chicago entrevistándome con migrantes cardaleños. A mediados de 2002 regresé a El Cardal para realizar las últimas entrevistas que consideré necesarias.

Inicialmente se concretaron 13 entrevistas a profundidad con informantes clave.[5] Estas entrevistas permitieron especificar los objetivos e hipótesis para el contexto que se analizó, así como definir los contenidos del instrumento de recolección de datos. Posteriormente se realizaron 35 entrevistas más, lo cual arroja un total de

[5] Los informantes clave fueron autoridades del gobierno local, ejidal, escolares y sanitarias, así como ancianos y personas que no tenían parientes migrantes ni planes migratorios. La información de esas entrevistas también se incorporó en el análisis.

48. De las últimas 35, 27 fueron realizadas en El Cardal y ocho en Chicago.[6] Las unidades de análisis son los varones, pero las unidades de información fueron hombres y mujeres[7] agrupados según su posición frente a la migración:

i) familiares de migrantes: cardaleños y cardaleñas que tenían un miembro del grupo doméstico en EU;[8]

ii) retornados y retornadas: cardaleños que estuvieron en EU pero habían regresado a El Cardal;[9]

iii) futuros migrantes: cardaleños y cardaleñas que se encontraban planeando su migración;

iv) arrepentidos y arrepentidas: cardaleños que alguna vez tuvieron un plan migratorio y posteriormente lo descartaron, y

v) migrantes actuales: cardaleños que estaban en Chicago entre octubre y noviembre de 2001.

Otras variables, como la edad y la situación conyugal, conforman diferentes percepciones y prácticas (de género y migratorias), por lo que se les incorpora en el análisis. Pese a la dificultad para hacer una rigurosa delimitación entre clases o estratos sociales a partir de un estudio cualitativo, no se puede negar su existencia; por ello las delimitaciones entre estatus socioeconómicos se realizan en función

---

[6] En el anexo se sintetizan, en tablas, las principales características de los entrevistados.

[7] Aun cuando el foco de esta investigación estuviera dirigido a los hombres, consideré que no bastaba con escucharlos hablar de sus experiencias y de las de otros hombres, sino también incluir las ideas de las mujeres sobre los varones. Este criterio me permite comparar diferentes percepciones sobre lo que significa ser hombre para los hombres, y ser hombre para las mujeres.

[8] Conviene aclarar que al hablar de "familia" o de "familiar" estoy restringiendo la relación parental a los miembros del "grupo doméstico". Aun cuando la definición de un grupo doméstico no es precisa y varía en todas las sociedades, en este estudio incluye a aquellos que tienen alguna relación parental y que "comparten el mismo espacio físico para los propósitos de comer, dormir, descansar y recrearse, crecer, cuidar a los niños y procrear" (Laslett, 1993:45).

[9] El grupo de los "retornados" está compuesto por personas que habían migrado a Estados Unidos, pero que se encontraban en El Cardal al momento de las entrevistas. En este sentido, puede tratarse de retornados definitivos o temporales.

de los referentes "de clase" identificados en los discursos de los entrevistados. Aunque se trate de una diferenciación poco refinada, resulta útil para establecer comparaciones entre las masculinidades y las diferentes formas de proceder ante la migración.

Cabe aclarar, finalmente, que aun cuando la estrategia metodológica principal y los instrumentos de recolección de datos empleados son de carácter estrictamente cualitativo, también se utiliza información estadística para describir los contextos socioeconómicos y migratorios (estatal, municipal y local); además se utiliza información derivada de un conteo de migrantes realizado en El Cardal, a fin de abundar en las características de la migración en la localidad.

Se advierte que en el anexo se detallan los criterios metodológicos que guiaron todo el desarrollo de la investigación. Allí se realizan consideraciones acerca de las medidas tomadas para no sobrevalorar el peso explicativo de un fenómeno; las dificultades incluidas en la reconstrucción del pasado (y del presente) a través de los discursos; la manera en que los objetivos, las hipótesis y el instrumento de recolección de datos se construyeron en una ida y vuelta entre la teoría y "la realidad"; la técnica y la situación de la entrevista y el proceso de captación de los entrevistados; los referentes discursivos principales que constituyeron el grueso del análisis; los alcances de los hallazgos de esta investigación, así como las posibilidades de generalización de un estudio que utiliza una metodología cualitativa. Estas consideraciones, incluidas en el anexo, son relevantes en tanto sintetizan el proceso de generación de conocimientos, el cual implica, entre otras cuestiones, la identificación de límites y matices.

LA ESTRUCTURA DEL LIBRO

El libro se estructura alrededor de cinco capítulos. En el primero se presenta el marco teórico conceptual de la investigación. Allí se profundiza en la discusión sobre masculinidad y se resaltan diferentes supuestos sobre las formas en que la migración puede afectarla; también se examinan algunos supuestos y hallazgos acerca de los tres mandatos clave abordados, lo cual permite exponer las hipótesis que guían el análisis de los restantes capítulos.

En el capítulo II se describen las características económicas y sociodemográficas del contexto en el cual se realizó el estudio. Cobra relevancia el análisis del fenómeno migratorio veracruzano en la última década del siglo xx a partir de información censal.

El mandato del rol de proveedor se aborda en el tercer capítulo. Allí se muestra que la migración hacia Estados Unidos es un fenómeno que restructura la vida de los migrantes pioneros al darles una nueva y mejor oportunidad de cumplir con su papel de proveedores ante las dificultades que impone en México la crisis agraria.

En el cuarto capítulo se analizan las dificultades a que se ve expuesto el mandato del control sobre la mujer. Tres son los aspectos que se abordan: el uso e inversión que la mujer hace de la remesa, la fidelidad y la migración femeninas. Además, a fin de profundizar en las dificultades del control masculino, se analizan ciertos incipientes procesos de autonomía femenina que se evidencian a partir de la ausencia de los cónyuges.

El mandato de la valentía se aborda en el quinto capítulo. Se ponen de relieve las formas en que la migración afecta dicho mandato al introducir nuevos obstáculos que deben superarse. La descripción de las dificultades extrínsecas e intrínsecas al migrante en diferentes momentos del proceso, así como el análisis de las críticas sobre quienes no cumplieron con sus planes migratorios, evidencian la importancia del fenómeno en la validación de la hombría.

Finalmente se presentan las conclusiones de la investigación. Se retoman los principales hallazgos mostrados en los capítulos anteriores y se examinan las relaciones entre los distintos mandatos; a la vez se pone de relieve el papel fundamental de la migración en las formas de ejercerlos.

En todos los casos los nombres de los entrevistados y de las personas que se mencionan en las entrevistas fueron modificados a fin de resguardar las identidades. Sin embargo, aun cuando los nombres hayan sido cambiados, en ocasiones las personas pueden ser identificadas por los fragmentos de entrevista citados en los diferentes capítulos; por ello también modifiqué el nombre de la comunidad en donde desarrollé el trabajo de campo, así como el de otras comunidades referidas por los entrevistados. La decisión de resguardar la identidad de las personas encuentra su justificación en los cuidados éticos que se han venido definiendo con el fin de acompañar los procesos de investigación. La confidencialidad es primordial para evitar que la socialización de las historias de los entrevistados pueda repercutir negativamente en ellos.

Los fragmentos de las entrevistas seleccionados para los distintos capítulos fueron editados para su mejor comprensión. Cabe aclarar que aunque en cada fragmento citado aparecen muchos elementos que pueden ser analizados, sólo examiné lo que correspondía al tema en cuestión. Es decir, en lugar de sólo extractar la idea que me interesaba, decidí incluir el fragmento en extenso a fin de explicitar el contexto discursivo en el cual se desarrolla la idea analizada.

I. DE MIGRACIONES Y MASCULINIDADES. ESPECIFICACIÓN TEÓRICA Y PROPUESTA DE ANÁLISIS

En el presente capítulo se presenta sintéticamente el marco teórico conceptual de la investigación. Se ubica el análisis de la masculinidad dentro de la temática más amplia del género y también se reflexiona sobre la diversidad de las masculinidades, las jerarquías que entre ellas pueden suscitarse, así como los costos y los beneficios que conlleva "ser varón", siempre puntualizando diferentes supuestos sobre las formas en que la migración puede afectar tales aspectos.

Dados los muy escasos antecedentes que conjugan el análisis de la migración con el de la masculinidad, la exposición retoma críticamente hallazgos de los estudios de masculinidad que se han realizado en contextos no migratorios. Debe tenerse en cuenta que no pretendo hacer una revisión exhaustiva de las discusiones teóricas alrededor del tema de la masculinidad porque ello excedería los intereses de este libro;[1] sólo me detengo en lo que conviene a mis objetivos.

Desde el género y hacia la masculinidad

Las personas hacen uso de tipificaciones y recetas determinadas por experiencias previas, las cuales han llegado a institucionalizarse como

---

[1] Para abundar sobre el tema se puede consultar la bibliografía citada. Véase, entre otros, el artículo de Nelson Minello (2002), en el cual se realiza una revisión crítica de diferentes investigaciones y reflexiones en torno a la masculinidad y se refieren las dificultades teóricas y metodológicas que presenta su estudio.

herramientas para guiarse en la vida social. Es en lo que Shutz y Luckmann (1973) llaman "mundo de vida", el del sentido común de la vida diaria, donde las personas actúan como si ese mundo existiese y no dudan de su realidad, donde la acción es más bien rutinaria y relativamente falta de reflexión. Las construcciones de género —parte del mencionado mundo de vida— se evidencian en una serie de tipificaciones y recetas que llevan a los actores a comprender y comprenderse cotidianamente sin demasiada reflexión, en tanto varones o mujeres. El carácter del género se puede concebir también como parte de un *habitus*; es decir, como integrante del conjunto de disposiciones duraderas y transferibles de percepciones, pensamientos, sentimientos y acciones de todos los miembros de una sociedad que, al ser compartidas, se imponen a cualquier agente como trascendentes (Bourdieu, 2000).

Entonces, la vida de hombres y mujeres, condicionada además por estructuras como la étnica o la de clase social, se desarrolla alrededor del conjunto de normas y tradiciones que cada grupo construye socioculturalmente en torno de cada persona como poseedor y expresión de determinado sexo:

> los sistemas género-sexo son los conjuntos de prácticas, símbolos, representaciones, normas y valores sociales que las sociedades elaboran a partir de la diferencia sexual anátomo-fisiológica y que dan sentido a la satisfacción de los impulsos sexuales, a la reproducción de la especie humana y en general al relacionamiento entre las personas (De Barbieri, 1992: 151).[2]

Tal definición advierte que el género tiene un carácter relacional, ya que no es posible pensar el mundo de las mujeres separado del de los hombres, ni viceversa. Sin embargo la masculinidad y la feminidad pueden ser concebidas como las dos primarias diferenciaciones socioculturales de las construcciones de género, es decir,

---

[2] El concepto de género frecuentemente se utiliza para sustituir la palabra 'mujeres', o se habla de estudios de género cuando se trata, en definitiva, de estudios sobre mujeres. El intercambio de *mujeres* por género reduce la riqueza del concepto de género, particularmente porque anula el carácter relacional del mismo. Para una revisión sobre la categoría de género véase, entre otros: T. De Barbieri, 1992; G. Rubin, 1986; G. Castellanos, 1991.

existen normas y prácticas que se asignan socialmente y son internalizadas por unas y otros con cierto carácter de exclusividad. Es el caso de algunas prácticas socialmente esperadas y realizadas por los varones, como el rol de proveedor, y por las mujeres, a quienes se asocia con las tareas del hogar y el cuidado de los hijos.

Estas diferencias de género pueden dar lugar a desigualdades. El sentido en que se dan esas desigualdades generalmente es a favor de los hombres y en contra de las mujeres. El proceso de construcción del género hace aparecer como natural el hecho social y cultural de la dominación masculina (Oehmichen Bazán, 2000). Ahora bien, esta naturalización de lo social también tiene su correlato en la investigación. Patricia Zamudio Grave (1999), haciendo referencia a numerosos estudios realizados en la línea de la migración y el género, expone:

> [...] [t]here is a tendency to refer to "patriarchal privileges" of men and "patriarchal sufferings" of women. Then, once in the United States the story we read is one in where "men have lost some of their patriarchal privileges" and women have gained new power, as if gender relations were a kind of sum zero battle between men and women and in order for one to "win" the other needs to "lose". This assumption, in turn, makes it difficult to differentiate between the constraints and possibilities that patriarchal arrangements offer to men and women alike (1999, 177).[3]

El último aspecto mencionado por Zamudio Grave es fundamental, en tanto refiere que los hombres también están limitados por el sistema de género que les confiere poder; además habría que recordar que aunque prevalezca la dominación masculina sobre la mujer existen distintas formas de relacionamiento entre hombres y mujeres: dominación masculina, dominación femenina y relaciones igualitarias (De Barbieri, 1992).

El concepto de poder, multicitado en la literatura sobre género en relación con la dominación masculina, requiere más precisión. Connell (1997) apunta que una de las maneras positivas en que se concibe el poder es en función del potencial para usar y desarrollar nuestras capacidades humanas; es decir, somos hacedores y creadores, capaces de utilizar el entendimiento, el juicio moral y las relaciones

---

[3] El entrecomillado es del texto original.

humanas. Podemos satisfacer nuestras necesidades, luchar contra las injusticias y la opresión; tenemos el poder de amar y el poder de pensar.

Pero el poder también tiene una manifestación negativa como posibilidad de imponer el control sobre otros o sobre los recursos materiales a nuestro alrededor. Esta faceta negativa suele asignarse a los varones —aunque cada vez menos— en muchos estudios que se realizan desde la perspectiva de género, incluidos varios de los que se enfocan en el fenómeno migratorio; es decir, se equipara a los hombres con el poder, definiéndolo como dominación y disfrute, pero se obvian facetas como el dolor que conllevan el propio poder y su debilitamiento, y se minimizan las manifestaciones positivas.

Esta investigación asume que tanto los hombres como las mujeres se encuentran "prisioneros", en términos de Bourdieu (2000), de las representaciones de género, y que ambos pueden experimentar aspectos positivos o negativos del poder. Sin negar que la situación de las mujeres es, en términos relativos, más sufrida y desempoderada que la de los varones (hay suficiente evidencia al respecto, comenzando por la que se ocupa de la violencia en el hogar) considero que ello no habilita a pensar que los hombres están menos condicionados por el sistema de género. Al respecto identifico la existencia de dos discusiones diferentes: una apunta al grado de condicionamiento, y la otra a las consecuencias o dirección que adquiere tal condicionamiento. Respecto de la primera, entiendo que los hombres están igualmente condicionados que las mujeres por las construcciones de género; es decir, por el conjunto de disposiciones duraderas (*habitus*). En cuanto a la segunda entiendo que las mujeres resultan más perjudicadas. En otras palabras, y haciendo eco de Kaufman (1997), no equiparo el dolor de los varones con las formas sistemáticas de opresión sobre las mujeres, sino que reconozco que unos están tan condicionados como las otras, y que su poder también tiene un costo para ellos.

La construcción social del varón supone un proceso desdoblado: por un lado se le somete a la reducción de diferencias y homogeneización en torno de un "modelo" de sujeto masculino, y por otro se trata de aumentar las diferencias respecto a las mujeres o con el "modelo" femenino. Esto es similar para las mujeres (Marqués,

1997). Así, el proceso de socialización de varones y mujeres consistiría en fomentar ciertas posibilidades y reprimir otras; es decir, en definirse tanto por lo que se es como por lo que no se es (Kimmel, 1997).

Pero "no ser lo que se debe ser", el fracaso en encarnar el modelo de la masculinidad, en afirmar el poder de sus reglas y el logro de éstas es una fuente de gran confusión y dolor para los varones, ya que remite a una descalificación social (Luco, 2001; Kaufman, 1997; Kimmel, 1997). Así, aparece una doble carga: por un lado cumplir con los mandatos y procedimientos de la masculinidad, y por otro, esconder lo más posible las faltas.

La argumentación de Bourdieu en torno del honor aclara el peso de la masculinidad sobre los varones, al concebirla como un conjunto de mandatos y procedimientos sociales que ellos deben observar para ser considerados "honorables":

[El honor] *gobierna* al hombre honorable, al margen de cualquier presión externa. *Dirige* unas ideas y unas prácticas a la manera de una fuerza (es más fuerte que él) pero sin obligarle mecánicamente (puede zafarse y no estar a la altura de la exigencia); conduce su acción a la manera de una necesidad lógica (no puede hacerse de otra manera so pena de contradecirse), pero sin imponérselo como una regla o como el implacable veredicto lógico de una especie de cálculo racional (Bourdieu, 2000:67-68).[4]

La cita es suficientemente elocuente para poner de relieve la importancia del peso simbólico (y material) de la masculinidad, así como las limitadas posibilidades de varones y mujeres para escapar a su condicionamiento y cuestionarlo. Pero, además, hace ver el gran costo que un varón puede pagar si no conduce sus acciones de acuerdo con "lo socialmente esperado"; por ello los hombres tienen que aprender, de la misma manera que aprenden que son poderosos, a suprimir la expresión de algunos sentimientos, necesidades y posibilidades, porque son inconsistentes con los supuestos de la masculinidad (Kaufman, 1997).

Teniendo en cuenta lo anterior, en los capítulos siguientes buscaré acercarme tanto a los beneficios que la migración acarrea a los

[4] Cursivas en el original.

hombres (como prestigio, mejor posicionamiento en la competencia y validación social) como a los costos que conlleva (imposibilidad de expresar temor, ser esclavos de la demostración y de su misma autoridad, entre otros), y cómo ello se expresa en los mandatos seleccionados para el análisis. Cabe mencionar que la dicotomía beneficio-costo está planteada sólo como punto de partida de la investigación; claro está que muchas situaciones o eventos difícilmente se podrían clasificar en sólo una de las dos y que "la realidad" excede dicha simplificación.

Más específicamente, me interesa indagar de qué manera las construcciones de la masculinidad —que en términos de Bourdieu (2000) gobiernan, dirigen y conducen a los hombres en sociedad— pueden verse reafirmadas o cuestionadas por el proceso migratorio: de qué manera los hombres hacen frente a tales disposiciones, en qué grado las acatan, cómo las desafían o intercambian unas por otras, y cuáles son las consecuencias, dependiendo de cómo actúen frente a ellas. También cobra relevancia apuntar a los sentimientos que se crean y recrean a partir de diferentes situaciones. El abordaje del sentimiento de dolor es clave en esta investigación porque permite exponer las contradicciones y sufrimientos de los varones migrantes, al mismo tiempo que el gozo del beneficio de ser hombre.

En las páginas anteriores insistí en el carácter condicionante del género y, particularmente, de la masculinidad. Sin embargo, las construcciones de género no son independientes de la acción de los actores, sino que se producen, reproducen y cuestionan en las interacciones. De esta manera, la acción social que "genera significados y se objetiva en comportamientos legitimados por la interpretación" (Salles, 2003:123) coexiste en mutua influencia con los atributos de las situaciones y los contextos; es decir, se trata de ámbitos inescindibles en la realidad, que sólo se separan por necesidad analítica.

Lo anterior lleva a proponer que así como los actores son condicionados por las estructuras, también son capaces de adaptarse a circunstancias imprevistas buscando líneas alternativas de acción, creando nuevas o abandonando las viejas. En lo que respecta a las construcciones de género, aun cuando funcionen como esquemas de referencia primarios de diferenciación de lo masculino y lo femenino, no hay que olvidar que son producidas en la interacción, y que bien pueden ser cuestionadas y reinterpretadas en el curso de nuevas experiencias, como la migratoria.

En este estudio se entiende que la migración cardaleña es un fenómeno no cotidiano debido a su carácter reciente y, por lo mismo, a las características diferenciales que presenta respecto de otras situaciones experimentadas por los cardaleños. Dicho carácter relativamente extraordinario permite considerar que puede afectar las prácticas y significados asociados a la masculinidad: "La situación de cambio y continuidad que se vive con la migración abre un campo de conflicto que pone en tensión las normas, creencias, lealtades y representaciones de lo que cada grupo o colectividad considera como el comportamiento adecuado de acuerdo con su sexo y edad" (Oehmichen Bazán y Barrera Bassols, 2000:18).

En algunos de los estudios que analizan las consecuencias socioculturales de la migración parece subyacer la hipótesis de su "impacto modernizador" sobre las sociedades "tradicionales" donde se origina y sobre los migrantes; frecuentemente la idea de "transformaciones" en las relaciones de género se asocia con cambios que se caracterizan por una disminución en las condiciones de dominación y que conduciría al empoderamiento femenino. Sin embargo los efectos de la migración sobre las relaciones de género no son claros ni unidireccionales y, menos aún, permiten construir estereotipos (Morokvasic, 1984; Tienda y Booth, 1991; Szasz, 1993a y 1999; Hugo, 1999; Martínez Pizarro, 2003). Coincido con Marina Ariza cuando apunta que "a la pregunta de si la migración es capaz de producir un cambio, podemos responder que ella abriga al menos esa potencialidad" (2000:49), pero que no se sabe cuál puede ser ese cambio, y que lo importante no es presuponer su ocurrencia sino evaluarlo.

En esta investigación concibo en sentido amplio las reconfiguraciones en las construcciones y prácticas masculinas, es decir, como cualquier transformación que se dé en el ámbito de los mandatos masculinos, ya sea que conduzca, erosione o no tenga injerencia alguna en la equidad de hombres y mujeres; en otras palabras: entiendo que la migración no sólo produce transformaciones en la masculinidad cuando posibilita el cuestionamiento o ruptura con determinadas normas, sino también cuando permite reforzarlas y cumplir con ellas más contundentemente.

A fin de simplificar los nexos entre la teoría y la metodología, presto especial atención a los discursos sobre terceros[5] como un recurso para acercarme al conjunto de significados legitimados socialmente ("el deber ser de la masculinidad"), así como a los discursos sobre sí mismo que cuestionan o validan dicho "deber ser". El acercamiento metodológico analítico propuesto encierra cierto tratamiento dicotómico, lo cual, como ya mencioné, no se ajusta a "la realidad". Como todo recurso metodológico, se trata de una aproximación a la complejidad planteada. Además, en la relación entre construcciones de género y participación en la migración también se tendrán en cuenta los efectos del contexto de crisis económica, y las mediaciones derivadas de las distintas trayectorias vitales y familiares, entre otros factores.

Con base en los elementos expuestos, considero oportuno plantear aquí una definición preliminar de 'masculinidad'.[6] Entiendo por masculinidad el conjunto socioculturalmente construido de representaciones, normas y prácticas asignadas a los varones que exime y alienta la consecución de determinados objetivos; está grabado en los cuerpos, en las relaciones, en las prácticas y sus consecuencias, a la vez que es construido y deconstruido sociocultural e históricamente.[7] Al igual que el género, concibo la masculinidad como externa e interna a la vez; es decir, como condicionante externa en tanto *habitus*, pero reconociendo que los actores hacen la masculinidad en un proceso complejo de creación, adaptación, crisis, recomposiciones y/o rupturas.

El análisis permanentemente buscará poner de relieve el peso de los condicionantes de género asociados a la masculinidad, a la vez que descubrir las formas en que los actores experimentan, crean y recrean su masculinidad. Comprender el papel que juega la migración en la permanencia o transformación de las construcciones masculinas (y de las prácticas asociadas) es, claro está, el fin de la investigación.

---

[5] Véanse las consideraciones metodológicas en el anexo.

[6] La masculinidad como concepto está en construcción, lo cual significa que "no conocemos bien a bien las dimensiones, variables e indicadores que lo componen" (Minello, 2002:21).

[7] Lo mismo puede ser propuesto para la feminidad, con la salvedad de intercambiar la palabra "varones" por "mujeres", claro está.

¿LA MASCULINIDAD *VERSUS* LAS MASCULINIDADES?

Al retomar de la sección anterior la idea de que las construcciones de la masculinidad se especifican en conjunción con otras categorías sociales, se hace necesario examinar la pertinencia de usar el término "masculinidad" en singular o en plural. Esta sección está dedicada a dicha reflexión, lo cual permitirá presentar los tres mandatos de la masculinidad abordados.

El efecto combinado de diferentes categorías sociales ha llevado a reconocer múltiples masculinidades (Connell, 1997). Así, lo de "múltiples masculinidades" refiere las diversas combinaciones que se pueden producir entre categorías tales como clase social, etnia, nacionalidad, religión, preferencia sexual, etapa en el ciclo vital y familiar. Muchos de los autores que se alinean detrás de esta perspectiva critican a quienes hablan de "la masculinidad" en singular, por proponer imágenes estáticas y generalizadas; los acusan de hacer afirmaciones esencialistas, oscurecedoras, transculturales y ahistóricas.

Considero que la discusión sobre diversidad *versus* regularidad puede ser un tanto infructuosa cuando se la lleva a los extremos. Propongo que pensemos en el conocido ejemplo del sistema capitalista. Se puede, correctamente, decir que existen distintos capitalismos ("los capitalismos") y que existe un capitalismo diferente en cada Estado nación debido a sus particulares características históricas, políticas, económicas, culturales y religiosas. Dentro de cada Estado nación existen, además, diversas formas en que está organizado el capital, así como estructuras precapitalistas y, más aún, hay Estados nación que no entran en la lógica capitalista. Pero al mismo tiempo es pertinente hablar de "capitalismo" en singular, ya que como sistema impone una serie de principios o lineamientos generales a todos los diferentes capitalismos.

Entiendo que algo similar sucede en la discusión entre masculinidad y masculinidades. Por un lado, la evidencia avala la pertinencia de hablar de "las masculinidades", debido a las combinaciones de características históricamente definidas (de clase social, étnicas, de nacionalidad, religiosas, etc.) de cada grupo social, haciendo evidente la falacia del supuesto de que un solo enfoque de la masculinidad puede imponerse o usarse como prisma para estudiar contextos diferentes.[8] Pero, por otro lado, ciertas constantes del sistema de género, traducidas en prácticas cotidianas socialmente esperadas, atraviesan y subyacen gran parte de las diferentes masculinidades. No se puede soslayar la cantidad de investigaciones empíricas que, sin buscarlo, concuerdan en que ciertas constantes de la masculinidad están presentes en sociedades geográfica y culturalmente lejanas entre sí. Más precisamente: ser proveedor, controlar la sexualidad y la fidelidad femeninas, así como enfrentar riesgos son, entre otras, prácticas regulares que los hombres realizan y que pueden encontrarse en distintas sociedades, aun cuando las especificidades culturales les impongan determinados matices. En este sentido considero que, por tener cierto carácter trascendental, estas regularidades constituyen "mandatos" o "prescripciones" de la masculinidad.

En otras palabras: no hay por qué pensar en un enfoque esencialista de la masculinidad. En su lugar conviene emprender un proceso de análisis para comprender la pluralidad y las formas complejas de las masculinidades. Sin embargo tampoco considero afortunado pensar las masculinidades como autónomas, desconociendo ciertos elementos más o menos compartidos.

Las regularidades que se encontraron en otros estudios constituyeron elementos de partida importantes para definir los mandatos de la masculinidad en los cuales es posible observar los efectos de la migración; como se dijo, tres fueron los escogidos en función de su importancia: el rol de proveedor, el control sobre la mujer y la valentía.[9]

En cuanto al rol de proveedor, muchas investigaciones coinciden en que el trabajo por el que se gana dinero es un componente esencial de la masculinidad. Burin y Meler (2000) afirman que la

[8] Como dice A. Mirandé: "si se definía a la masculinidad como fría, analítica, racional y desapasionada, y la feminidad como cálida, impulsiva, emocional y apasionada, los hombres latinos, al parecer, eran esencialmente más femeninos que masculinos" (1998:16).

[9] Quiero aclarar que si bien estos mandatos constituyeron hipótesis de partida, la pertinencia de incluirlos en el estudio fue evaluada en la primera fase del desarrollo de la investigación. Ésta arrojó elementos que me llevan a afirmar que es adecuada la inclusión de estos tres mandatos como ejes analíticos principales en el contexto cardaleño. Ello se podrá apreciar en el desarrollo de los siguientes capítulos.

autosuficiencia económica es uno de los emblemas masculinos, y que la masculinidad se mide, en gran parte, en dinero. La ocupación de un varón es uno de los factores primarios determinantes de su ingreso, su prestigio y su lugar en la sociedad, porque los hombres están todavía atrapados en el rol de proveedores, como un sistema de valores que juzga su importancia en términos del estatus y los beneficios financieros de su trabajo. Por ello, una de las situaciones que le resultan más dolorosas a un varón es encontrarse desempleado en una sociedad en que se espera que sea exitoso y que provea a los suyos; subjetivamente, los varones que no pueden cumplir efectivamente su papel de proveedores son hombres humillados, que arriesgan su calidad de varón (Olavarría, 2001).

En el campo de los estudios sobre migración se ha encontrado que el movimiento migratorio de los jefes de hogar se plantea, con frecuencia, ante la imposibilidad de proveer adecuadamente al grupo familiar. Hondagneu Sotelo (1994) ha observado que las pautas socioculturales de género alientan a los hombres a justificar una toma de decisión unilateral en su papel de proveedores y autoridades familiares. También hay evidencia de que las demandas familiares asociadas al ciclo de vida (matrimonio, nacimientos, hijos en edad escolar) ejercen considerable influencia en el momento (*timing*) y la frecuencia de la migración masculina, de manera que los varones unidos parecen estar inclinados a migrar como respuesta al crecimiento familiar (Kanaiaupuni, 1995) para asegurar el sustento.

En la presente investigación se mostrará que el rol de proveedores es un mandato socialmente esperado en los hombres cardaleños, y que se le puede entender como uno de los ejes estructuradores de su vida, particularmente de los adultos que han ejercido la paternidad. La hipótesis general relativa a este mandato señala que la migración hacia Estados Unidos se presenta como un fenómeno que puede restructurar la vida de los hombres al darles una nueva y mejor oportunidad de continuar y superarse en el desempeño del rol de proveedores debilitado o interrumpido por la crisis agraria.

Por otro lado, el mandato del control sobre la mujer aparece en la literatura especializada frecuentemente asociado con la capacidad de los varones para controlar la sexualidad de las mujeres de su entorno (esposas, hermanas, madres, hijas). En términos generales, los hombres, particularmente los unidos o "jefes de familia", controlan las relaciones que las mujeres establecen fuera del ámbito doméstico. Un ejemplo de esto aparece en el trabajo realizado por Melhuus (1990) en una comunidad rural del Estado de México, donde el estereotipo de buena mujer es una buena madre que se sacrifica por su familia, en el entendido de que su impecabilidad moral es un reflejo del hombre o los hombres con quienes está relacionada. Según este estudio, a los varones no les agrada que sus esposas o hermanas tengan presencia en el espacio público ya que estarían en contacto con otros hombres y podrían ser infieles.

En otros estudios se ha analizado la situación femenina en el ámbito económico laboral y los controles que despliegan los varones. Entre las mujeres con cónyuges migrantes, los hallazgos sugieren que los efectos de la ausencia del esposo son importantes, en tanto ellas y sus familias deben hacer una serie de arreglos ante la partida del esposo. En muchos casos la mujer se convierte en administradora del patrimonio familiar, y cuando la remesa no llega o está destinada a bienes durables se transforma en generadora de ingresos. Aunque en ocasiones las mujeres fungen como representantes de sus esposos, quienes a la distancia controlan y toman decisiones, también se ha constatado que la ausencia del hombre puede posibilitar avances en la autonomía femenina, particularmente cuando la mujer comienza a tener injerencia en las decisiones económicas relacionadas con la administración e inversión de las remesas (Rosas, 2005b; Ariza, 2000; Oehmichen Bazán, 2000; Szasz, 1999; Zamudio, 1999; Hondagneu Sotelo, 1994; Hugo, 1991).

En este estudio entiendo por "control" tanto las estrategias de vigilancia que se despliegan para comprobar la acción de otro, como la capacidad de imponer los deseos propios sobre los de terceros. La hipótesis general que guía el análisis de este mandato señala que, por la distancia que se impone entre el hombre y la mujer, la migración agrega dificultades a los varones para controlar el uso de la remesa y la fidelidad de la cónyuge.

Luego del rol de proveedor y del control sobre las mujeres, la valentía es el tercer y último mandato de la masculinidad que se aborda en esta investigación.[10] La actitud valiente no significa, nece-

---

[10] Valentía y hombría son términos que se usan como sinónimos.

sariamente, violencia ni amenaza hacia los demás; se refiere a una actitud decidida para mantener la palabra empeñada, así como para defender, física y moralmente, el honor propio y el de los suyos (Gilmore, 1994; Olavarría, 2001; Valdés y Olavarría, 1998).

Ciertas "reglas" que "debe" cumplir un hombre están asociadas con la valentía, entre ellas no permitirse tener miedo o, en su caso, disimularlo (Sau, 2000). Para Viveros y Cañón (1997), una de las exigencias de la masculinidad es saber mantener el control de los sentimientos en las situaciones que se van presentando. Sin embargo, en estudios realizados en Chile se menciona que si bien idealmente el modelo exige un varón "fuerte", que no tiene miedo y no expresa sus emociones ni llora, en algunas situaciones no se afecta la condición de valiente por reconocer miedo o llorar (Valdés y Olavarría, 1998). Por ello considero afortunada la acotación de Heller respecto a que valiente "es el que teme cuando debe temer, lo que debe temer, en la forma y el lugar en que debe" (Heller, 1985:100). Entiendo que ser valiente no implica no sentir miedo, sino que supone la selección de los contextos en donde puede ser legítimo expresarlo. Si, como ya he mencionado, la evaluación de "otros hombres" es tan importante para los varones, es posible argumentar que el apoyo del grupo de pares o la inquietud por agradarlo pueden ser decisivos para ocultar el temor o, por el contrario, para expresarlo sin temer sanciones.[11]

Más específicamente, la valentía es aquí abordada atendiendo a las formas en que los varones resuelven situaciones y enfrentan los obstáculos que se presentan en el trance migratorio. Los obstáculos son las situaciones donde se percibe la proximidad de un daño, el cual puede o no ser físico; son riesgosos los lugares, personajes o situaciones cerca de los cuales aumenta la inminencia del daño (Olivia Ruiz, 2001).

Al respecto, cobra importancia cuestionar si la participación en el proceso migratorio acarrea validación a la hombría. Para Gilmore (1994) la hombría es competitiva, y como la virilidad y el comportamiento económico es necesario probarla en forma de logros y símbolos visibles. Entonces, es dable indagar si la migración a Estados

---

[11] Cabe aclarar que el término "sanción" es utilizado como sinónimo de condena.

Unidos, por los riesgos que se presentan para cruzar la frontera de forma indocumentada, constituye un escenario en el cual los hombres pueden poner a prueba su valentía y validarse socialmente.

Además de los tres mandatos indicados puede señalarse otro tipo de "regularidades" en las prácticas masculinas; me refiero especialmente a la competencia. Ésta no es exclusiva de ninguno de los mandatos mencionados, sino que constituye una forma de proceder (no necesariamente consciente o dirigida) que "regularmente" despliegan los hombres.

Mediante la competencia acumulan los símbolos culturales que refuerzan su masculinidad; acceden de forma diferenciada a esos recursos o símbolos desarrollando estrategias y haciendo sus propias modificaciones para preservarlos (Gilmore, 1994). "Dentro del mundo competitivo, los hombres suelen aprender a sobrevivir por su cuenta. Es difícil confiar en otros hombres o ponerse en situaciones de vulnerabilidad ante ellos, porque en demasiadas ocasiones sentimos que los otros se aprovecharán de nuestra *debilidad*" (Seidler, 1995:101).[12] Como plantean estos autores, admitir debilidad o flaqueza (fracasar en la competencia) propicia ser calificado como "poco hombre". Pero, ¿quién califica? Michael Kimmel (1997) responde que particularmente otros hombres, y llama "validación homosocial" a la búsqueda constante de aprobación de otros varones. Valdés y Olavarría (1998) indican, también, que la competencia de un varón generalmente es con otros varones. Según estos estudios, compiten por mayor poder, prestigio, dinero, fuerza, inteligencia y, especialmente, por las mujeres. En este tipo de disputas "lo público" es el ámbito privilegiado en el cual las acciones se despliegan para que sean vistas y evaluadas.

En síntesis, las consideraciones planteadas en este apartado son sumamente importantes, ya que delimitan los principales ejes (mandatos) de la investigación. No debe olvidarse que estos mandatos se especifican junto a otras categorías sociales y dan lugar a diversas formas de ser proveedor, de controlar a la mujer y de ser valiente. Es decir, partir de regularidades no debe oscurecer el reconocimiento de la diversidad; por ello, en adelante usaré tanto el término

---

[12] Las cursivas en la palabra *debilidad* sustituyen el entrecomillado que aparece en el texto original.

masculinidad como el de masculinidades, asumiendo que no se trata de posturas contradictorias, sino de diferentes intereses analíticos.

Masculinidad hegemónica

El análisis de las diferentes masculinidades está íntimamente relacionado con el de las jerarquías que se crean entre ellas y con la discusión acerca de la "masculinidad hegemónica". Retomando algunos elementos de la idea de hegemonía de Gramsci (1981) se puede decir que un grupo social deviene hegemónico cuando logra generalizar su concepción del mundo sobre el resto, creando y legitimando una especie de "norma de conducta activa". Es decir, la hegemonía de un grupo social se observa en las "normas" que ese grupo pudo generalizar para otros grupos sociales, aunque debe mencionarse que la hegemonía incluye necesariamente una distribución específica de poder, de jerarquía y de influencia (Kohan, 2003). En lo que respecta a la masculinidad, en cada sociedad habría algún grupo de varones que ha logrado legitimar sus características masculinas y que se propone como "modelo de referencia" para otros hombres. Al grupo que detenta este modelo se le ha llamado "masculinidad hegemónica".

Para Kimmel (1997) el modelo que suele llamarse "masculinidad hegemónica" se asocia con la imagen de varones fuertes, exitosos, capaces, confiables y que ostentan control. Sin embargo cabe aclarar que la masculinidad hegemónica no tiene carácter inmutable y está siempre en disputa, por lo cual el conflicto es una característica inherente; es, más bien, la masculinidad que ocupa la posición hegemónica en un modelo dado de relaciones de género (Connell, 1997). En ese sentido, la idea de "hegemónico" está acotada, en primer lugar, por el tiempo y el espacio (contextos definidos); en segundo lugar, por los actores (varones y mujeres) que interactúan en ese contexto, y en tercer lugar, por el conjunto de relaciones que se dan entre ellos. Así, habría hombres subordinados a otros y en distintos grados de subordinación y dominación. Además otros factores, como la clase y la etnia, diferencian los tipos de subordinación o dominación entre masculinidades.

Sin embargo el uso del término "masculinidad hegemónica" ha suscitado discusiones por la forma amplia en que se le trata. Minello (2002) plantea la dificultad de establecer qué grupo de hombres detenta la masculinidad hegemónica y cuáles serían los criterios para ello. La tarea es compleja, ya que se trata de elucidar cuáles son las características que definen y configuran lo que es relevante para la masculinidad y otorgan preeminencia (hegemonía) al grupo de varones que ha logrado generalizarlas como normas de conducta. En esta investigación busco establecer analíticamente dichas características a partir de las acciones que son socialmente elogiadas (y que promueven deseos de imitación), bajo el supuesto de que los elogios involucran legitimación.

En los capítulos correspondientes, el análisis se acotará a los tres mandatos que expuse en el apartado anterior. En cada uno de ellos observaré qué es lo socialmente esperado a fin de establecer, en primer lugar, cuáles son las características legitimadas de la masculinidad; en segundo lugar, si dichas características pueden asociarse con un grupo específico de varones, y en tercer lugar, cuál es el papel que corresponde a la migración en la legitimación o deslegitimación de esas características. Este tercer punto es particularmente relevante para la investigación, ya que se parte de suponer que una de las formas en que la migración afecta a los hombres es propiciando escenarios que pueden hacerlos ascender o descender en la jerarquía de la masculinidad.

Conviene recordar que lo socialmente esperado no es monolítico; los elogios —es decir, aquello que pondría en ventaja a algunos sobre el resto— pueden variar de un grupo a otro y según quién sea el emisor. Por citar algunos ejemplos: lo elogiado entre los jóvenes puede no serlo entre los adultos, o lo que las mujeres elogian puede no corresponder con lo que los hombres ponderan. Por ello, hay que profundizar acerca de lo socialmente legitimado en función de las características de los involucrados y según su desenvolvimiento en la experiencia migratoria.

II. LA MIGRACIÓN CARDALEÑA EN CONTEXTO

El propósito de este capítulo es describir las características del contexto en el cual se llevó a cabo el estudio. La descripción de su situación económica, de los cambios acontecidos en el fenómeno migratorio en los últimos años, así como de las condiciones en que se produce el cruce de la frontera, entre otros factores, conforman un abanico básico de información que permite comprender muchas de las acciones e interpretaciones de los varones en torno de su participación en el proceso migratorio. Futuras comparaciones con otros ámbitos espaciales, o seguimientos de análisis similares al presentado en este libro, no podrán obviar que los hallazgos de esta investigación se encuentran contextualizados y que esas características contextuales contribuyen a explicar, en gran medida, la aparición de ciertos hallazgos y no de otros.

En primer lugar se describe la situación económica estatal para mostrar los cambios en el sistema productivo durante los años noventa; luego se aborda el fenómeno migratorio veracruzano, haciendo referencia a la migración interna e internacional entre 1990 y 2000.

En segundo lugar se presentan las características socioeconómicas y demográficas del municipio (Naolinco) y de la localidad (El Cardal) donde se origina el flujo migratorio abordado. Especial importancia tiene la caracterización de la migración cardaleña.

En este capítulo se utiliza información del Censo Nacional de 1990, del Conteo de Población de 1995 y de la Muestra del Censo de 2000, todos ellos levantados por el Instituto Nacional de Estadística, Geografía e Informática de México. También se utiliza información del Sistema de Cuentas Nacionales, del Banco de México y de la Secretaría de Agricultura, Ganadería, Desarrollo Rural, Pesca y Alimentación de México.

En el caso particular de El Cardal se hace uso de un conteo de migrantes que fue levantado especialmente para esta investigación; también se recurre a fuentes secundarias para describir sintéticamente el desarrollo de la industria cafetalera y las políticas migratorias que ha adoptado Estados Unidos en las últimas décadas. Me sirvo de fragmentos de entrevistas y notas provenientes de mi propio trabajo de campo para describir el contexto, así como algunos aspectos de la migración cardaleña.

Cabe mencionar algunas consideraciones acerca del tipo de migración al que aluden los datos cuantitativos que he utilizado en este capítulo. De las preguntas del Censo de 2000 para captar movimientos de población aprovecharé la que indaga acerca del "lugar de residencia 5 años antes" y las que preguntan sobre los "movimientos ocurridos en los últimos 5 años". Este tipo de cuestionamientos no permite distinguir si el movimiento captado es temporal o permanente; es decir, no se puede saber si detrás del movimiento captado existen deseos de cambiar la residencia base para establecerse en el lugar de destino o si el establecimiento ya ha ocurrido; pero por la manera en que se formulan las preguntas, la información recogida alude a una migración permanente.[1]

Es importante tener en cuenta lo anterior, ya que la migración analizada cualitativamente en esta investigación, por ser emergente, puede ser considerada de tipo temporal. Como se verá en los siguientes capítulos, en términos generales los cardaleños no piensan todavía en cambiar su residencia base a Estados Unidos ni en trasladar a sus familias.

Si bien ambos tipos de migración no son ajenos entre sí, las causas y consecuencias de cada uno tienen sus propias especificidades; de ahí la importancia de estas aclaraciones, máxime cuando se trata de reconstruir representaciones, sentimientos y prácticas que posiblemente variarían conforme a la antigüedad y el tipo de migración, y dependiendo si las personas y las familias hubieran cambiado su residencia base o la mantienen en los lugares de origen.

[1] Para abundar en las especificidades y procedimientos que se siguieron para distinguir la migración temporal de la permanente, puede consultarse Corona Vázquez (2001), quien emplea información derivada de la Encuesta Nacional de la Dinámica Demográfica (Enadid) de 1997, la cual ofrece mayores posibilidades de diferenciar tipos de migración que los censos nacionales.

LAS CIFRAS DE LA CRISIS

Varios estudios coinciden al considerar crítica la situación de la economía veracruzana hacia fines de los años ochenta y durante los noventa. "El proceso de apertura comercial y racionalización y privatización de las empresas parestatales aplicado entre 1988 y 1993 se tradujo en un doble efecto: por un lado, un ajuste de personal en las grandes empresas y, por otro, la formación de miles de pequeñas empresas y microempresas" (Rodríguez, 2001:9); hubo una caída del promedio de personal ocupado por empresa, el cual pasó de 13.7 en 1988 a 7.4 en 1993 y 6.5 en 1998. En el caso del subsector petrolero, por ejemplo, entre dichos años desaparecieron 24 000 plazas, de las que sólo se recuperaron 4 000 entre 1993 y 1998.

La producción agrícola veracruzana también se ha visto afectada. Su importancia para el estado, fundamentalmente la del café y la caña de azúcar, propicia que las fluctuaciones en los precios internacionales de estos productos afecten considerablemente toda la economía veracruzana, lo cual ocasiona inestabilidad en la producción y en el empleo, así como en los salarios recibidos (Chávez, Rosas y Zamudio, 2005).

Respecto de la cafeticultura, después de un gran auge entre 1962 y 1989 motivado por la relativa estabilidad de los precios internacionales y el apoyo del Estado, en 1989 comenzaron a experimentarse cambios alarmantes; más específicamente, el 5 de julio de 1989 se estableció el mercado libre del grano, con la ruptura de las cláusulas económicas de los Convenios Internacionales del Café, lo cual motivó una rápida baja de las cotizaciones y fuertes fluctuaciones en los precios (Díaz Cárdenas *et. al.*, 1995).

Cristina Oehmichen Bazán (1999a) indica que la desincorporación del Instituto Mexicano del Café fue el factor nacional que acompañó a la crisis internacional. Hacia fines de 2001 se estimaba que la caída de las cotizaciones del café había producido pérdidas en alrededor de 3 000 millones de pesos anuales. Esto también se habría traducido en una baja de la producción en alrededor de un millón de costales. En la actualidad el principal problema es la discrepancia entre los bajos precios internacionales y los altos costos de producción (Correa, 2001). De esta manera, la situación internacional, ahondada por decisiones políticas de carácter nacional, ha ido afectando cada vez más a los productores y trabajadores del café, a la vez que minando las posibilidades de recomponer la situación.

Durante décadas Veracruz ha sido, entre octubre y febrero, escenario de grandes movimientos de trabajadores que participan en la cosecha del café. En las comunidades, hombres, mujeres y niños dejan la casa para acudir a las fincas. Sin embargo, la baja en los precios ha afectado las economías familiares y sus expectativas. En palabras del agente municipal de El Cardal, entrevistado en abril de 2001:

> Ahorita estamos viviendo una de las peores crisis. Desde que yo soy[2] ha habido varias crisis en los precios del café, pero que yo me acuerde como la que estamos viviendo ahorita, en este momento, pues no, no sabría decirle. Hubo gente que no cortó ni su café; hubo gente que lo regalaba y no lo quería ni regalado; hubo gente que juntamos el café, pero estaba valiendo uno veinte el kilogramo, y al cortador se le pagaba un peso. O sea, al productor le quedaban veinte centavos por kilogramo; pero de esos veinte centavos todavía había que pagar el flete de la finca para traerlo ya sea a la compra o al beneficio para beneficiarlo. O sea que, en algunos casos, en lugar de salir a mano tan siquiera, había veces que se tenía que poner de la bolsa [agente municipal].

En octubre del mismo año el precio del kilogramo de café había pasado de 1.20 pesos a tan sólo 90 centavos; de esta manera, muchos cardaleños optaron por dejar que los granos de café se secaran en la planta, aunque esto supusiera que la finca daría menor rendimiento en la siguiente cosecha.

Por otra parte, además de la crisis en los precios del café, los ingenios azucareros de la entidad (privatizados años atrás) sufrieron un gran revés que se manifestó en el cese de pagos a trabajadores y productores en 2001. Luego de largas huelgas y manifestaciones, en muchos casos el gobierno veracruzano se hizo cargo de las deudas. Sin embargo algunos ingenios no entraron en este programa, como es el caso del Ingenio de la Concepción, del cual dependen los productores y trabajadores azucareros de El Cardal y de otros municipios cercanos.

---

[2] "Desde que yo soy": desde que yo recuerdo.

Se han hecho muchas juntas, muchas reuniones; se manda traer al gerente del ingenio y se ha hablado con licenciados, con el dueño del ingenio. Y no se ha podido llegar a ningún acuerdo, porque lo que ellos manifiestan es que, ¡no tengo dinero!, ¡no hay dinero!, ¡no se puede pagar porque no tenemos dinero! Pero nosotros ya le dimos el azúcar de la última cosecha y ya la vendieron, pero no nos han pagado. Además, nos deben algunos descuentos indebidos de hace tiempo [comisariado ejidal].

En agosto de 2001 el ingenio La Concepción logró pagar parte de la deuda a bancos, productores y trabajadores, y volvió a funcionar; sin embargo hay reservas, ampliamente fundadas, de que esta situación puede repetirse en las próximas cosechas.

Esto no sólo perjudica a los productores y trabajadores del agro, también a otros grupos que de una u otra manera dependen del dinero del campo, como los comerciantes. Ejemplo de lo anterior es el tianguis que cada fin de semana se asienta en un predio de La Concepción, pero que dejó de funcionar durante el cierre temporal del ingenio por falta de clientes.

Podemos considerar ahora distintos indicadores estadísticos para profundizar en algunas características de la situación económica veracruzana en la década de los noventa.

Según el Censo de 2000, más de dos tercios de la población económicamente activa (PEA)[3] ocupada veracruzana, percibía dos o menos salarios mínimos.[4] Más específicamente, 14.13% no recibía

[3] La población económicamente activa (PEA) es aquella de 12 años y más que en la semana de referencia se encontraba ocupada o desocupada. Desocupada es la persona de 12 años y más que en la semana de referencia no tenía trabajo, pero lo buscó activamente. Ocupada se considera a la persona de 12 años o más que realizó alguna actividad económica al menos una hora en la semana de referencia a cambio de un sueldo, salario, jornal u otro tipo de pago en dinero o en especie. Conviene observar que esta forma de medir la ocupación encubre situaciones de muy baja ocupación real (subocupación), ya que dentro de este indicador se incorporan tanto aquellas personas que han laborado 45 o más horas semanales como quienes han laborado sólo una hora.

[4] Salario mínimo: pago mensual en pesos mexicanos con el que se retribuye a los trabajadores por su ocupación o trabajo desempeñado. El salario mínimo mensual lo determina la Comisión Nacional de Salarios Mínimos (http://www.conasami.gob.mx/) para las tres áreas geográficas en que se agrupan las entidades federativas del país. Veracruz pertenece al área geográfica C, para la cual el salario mínimo ge-

ingresos, 24.21% recibía menos de uno y 30.62% de uno a dos salarios mínimos. En relación con el resto de las entidades federativas, en 2000 Veracruz se situaba en el cuarto lugar entre las que una mayor parte de la PEA ocupada ganaba dos o menos salarios mínimos, luego de Chiapas, Oaxaca y Yucatán; en el país en su conjunto 52% de la PEA ocupada recibía dos o menos salarios mínimos.

Por otro lado, es importante considerar cómo se distribuye la PEA ocupada por sector de la economía. En el cuadro II.1 se incluye información sobre la PEA por sector de ocupación para tres años (1990, 1995 y 2000) en los ámbitos nacional y estatal. Se muestra que el porcentaje de PEA en la entidad observa leves diferencias respecto a los niveles nacionales en los tres años en cuestión. La tendencia al aumento seguida por este indicador en el estado parece acompañar el rumbo del país, lo que en buena medida está relacionado con el incremento de la población en edad activa.

La PEA desocupada no sólo presenta niveles estatales y nacionales similares (en el año 2000 había 1.2% en ambos ámbitos), sino que la tendencia al decrecimiento también parece ser compartida. No se puede considerar a priori que el descenso de la desocupación sea un indicador positivo de la economía, porque en situaciones de crisis los hogares incorporan al mercado laboral más miembros como fuerza de trabajo a fin de enfrentar la baja de salarios, los despidos y el aumento de precios (Cortés, 2000). Frecuentemente, trabajadores antes desocupados o inactivos se insertan en trabajos precarios, ensanchando de esa manera el sector informal de la economía.

En cuanto a la importancia relativa de los tres sectores de la economía que se presenta en el cuadro II.1, en el ámbito nacional es el terciario el que se ubica en primer lugar en los tres años considerados. En Veracruz el sector primario ostentaba hasta 1990 el mayor peso. Es notorio el cambio en el patrón de inserción laboral estatal para 1995: no sólo el sector primario perdió más de cinco puntos porcentuales, sino que por primera vez fue superado en importancia por el terciario. Esta tendencia se afirmó y profundizó

---

neral mensual en febrero de 2000 era de 981 pesos; cabe mencionar que ocho municipios veracruzanos pertenecen al área geográfica A (1 137 pesos) y tres a la B (1 053 pesos) (INEGI, 2000).

CUADRO II.1
Población económicamente activa ocupada por sector económico.
México y Veracruz, 1990-2000

	% población de 12 y más años económi- camente activa (PEA)	% PEA desocu- pada	% población ocupada por sector			
			Primario*	Secundario**	Terciario***	N.E.
México						
1990	43.0	2.7	23.8	26.7	46.1	3.4
1995	54.9	3.2	22.5	24.4	52.8	0.3
2000	49.3	1.2	15.8	27.8	53.4	3.0
Veracruz						
1990	41.8	2.8	39.4	21.2	36.8	2.6
1995	54.0	2.3	37.0	15.7	46.8	0.6
2000	47.7	1.2	31.7	19.5	46.8	2.0

* Población ocupada que trabajó en la agricultura, ganadería, silvicultura, caza o pesca.
** Población ocupada que trabajó en la minería, generación y suministro de electri-cidad y agua, construcción o industria manufacturera.
*** Población ocupada que trabajó en comercio, transporte, servicios financieros, ofreciendo servicios profesionales, en el gobierno u otros servicios.
Fuente: elaboración propia con base en INEGI: Censos Nacionales de Población y Vivienda de 1990 y 2000; Conteo de Población de 1995.

en 2000. Es decir, aun cuando el sector primario en la entidad si-guió mostrando niveles superiores a los nacionales, la inserción de la PEA ocupada estatal por sector de la economía asumió en los años 1995 y 2000 una tendencia similar a la nacional al imponerse el terciario como el sector que mayor porcentaje de población ocupa-da registró.

Las transformaciones de la economía veracruzana registradas en el cuadro II.1 ponen en evidencia la dificultad que el sector prima-rio enfrenta en los años noventa para mantener los niveles de ocu-pación, lo cual está en gran medida asociado con las crisis de produc-tos agrícolas como el café y la caña de azúcar ya mencionadas.

Al considerar otro indicador, los valores absolutos del producto interno bruto (PIB),[5] se cuenta con un panorama más general acerca de la capacidad productiva del estado. La tendencia seguida por el PIB estatal en el periodo 1993 a 2003 es muy similar a la presentada por el nacional (gráfica II.1). Más específicamente, se evidencia una tendencia general al aumento de los valores absolutos de ambos PIB, con algunos descensos en los años 1995 y 2001.

Además de los valores absolutos es importante considerar los ritmos de crecimiento porcentuales interanuales de los PIB nacional y estatal (gráfica II.2). Es notoria la brusca caída en el crecimiento de ambos PIB en 1994-1995 a raíz de la crisis macroeconómica,[6] ante la cual el PIB nacional cayó más pronunciadamente que el estatal. Luego de esta crisis, si bien se encuentran crecimientos de signo positivo hasta 1999-2000, el ritmo es fluctuante. En 2000-2001 nuevamente aparece un crecimiento de signo negativo, aunque mucho menos pronunciado que en 1994-1995. Por otro lado se aprecia que el crecimiento del PIB estatal se colocó por debajo del crecimiento del PIB nacional durante casi toda la segunda mitad de los noventa.

Cabe mencionar que el PIB per cápita estatal (a precios de 1993) en 1995 era de 8 074 pesos, mientras que en 2000 ascendió muy

---

[5] El producto interno bruto (PIB) es la suma de los valores monetarios de los bienes y servicios producidos en un periodo determinado; es un valor libre de duplicaciones, el cual corresponde a la suma del valor agregado que se genera durante un ejercicio en todas las actividades de la economía. Asimismo se define como la diferencia entre el valor bruto de la producción y el valor de los bienes y servicios (consumo intermedio) que se usan en el proceso productivo.

[6] En 1994 México registró un déficit en su balanza comercial cercano a 23 640 millones de dólares, el cual superaba al acumulado por todos los países latinoamericanos y caribeños. El endeudamiento externo total de México ascendió a 140 311 millones de dólares hacia el final del primer semestre de 1994, impulsado principalmente por la contratación de deuda por las empresas privadas y la banca comercial.

Ante el constante deterioro de las reservas internacionales del Banco de México, el 20 de diciembre de 1994 se decretó una devaluación de 13.89% del peso frente al dólar, con lo que se acumuló una depreciación de 28.8% durante 1994. La devaluación se produjo a consecuencia de varios factores, entre los que destaca la fuga de capitales. La devaluación y la salida de recursos tuvieron como consecuencias que la inflación, que en noviembre de 1994 fue de 7% anual, pasara a 8% mensual en abril de 1995, y que la tasa de interés interbancaria, que antes de la crisis alcanzaba 18%, se elevara en vertical a 110% en marzo de 1995 (Fernández Torres, 2005).

GRÁFICA II.1

Producto interno bruto nacional y veracruzano; 1993-2003*

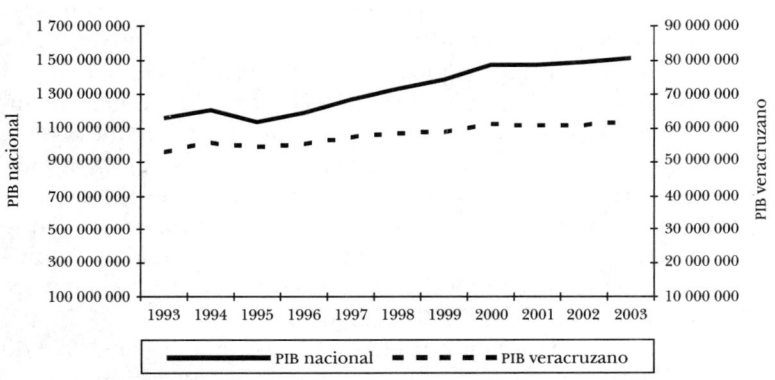

* Unidad de medida: miles de pesos a precios de 1993.
Fuente: elaboración propia con base en INEGI: Sistema de Cuentas Nacionales de México.

GRÁFICA II.2

Crecimiento porcentual del PIB nacional y veracruzano;
1993-1994 a 2002-2003*

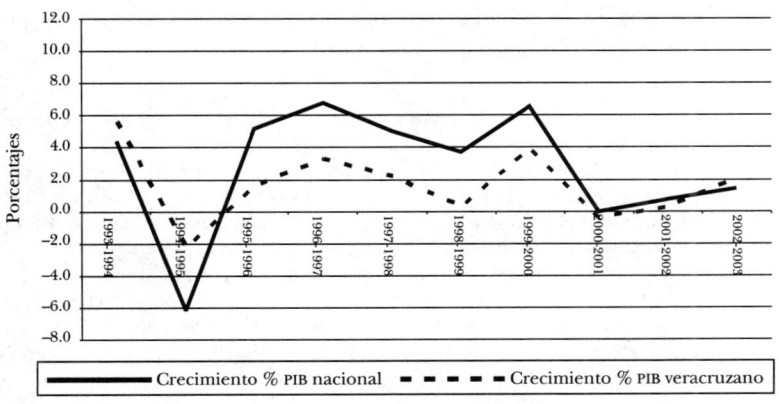

* Unidad de medida: miles de pesos a precios de 1993.
Fuente: elaboración propia con base en INEGI: Sistema de Cuentas Nacionales de México.

levemente a 8 795 pesos, lo cual ubicaba a Veracruz en los lugares 23 y 26, respectivamente, en la escala nacional. Es decir, a pesar del leve aumento en el PIB per cápita el estado descendió tres lugares respecto del resto de las entidades federativas, ubicándose entre las siete con menor PIB per cápita.[7] Este descenso puede deberse al efecto (posiblemente combinado) de crecimientos diferenciales tanto del PIB como de las poblaciones de las distintas entidades.

Ahora bien, para poner en contexto lo ocurrido en la década de los noventa conviene tomar un periodo de referencia más amplio. A continuación se considera la evolución de la aportación que el PIB veracruzano hace al nacional y a cada una de las grandes divisiones de la actividad económica cada cinco años entre 1970 y 1985, y anualmente entre 1993 y 2003 (cuadro II.2).[8]

En el cuadro II.2 se muestra la evolución entre 1970 y 2003 de la importancia del PIB total veracruzano en la aportación al total nacional, la cual evidencia una tendencia al descenso al pasar de representar 6.5% en 1970 a 4.1% en 2003. Si se considera sólo el periodo 1993-2003 el descenso ocasionó que Veracruz perdiese un lugar de importancia respecto del PIB nacional.[9]

En cuanto a la aportación que la entidad ha realizado en cada gran división (GD) de la actividad económica nacional, se observan tendencias al descenso en casi todas.[10] Considerando la GD 1, cuya evolución es la que más interesa en este estudio, se debe enfatizar que mientras en 1970 Veracruz aportaba 10.3% a la respectiva nacional, en 2003 sólo llegó a 7 por ciento.

[7] Dato proveniente de la Secretaría de Medio Ambiente y Recursos Naturales <www.semarnat.gob.mx>.

[8] Debido a la disponibilidad de información, los cuadros II.2 y II.3 fueron elaborados con datos derivados de precios corrientes (1970 a 1985) y precios de 1993 (1993 a 2003). Sin embargo se considera que ello no afecta las comparaciones, ya que las proporciones fueron calculadas tomando a cada año como total; es decir, en las estimaciones no se mezclaron valores a precios corrientes con valores deflactados.

[9] En 1993 el PIB veracruzano ocupaba el quinto lugar de importancia en el PIB nacional, luego del Distrito Federal, Estado de México, Jalisco y Nuevo León; en 2003 pasó al sexto lugar, detrás del Distrito Federal, Estado de México, Nuevo León, Jalisco y Chihuahua.

[10] Se podría mencionar, sin embargo, que la GD 4 (construcción) se mantiene relativamente estable entre 1970 y 2003, mientras que la GD 5 (electricidad, gas y agua) ha experimentado algunos aumentos.

CUADRO II.2

Aportación del PIB veracruzano en el PIB nacional y en cada una de las grandes divisiones de la actividad económica; 1970-2003

Año	PIB total	1 Agropec. silvicult. y pesca	2 Minería	3 Industr. manufac.	4 Construc.	5 Electric. gas y agua	6 Comerc. restaurant. y hoteles	7 Transport. almacen. y comunicac.	8 S. finan., seguros y bienes inmueb.	9 Servicios comunales, sociales y personales
1970	6.5	10.3	24.2	5.1	6.0	4.6	5.1	7.1	6.5	4.7
1975	6.0	7.8	18.4	5.4	5.4	6.0	5.1	6.5	6.0	4.7
1980	5.8	8.6	8.8	5.3	5.5	6.1	5.1	6.2	5.7	4.9
1985	5.7	8.7	9.3	4.5	5.7	5.3	6.1	5.2	4.7	4.5
1993	4.6	6.7	4.4	4.4	6.1	7.8	3.8	4.5	4.9	3.8
1994	4.6	7.0	4.2	4.5	6.2	8.2	3.9	4.5	4.9	3.8
1995	4.8	7.0	4.5	4.9	6.3	8.0	4.3	4.8	4.8	3.7
1996	4.6	6.9	4.7	4.5	6.6	8.3	3.9	4.5	4.8	3.8
1997	4.5	7.1	4.4	4.2	6.3	8.8	3.7	4.4	4.7	3.7
1998	4.4	6.8	4.6	3.9	7.1	8.3	3.7	4.0	4.7	3.6
1999	4.2	6.8	4.4	3.7	6.0	7.2	3.6	3.9	4.6	3.6
2000	4.1	7.5	2.8	3.5	5.9	6.9	3.4	3.8	4.5	3.6
2001	4.1	7.1	2.5	3.7	5.1	6.7	3.6	3.8	4.3	3.5
2002	4.1	7.3	2.6	3.6	5.0	7.1	3.5	3.8	4.3	3.5
2003	4.1	7.0	2.4	3.6	5.6	7.9	3.5	3.9	4.2	3.5

Fuente: elaboración propia con base en INEGI: Sistema de Cuentas Nacionales de México.

Asimismo es importante observar la evolución de las aportaciones que cada gran división de la actividad económica ha realizado en el PIB estatal (cuadro II.3).

En 1970 la GD 1 aportaba alrededor de 20% del PIB estatal. Si se tiene en cuenta que la GD 6 aportaba una proporción muy similar, se puede decir que ambas se encontraban igualadas en el primer lugar de las aportaciones al PIB estatal. En 2003 la situación de la GD 1 es muy diferente: no sólo participa con la mitad de lo que aportaba en 1970, sino que pasa a ubicarse en sexto lugar de importancia; es en la primera mitad de los noventa cuando muestra sus participaciones más bajas. En este sentido, la disminución de la importancia de la GD 1 en la entidad ha sido más pronunciada que en el ámbito nacional, principalmente porque en los años setenta tenía más importancia en el PIB estatal que en el del país.

Es complejo hacer una síntesis de la situación de la economía veracruzana en los noventa a partir de los indicadores presentados, aunque sobresale que particularmente la primera mitad de la década ha evidenciado signos de deterioro. Por un lado se ha mostrado que más de dos terceras partes de la PEA ocupada veracruzana percibe dos o menos salarios mínimos, y que esta alta proporción de población con ingresos magros se mantiene relativamente estable cuando se compara 1990 con 2000. También se ha puesto en evidencia que en la década de los noventa, específicamente en la segunda mitad, el comercio y los servicios se constituyeron en un refugio laboral cada vez más buscado, en desmedro del sector primario. La caída de los precios del café, así como las dificultades por las que atravesaron los ingenios azucareros, son algunos de los factores que se encuentran por detrás de la disminución de la PEA ocupada en el sector primario.

Las evoluciones de los valores absolutos del PIB total veracruzano entre 1993 y 2003 permiten afirmar que los mismos tienden al aumento, con pocos altibajos. Sin embargo, una vez que se observa la aportación de Veracruz al PIB nacional en un periodo de tiempo más amplio se encuentra que disminuyó en los noventa; es decir, los aportes que durante esta década realizó Veracruz al PIB nacional están por debajo de lo que aportaba en 1970 o en 1980.

En cuanto a la composición del PIB estatal por gran división, sobresale la disminución que ha experimentado lo agropecuario, la

CUADRO II.3

Aportación de cada gran división de la actividad económica en el PIB veracruzano total; 1970-2003

Año	PIB total estatal	1 Agropec. silvicult. y pesca	2 Minería	3 Industr. manufac.	4 Construc.	5 Electric. gas y agua	6 Comerc. restaurant. y hoteles	7 Transport. almacen. y comunicac.	8 S. finan., seguros y bienes inmueb.	9 Servicios comunales, sociales y personales	Serv. bancar. imput.
1970	100	19.4	9.4	18.6	4.9	0.8	20.4	5.3	11.4	10.4	-0.5
1975	100	14.5	8.9	21.0	5.3	0.9	21.4	6.1	9.5	12.9	-0.6
1980	100	12.3	10.3	20.9	6.1	1.0	20.5	6.9	7.7	14.8	-0.6
1985	100	14.0	7.6	18.6	4.4	0.9	30.0	6.1	6.2	13.1	-0.7
1993	100	9.2	1.4	18.2	6.4	2.7	18.4	9.2	17.0	19.0	-1.4
1994	100	9.1	1.3	18.4	6.7	2.8	18.8	9.5	16.9	18.1	-1.5
1995	100	9.6	1.3	19.7	5.4	2.9	17.7	9.8	17.1	17.8	-1.3
1996	100	9.6	1.5	19.4	6.0	3.1	16.9	9.8	16.9	18.0	-1.1
1997	100	9.5	1.4	19.3	6.1	3.3	17.3	10.1	16.6	17.6	-1.1
1998	100	9.3	1.5	18.9	7.0	3.1	17.6	9.7	17.0	17.2	-1.3
1999	100	9.4	1.4	18.7	6.2	3.1	17.6	10.0	17.1	17.6	-1.2
2000	100	10.0	0.9	18.4	6.1	3.0	18.1	10.4	17.0	17.2	-1.0
2001	100	10.1	0.8	18.5	5.0	3.0	18.7	10.9	17.2	17.0	-1.1
2002	100	10.1	0.8	18.1	5.0	3.2	18.4	11.1	17.6	17.0	-1.3
2003	100	10.0	0.8	17.6	5.6	3.5	18.3	11.4	17.8	16.4	-1.4

Fuente: elaboración propia con base en INEGI: Sistema de Cuentas Nacionales de México.

silvicultura y la pesca (GD 1) desde los años setenta, particularmente en los noventa, ya que de compartir el primer lugar en 1970, pasó a ubicarse en el sexto en 2003.

Para finalizar he de mencionar que los avances que registraron algunos indicadores hacia la segunda mitad de los noventa pueden estar relacionados, entre otros factores, con el aumento del flujo migratorio hacia Estados Unidos, que también se dio en esos años, como se verá en el próximo apartado. La migración contribuye a descomprimir la situación económica y a impulsar su evolución positiva, no sólo porque al salir una parte de la población disminuye la presión que ejerce sobre los puestos de trabajo, sino porque comienzan a llegar remesas. Aun cuando hay discusión acerca de los distintos tipos de impactos de las remesas, se reconoce la inyección de recursos monetarios que aportan a las economías, así como sus efectos multiplicadores.[11] Según la captación del Banco de México, en concepto de remesas familiares ingresaron a la entidad 76.2 millones de dólares en 1993, 524.81 en 2001 y 775.9 millones de dólares en 2003 (Pérez Herrera, 2007). Del total de las remesas captadas por el Banco de México en el año 2003, 5.8% correspondía a Veracruz, lo cual ubicaba al estado en séptimo lugar entre las entidades que más dinero recibían, luego de Michoacán, Jalisco, Guanajuato, Estado de México, Distrito Federal y Puebla. Si se tiene en cuenta que en 1995 Veracruz ocupaba el lugar 15, se comprende la rapidez con que ha aumentado el flujo de remesas hacia la entidad (Pérez Herrera, 2007).

Cabe mencionar, sin embargo, que "el Banco de México reconoce que el importante crecimiento de las remesas en 2002 y 2003 refleja no sólo que un mayor número de emigrantes efectuó envíos de dinero a sus familias, sino también una mejor cobertura contable de esas transacciones" (Lozano Ascencio, 2004:16). A las dos explicaciones anteriores sobre el aumento de las remesas podría adherirse que se pueden estar contabilizando recursos que provienen de otro tipo de transacciones comerciales. Rodolfo Corona Váz-

---

[11] Para abundar acerca de las mediciones de carácter nacional realizadas con distintos tipos de fuentes, así como sobre los cambios en la medición incorporados por el Banco de México, véase Lozano Ascencio (2004), entre otros. Para profundizar en el examen de los distintos enfoques que se aproximan al significado y magnitud de los efectos sociales y económicos de las remesas, véase Canales, 2005.

quez[12] ha cuestionado las elevadas estimaciones del Banco de México, y ha puesto en duda el tipo de transferencias captadas; posiblemente no sólo se estén considerando las remesas familiares, sino otros tipos de transferencias, como las provenientes de pequeños exportadores o comerciantes.

EL FENÓMENO MIGRATORIO EN VERACRUZ

Antaño Veracruz era un estado de inmigración debido a la gran demanda de mano de obra que requería para la intensa actividad agrícola y petrolera que caracterizaba a la entidad. No sólo llegaban mexicanos de otros estados, sino que numerosos contingentes de europeos arribaban por el puerto de Veracruz, contratados para trabajar en la caña de azúcar y en las fincas de café. En los años veinte eran importantes los movimientos dirigidos a las labores en los campos petroleros (Pérez Monterosas, 2000).

Sin embargo el volumen de inmigrantes en el estado ha ido perdiendo importancia a lo largo del tiempo, de manera tal que a fines del siglo XX la situación es muy diferente a la vivida en sus comienzos. Los datos censales muestran que en 1990 la población inmigrante en Veracruz en función del lugar de residencia cinco años antes, representaba 3.6% de la población de cinco años y más, mientras que en 2000 descendió a 2.5%.[13] Son cinco las principales entidades federativas de las cuales han procedido los inmigrantes, según la información censal de 1990; en orden de importancia, Distrito Federal, Oaxaca, Puebla, Estado de México y Tamaulipas. Diez años después se mantienen estas cinco entidades en los primeros lugares, pero el orden varía en el caso de los estados de Oaxaca y México, que intercambian lugares (Chávez, Rosas y Zamudio, Grave, 2005).

No parece erróneo suponer que la inmigración disminuirá cada vez más, especialmente si la economía veracruzana no retoma su

[12] Corona Vázquez: nota para el suplemento *Masiosare* núm. 293 <www. jornada.unam.mx/2003/08/03/mas-cano.html>.

[13] Los inmigrantes provienen principalmente de otras entidades federativas, ya que la población inmigrante internacional sólo alcanzó 0.1% de la población de cinco años y más censada en Veracruz en el 2000.

dinamismo. Aun cuando se han impulsado algunos proyectos para instalar maquilas, éstos ni siquiera han logrado retener a la población residente, mucho menos atraer a la foránea. En cambio, la dinámica migratoria que sí ha logrado captar cada vez más participación es la emigración, tanto hacia otras entidades mexicanas como hacia el exterior del país.

Las cifras de la emigración interna

La emigración interna no es un fenómeno nuevo en la entidad, pero en los últimos años ha experimentado transformaciones tanto en el volumen como en los destinos. De acuerdo con la encuesta censal del año 2000, el balance entre los inmigrantes y los emigrantes del estado en función de la población residente en 1995 y la residente al levantamiento del censo arrojó un saldo neto migratorio (SNM)[14] negativo (−3.51%) que ubicó a Veracruz como el segundo expulsor de población del país, sólo superado por el Distrito Federal (INEGI, 2000).

La proporción de población mayor de cinco años que salió hacia otras entidades mexicanas se incrementó de 4.4% en 1990 a 6.1% en 2000.[15] Por otro lado, mientras que el Estado de México, Tamaulipas, Distrito Federal, Puebla y Oaxaca, en orden de importancia, captaron 58.4% de los emigrantes internos del estado en 1990, diez años después fueron Tamaulipas, Estado de México, Chihuahua, Distrito Federal y Puebla los que captaron 56.4% del total de emigrantes (Chávez, Rosas y Zamudio Grave, 2005).

Por otra parte, es importante el incremento de la participación de los estados de la frontera norte (Baja California, Sonora, Chihuahua, Coahuila, Nuevo León y Tamaulipas) como destinos de los veracruzanos dentro del país. Como se muestra en las gráficas II.3 y II.4, en tan sólo 10 años estas entidades duplicaron su presencia.

---

[14] Saldo neto migratorio: diferencia entre los inmigrantes y los emigrantes en un espacio y un periodo determinados.

[15] Para captar a los emigrantes internos se revisó la información censal de cada entidad federativa e identificó a quienes residían en Veracruz cinco años antes de cada levantamiento.

GRÁFICA II.3
Emigración interna originada
en el estado de Veracruz; 1990

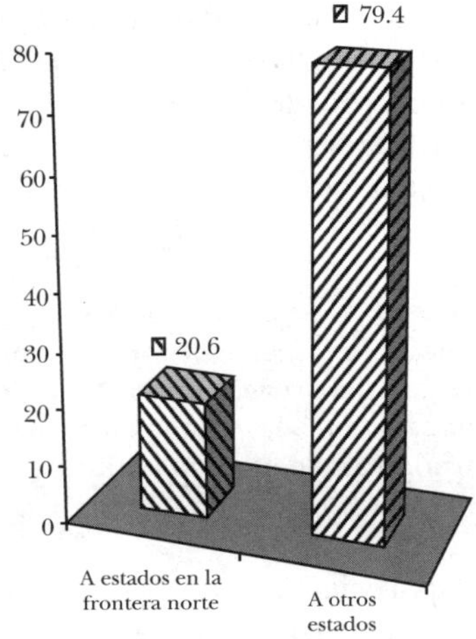

GRÁFICA II.4
Emigración interna originada
en el estado de Veracruz; 2000

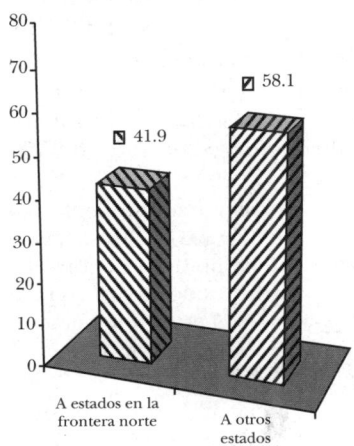

Fuente: elaboración propia con base en
INEGI: Censo Nacional de Población y
Vivienda de 1990.

Fuente: elaboración propia con base en
INEGI: Censo Nacional de Población y
Vivienda de 2000.

La creciente importancia de las entidades federativas del norte del país entre los destinos internos de los veracruzanos encuentra gran parte de su explicación en dos factores: por un lado, en las posibilidades laborales que allí ofrece la industria maquiladora, y por el otro, en que la Zona Metropolitana de la Ciudad de México ha perdido atractivo como destino dentro del país (Conapo, 1999 y 2001).[16] De esta manera, es esperable que los estados del norte continúen aumentando la captación de veracruzanos en los años venideros.

[16] La intensidad de la migración interestatal en México se ha mantenido relativamente estable desde mediados del siglo XX (aproximadamente 1% de los mexicanos cambia anualmente su residencia cruzando los límites estatales). Sin embargo la diversificación de las actividades económicas y su localización a lo largo del territorio impulsaron en el último cuarto de siglo un cambio gradual en el patrón de urbanización y en la distribución territorial de la población. El ejemplo contundente de

Las cifras de la emigración internacional

Tradicionalmente, la gran mayoría de quienes han cruzado las fronteras internacionales mexicanas ha procedido del occidente de México, especialmente de Jalisco, Michoacán y Guanajuato (Massey y sus colaboradores, 1987). En los últimos años, sin embargo, se ha incrementado significativamente el flujo procedente de estados diferentes a los del occidente. Entre las entidades que han visto incrementar sus magnitudes migratorias se encuentra Veracruz, como afirma Jorge Durand (2005:5):

> [l]a región sureste conformada por los estados de Campeche, Chiapas, Quintana Roo, Tabasco, Veracruz y Yucatán se caracteriza por ser emergente y por haber permanecido al margen del proceso migratorio a lo largo de todo un siglo. A partir de los años noventa la región y particularmente el estado de Veracruz se incorporaron de manera definitiva al proceso migratorio.

Hacia mediados de los noventa aparecieron en la prensa las primeras noticias acerca de la salida de veracruzanos hacia destinos internacionales, aunque el gobierno estatal trataba de restarles importancia. Estos primeros hallazgos fueron confirmados oficialmente por la información derivada del censo de 2000, con tal elocuencia que el gobierno estatal no tuvo más opción que aceptar la importancia del fenómeno migratorio en el estado.[17]

Ahora bien, el fenómeno migratorio internacional, particularmente hacia Estados Unidos, no es nuevo en Veracruz; en algunas

---

dicho cambio gradual se encuentra en la pérdida de atracción de la Ciudad de México para los habitantes del resto del país: "a fines de los años cincuenta, al Distrito Federal llegaban las corrientes más numerosas de 19 estados; ocho lustros más tarde sólo llegaba a la capital del país la procedente del Estado de México. Si bien la expansión territorial de la Ciudad de México le ha transferido paulatinamente al Estado de México el papel protagónico en los lugares de destino de la movilidad geográfica de la población, el conjunto de ambas entidades, después haber sido en 1955-1960 el destino del principal flujo originado en 18 de las 30 entidades restantes, es ahora la región de donde parte el contingente más grande que reciben 11 de las otras 30 entidades" (Conapo, 2001:95-96).

[17] Una de las primeras medidas gubernamentales que se tomaron fue la creación de la Coordinación de Atención al Migrante, en septiembre de 2001.

regiones los veracruzanos llevan más de 20 años migrando; algunos, incluso, participaron en el programa Bracero entre 1942 y 1964 (Chávez, Rosas y Zamudio Grave, 2005). En la actualidad, lo novedoso del fenómeno migratorio en Veracruz radica en el gran aumento que ha experimentado en muy pocos años.[18]

El módulo del Censo de 2000 especialmente dirigido a la migración internacional brinda la posibilidad de conocer algunas características de la ocurrida entre enero de 1995 y febrero de 2000. Según esta fuente de información 81 334 veracruzanos habrían salido de la entidad hacia destinos internacionales en el periodo considerado.

Al analizar la importancia de la participación de la emigración veracruzana dentro de la emigración internacional mexicana se evidencia que el estado participa con 4.86%. De esta manera, Veracruz pasó velozmente de ser parte de "otros estados" en las estadísticas publicadas, a ocupar el sexto lugar, luego de Jalisco, Michoacán, Guanajuato, Estado de México y Distrito Federal.

La gráfica II.5 muestra la distribución de los emigrantes internacionales por año de la última salida, entre 1995 y 1999; ilustra el rápido crecimiento que experimentaron salidas.

Ahora bien, la información de esta gráfica debe tomarse con cautela. Como ya se mencionó, las estimaciones fueron realizadas a partir de la información que brindó la pregunta sobre la fecha del último movimiento ocurrido en los cinco años anteriores al censo.[19] Es decir, aunque una persona saliera varias veces del país durante el quinquenio considerado, el censo sólo registró información acerca del último movimiento, de ahí que las estimaciones sobre el año de las salidas se vean afectadas cuando se repiten los desplazamientos (cuando existe circularidad), lo cual puede contribuir a sobreestimar el dato del último o los últimos años del periodo en cuestión.

[18] Conviene recordar que la captación de la migración internacional, particularmente la acontecida entre México y Estados Unidos, se ve dificultada debido a que en buena medida tiene carácter de indocumentada; por eso los datos que se presentan a continuación deben tomarse con cautela, en el entendido de que se desconoce el subregistro que puedan tener.

[19] La pregunta que se plantea en el censo es la siguiente: "¿En qué mes y año se fue a vivir a otro país la última vez?"

GRÁFICA II.5
Porcentaje de emigrantes internacionales según año de última
emigración; Veracruz, 1995-1999

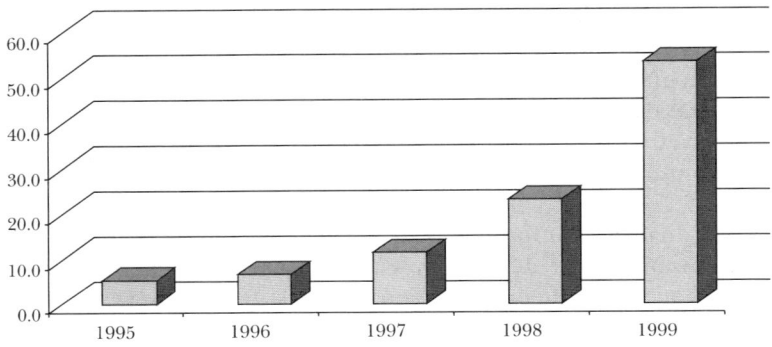

Fuente: elaboración propia con base en INEGI: Muestra del Censo Nacional de Población y Vivienda del año 2000.

En cuanto a la composición por sexo, el flujo migratorio internacional del estado está constituido en su gran mayoría por hombres
(78.5%). Respecto a las edades en que se produce el movimiento,
tanto los varones como las mujeres siguen una tendencia similar, como se aprecia en la gráfica II.6. Es entre los 15 y los 24 años cuando
la emigración alcanza su cúspide, aspecto ampliamente relacionado con la migración de tipo laboral.

Por otra parte, cuando se indagó acerca del mes en que habían
partido los emigrantes rumbo a destinos internacionales, marzo, agosto y septiembre presentaron mayor frecuencia de salidas (gráfica
II.7). Esta temporalidad se relaciona en gran medida con las estacio-
nes del año y las condiciones climáticas más moderadas para enfrentar mejor el cruce de la frontera: salen cuando está comenzando la
primavera o cuando está terminando el verano.

Con respecto a los meses en que retornan los veracruzanos a
sus lugares de origen, la tendencia es clara y sigue los patrones nacionales; noviembre y diciembre son los meses que más regresos presentan, lo cual coincide no sólo con los festejos navideños y de fin
de año, sino con el invierno estadounidense, época en que, se-

GRÁFICA II.6
Porcentaje de emigrantes internacionales según sexo y grupos
quinquenales de edad; Veracruz, 1995-2000

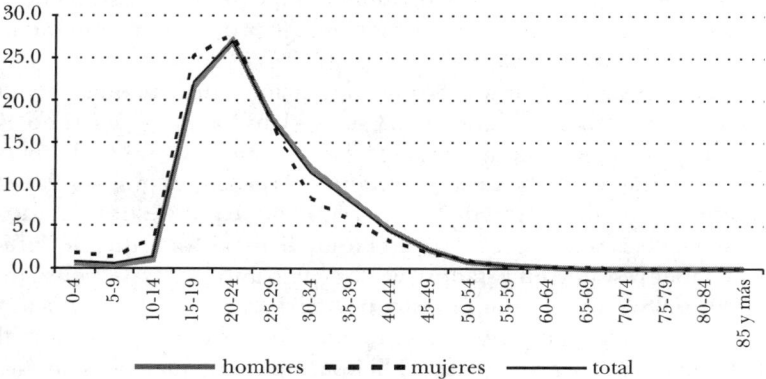

hombres ▬ ▬ ▬ mujeres ────── total

Fuente: elaboración propia con base en INEGI: Muestra del Censo Nacional de Población y Vivienda del año 2000.

GRÁFICA II.7
Porcentaje de emigrantes internacionales y retornados
según mes del movimiento; Veracruz, 1995-2000

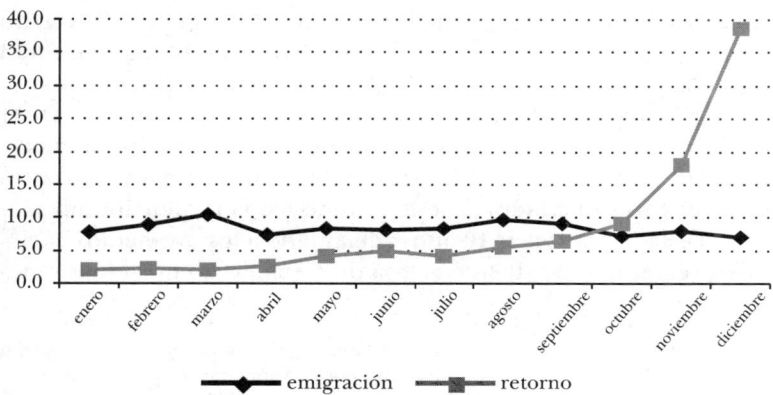

emigración ▬▬ retorno

Fuente: elaboración propia con base en INEGI: Muestra del Censo Nacional de Población y Vivienda del año 2000.

gún algunos de los entrevistados, quedan cesantes en sus trabajos o las condiciones climáticas hacen demasiado difícil su labor. De los migrantes veracruzanos que salieron entre 1995 y 2000, 96.6% residía dentro del estado antes del movimiento. Esto es indicativo de que la emigración internacional se produce, en gran medida, sin escalas internas.

Por otra parte, en México la "migración internacional" se ha vuelto sinónimo de "migración a Estados Unidos", y Veracruz no es la excepción. Del total de migrantes mexicanos que salen del país se estima que 96.1% se dirige al vecino del norte, y es muy similar el porcentaje de población de Veracruz que tiene por destino Estados Unidos: 96.47% (INEGI, 2000). Del total de mexicanos que declararon haber residido en Estados Unidos cinco años antes del censo de 2000, 4.88% estaba compuesto por veracruzanos. Esto ubica a Veracruz como el quinto estado mexicano que envía población al país del norte, luego de Jalisco, Michoacán, Guanajuato y Estado de México, en orden de importancia.[20]

La emigración en los indicadores demográficos

En esta sección presento indicios de los efectos de la emigración en algunos indicadores demográficos.[21] Para ello, a continuación sintetizo los principales rasgos de la estructura demográfica del estado y algunos de los cambios que experimentó en los últimos años del siglo XX.

En el cuadro II.4 aparece la población total (nacional y estatal) en tres años censales. No resulta novedosa la tendencia a la disminución en el ritmo de crecimiento poblacional, sino los contrastes entre el país y el estado. En este sentido llama la atención no sólo que el estado parezca ir 10 años adelantado a los promedios nacionales (en el sentido de que la tasa de crecimiento que el país pre-

---

[20] Antes mencioné que Veracruz ocupaba el sexto lugar nacional en la migración internacional (todos los destinos internacionales). Ahora me estoy refiriendo específicamente a la migración hacia Estados Unidos, en la cual ocupa el quinto lugar.

[21] Conviene aclarar que se hablará de emigración teniendo en cuenta la interna y la internacional en forma conjunta.

LA MIGRACIÓN CARDALEÑA EN CONTEXTO 61

CUADRO II.4

Población total, distribución por sexo, índice de masculinidad
y tasa de crecimiento; México y Veracruz, 1990-2000

	Población total	Sexo (%)		Índice de masculinidad*	Tasa de crecimiento
		Hombres	Mujeres		
México					
1990	81 249 645	49.1	50.9	96.5	
1995	91 158 290	49.3	50.7	97.1	2.1
2000	97 361 711	48.6	51.4	94.7	1.5
Veracruz					
1990	6 228 239	49.4	50.6	97.7	
1995	6 737 324	49.3	50.7	97.4	1.4
2000	6 908 975	48.6	51.4	94.4	0.6

* Varones por cada 100 mujeres.
Nota: las tasas de crecimiento (supuesto exponencial) corresponden a dos periodos quinquenales: 1990-1995 y 1995-2000. Cada estimación se colocó en la casilla correspondiente al último año del periodo.
Fuente: elaboración propia con base en INEGI: Censos Nacionales de Población y Vivienda de 1990 y 2000; Conteo de Población de 1995.

sentó en 2000 era la que Veracruz tenía en 1990), sino el importante ritmo de descenso de las tasas de crecimiento estatales entre 1995 y 2000, muy cercanas al crecimiento nulo.

El descenso de la tasa de crecimiento de la población puede deberse a tres razones: un aumento inusitado de la mortalidad, la caída de la fecundidad o el aumento de la emigración. En Veracruz la tasa bruta de mortalidad se ha mantenido casi estable en los últimos 10 años; sólo ha evidenciado un leve descenso: 5.3 muertos cada 1 000 habitantes en el año 1990 y 4.8 en 2000 (INEGI, 2001), por lo que no estaría influyendo en el descenso del crecimiento de la población. La tasa global de fecundidad, por su parte, ha disminuido: pasó de 3.2 hijos en promedio por mujer en 1989 a 2.3 en 2000 (INEGI, 2001). Por otro lado, y como ya se mencionara, el saldo neto migratorio veracruzano fue negativo en 2000 (–3.5%) y la importancia de la emigración internacional se pudo apreciar adicionalmente en la información censal derivada de la pregunta sobre las salidas entre enero de 1995 y febrero de 2000. A partir de lo anterior es posible inferir que tanto la caída de la fecundidad como el aumento de la emigración (interna e internacional) están afectando el rápido descenso del crecimiento de la población veracruzana.

Respecto a la composición por sexo de la población, el número de mujeres rebasa levemente al de los varones tanto en el ámbito nacional como en el estatal. El índice de masculinidad evidencia esta situación: su decrecimiento a lo largo del tiempo indica que las mujeres van ganando lugar sobre los hombres.[22] En la gráfica II.8 se desagrega el índice de masculinidad estatal por grupos quinquenales de edad para los tres años considerados.

Las curvas correspondientes a 1990 y 1995 no presentan grandes diferencias entre sí, aunque en 1995 ya se advertía un leve descenso del índice de masculinidad entre los 20 y los 29 años de edad. El gran contraste lo marca el año 2000, en el cual la curva ya se ha desprendido (hacia abajo) de la tendencia que seguía en los dos años anteriores. En la gráfica se muestran los dos valores más bajos que asume el índice para el año 2000, correspondientes a los grupos de edad 20-24 y 25-29. Si se tiene en cuenta que un valor inferior a 95 representa un desequilibrio en la composición por sexo de la población en desmedro de los hombres, valores menores que 85 indican un gran faltante del componente masculino. Claro está que dicho faltante no sólo se registra en los dos grupos de edad mencionados; también hasta los 54 años se observan valores inferiores a la "norma".

La falta de varones en determinadas edades también se puede notar al comparar las pirámides de población de los años 1990 y 2000 (gráficas II.9 y II.10).

Como se observa, la pirámide veracruzana de 1990 muestra una forma correspondiente a una estructura poblacional equilibrada entre los sexos y las edades, con una base angosta debido a la caída de la fecundidad. En 2000 no sólo la base continuó angostándose, sino que también lo hicieron las barras correspondientes a los hombres, principalmente entre los grupos etarios 20-24 y 30-34. Es interesante observar que en las barras correspondientes a las mujeres aparece una pequeña "muesca" en los grupos 20-24 y 25-29.

---

[22] El índice de masculinidad representa la cantidad de hombres por cada 100 mujeres.

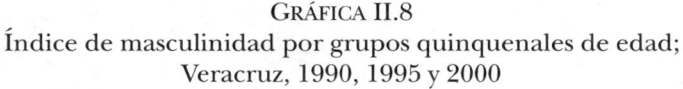

GRÁFICA II.8
Índice de masculinidad por grupos quinquenales de edad;
Veracruz, 1990, 1995 y 2000

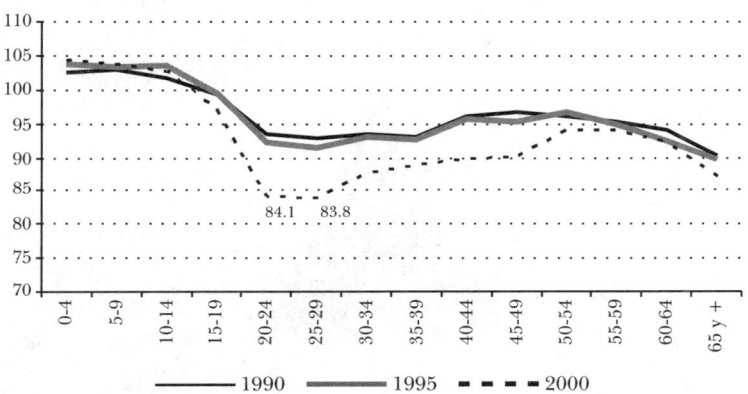

Fuente: elaboración propia con base en INEGI: Censo Nacional de Población y Vivienda de 1990; Conteo de Población de 1995; y Muestra del Censo 2000.

Si bien el "faltante" de varones adultos jóvenes coincide con las edades en que con mayor frecuencia se produce la migración por cuestiones laborales, como se mostró anteriormente, conviene tener en cuenta la sistemática dificultad de los censos para captar a los varones de estas edades, particularmente a los que residen habitualmente solos.[23] Es decir, la emigración de hombres en edades laborales contribuye a explicar los valores de los indicadores que señalan "desequilibrios" entre los sexos, particularmente evidentes en el año 2000, pero también hay que considerar la mencionada dificultad en la captación censal.

[23] Cabe mencionar, además, que las edades jóvenes en que se observa un "faltante" de varones coinciden con aquellas en que varios estudios han encontrado sobremortalidad de varones (Bonino, 1992 y 2000; Rivas Sánchez, 2004; De Keijzer, 1994 y 2001), aunque es arriesgado proponer el alcance de dicha sobremortalidad en la faltante mencionada.

GRÁFICA II.9
Pirámide de población; Veracruz, 1990

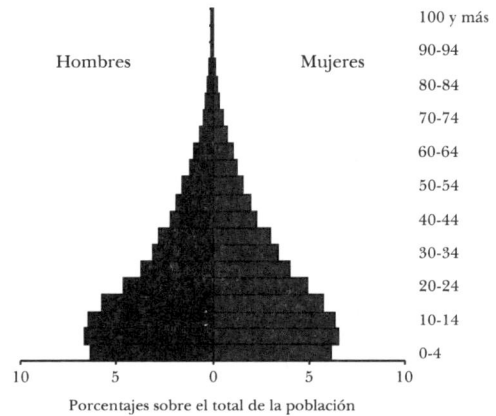

Porcentajes sobre el total de la población

Fuente: Chávez, Rosas y Zamudio Grave (2005).

GRÁFICA II.10
Pirámide de población; Veracruz, 2000

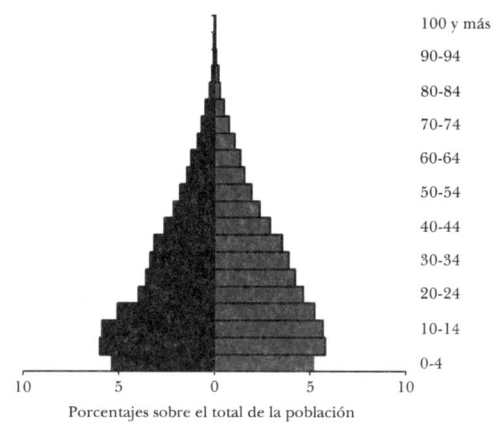

Porcentajes sobre el total de la población

Fuente: Chávez, Rosas y Zamudio Grave (2005).

El contexto de las políticas migratorias

Según Donato (1993), la aprobación del Immigration Reform and Control Act (IRCA) en 1986 representó el primer intento legislativo por regular la migración indocumentada en la historia de Estados Unidos. Las medidas incluyeron sanciones a empleadores, incrementos en los refuerzos en la frontera y amnistías a muchos residentes indocumentados. Sin embargo, según Castro (1998), en aquel momento no predominaban las tendencias restriccionistas.

Posteriormente, en 1990 se firmó la Immigration Act (IMMACT) para fijar el número de visas anuales en 366 000. Para Castro (1998) esto pareció corresponder a una intención del gobierno de Estados Unidos de mantener un alto nivel de inmigración autorizada y de disminuir en la medida de lo posible la no autorizada.

Con la firma del Tratado de Libre Comercio en 1994 se crearon expectativas de una menor migración y de una orientación más liberal de la política migratoria estadounidense (Alba, 2002). Sin embargo, "a pesar de la integración relativa de espacios económicos y de la política de buena voluntad que supone el Tratado de Libre Comercio, la administración Clinton autorizó operativos de la Patrulla Fronteriza en varios sectores de la frontera con México" (Castro, 1998:369), al mismo tiempo que la opinión pública estadounidense se mostraba cada vez más negativa hacia la inmigración. Al ponerse en marcha varios operativos a lo largo de la frontera (entre los que sobresale la llamada Operación Guardián iniciada en 1994) la estrategia de sólo detener a un mayor número de las personas que cruzaban sin documentos la frontera cedió lugar ante la de "prevenir por medio de la disuasión". A partir de ese momento aumentaron los instrumentos desplegados, como patrullas, mallas, sensores y telescopios de visión nocturna. Se pretendía desbaratar los circuitos tradicionales de cruce, lo que empujó a los migrantes hacia espacios cada vez más inhóspitos (Smith, 2005).

Susanne Jonas (1998) analiza la orientación de las políticas migratorias estadounidenses hacia el año 1998 y presenta una perspectiva no sólo interesante, sino de gran actualidad, que ayuda a entender el marco en el cual se tomaron las medidas posteriores a los acontecimientos del 11 de septiembre de 2001. Argumenta que las políticas adoptadas después de la segunda Guerra Mundial han pervivido en la posguerra. La inmigración es tratada como una función de la "seguridad nacional" y definida conforme a las circunstancias del momento.[24] Más específicamente: la doctrina estadounidense de seguridad nacional considera los flujos de inmigrantes y refugiados como preocupación prioritaria y los coloca en un nivel similar al del narcotráfico y el terrorismo. Una de las tantas estrategias adoptadas en función de la seguridad nacional estadounidense se advierte en la presión que ejerce Estados Unidos sobre México a fin de evitar la llegada de centroamericanos, lo cual se refleja en la mayor militarización de la frontera sur mexicana y en el aumento del número de deportados centroamericanos desde México (Jonas, 1998; Castillo, 1998).

Aun así, los meses previos al 11 de septiembre de 2001 fueron escenario de un gran optimismo del gobierno mexicano en cuanto a la posibilidad de establecer convenios bilaterales que beneficiaran a la migración mexicana (Alba, 2002). Pero el 11 de septiembre no sólo dio por terminados los incipientes intercambios bilaterales, sino que brindó al gobierno de George Bush una gran excusa para establecer medidas inmigratorias sumamente restrictivas en pos de la seguridad nacional de su país: la militarización de las fronteras, el incremento de las condiciones para el otorgamiento de visas, el cese de la libre entrada que se había concedido a varias nacionalidades y el aumento de las persecuciones a los residentes indocumentados, fueron algunas de las medidas adoptadas por el gobierno estadounidense.

Una de las consecuencias de las altas restricciones a la inmigración indocumentada es el aumento de las muertes durante el cruce de la frontera. Según los registros de la patrulla fronteriza estadounidense, en la frontera sur de Estados Unidos (San Diego a Brownsville) hubo 329 muertes en 1998, mientras que en 2000 habían ascendido a 499, y en 2003 alcanzaron 415, aproximadamente. Durante 2004, más específicamente hasta agosto de ese año, las muertes registradas llegaban a 255 (Smith, 2005). Al desagregar la frontera se-

---

[24] El enfoque "seguridad-estabilidad" apunta a "aquello que gira en torno al interés de los gobernantes para proteger a su gente y territorio de las amenazas en contra de la estabilidad del régimen, del bienestar social y de los valores sociales nacionales" (Jonas, 1998:407).

gún los lugares de paso se advierte que Tucson es el que registró más muertes entre el año 2000 y agosto de 2004, con 45% de las ocurridas a lo largo de la frontera sur (a la altura de Tucson suele cruzar una gran mayoría de los cardaleños). Seguramente el número de muertes es mayor, pues el subregistro es una de las constantes en este tipo de estadísticas. En el caso de Veracruz, la coordinadora del Programa de Atención a Migrantes manifestó que en 2001 fallecieron 150 veracruzanos en la frontera, mientras que entre enero y junio de 2002 ya habían ocurrido alrededor de 70 muertes (*Diario de Xalapa*, 28 de junio de 2002).

Si antes del 11 de septiembre de 2001 los migrantes ya se veían obligados a transitar por caminos menos vigilados aunque más peligrosos, luego de esta fecha el cruce se hizo más difícil y arriesgado. Es en esta coyuntura cuando Veracruz experimenta importantes incrementos en su flujo migratorio hacia Estados Unidos. De esta manera los veracruzanos no sólo padecen inexperiencia y falta de información sobre la migración, sino que deben aprender acerca de este fenómeno en medio de una de las coyunturas más duras impuestas por el gobierno estadounidense.

El migrante desconoce las condiciones del cruce indocumentado, las cuales lo colocan en condiciones de alta vulnerabilidad. Veracruz se ha incorporado al flujo internacional en un tiempo cuando las políticas migratorias de cierre de fronteras de Estados Unidos fuerzan a los migrantes a pagar grandes sumas de dinero a polleros y a arriesgarse a cruzar por lugares muy peligrosos [...] Las redes sociales que podrían reducir los costos —económicos y humanos— de la migración están gestándose. No sólo el cruce mismo, sino la *planeación* de la migración (aceptando tratos menos onerosos y riesgosos) es todavía terreno desconocido para la mayoría de los migrantes. No es tan sorprendente, entonces, que sucedan tragedias como la de mayo de 2001, cuando murieron once migrantes veracruzanos en el desierto de Yuma, en Arizona (Zamudio Grave, 2002).[25]

La comunidad escogida para este estudio, El Cardal, se encuentra entre las que han perdido migrantes que intentaban llegar a Estados Unidos. Profundizaré en este suceso luego de describir las

---

[25] Las cursivas suplantan el entrecomillado del original.

características socioeconómicas y demográficas del municipio y la localidad. Aun así, quiero resaltar que para algunos de los entrevistados no sólo Estados Unidos aparece como responsable de las dificultades que la migración presenta, también el gobierno mexicano.

> El gobierno también, si de veras quisiera apoyar a que su México progrese, también él debería de hacer. Si cuando se mueren el gobierno tiene que gastar tanto dinero porque te traigan al difunto, ese dinero mejor lo hubiera de emplear para tener de veras una verdadera entrada y salida, porque van por trabajar [...] También ahí hay responsabilidad en el gobierno. Mejor viera de buscar cosas positivas para mismo país y ayudar así a los mismos emigrantes. Y no nada más echar culpas al pollero (Sara).

En muchos casos se refieren a la responsabilidad del gobierno mexicano en lo que concierne a las condiciones altamente precarias y riesgosas en que se realiza el viaje a Estados Unidos. Los migrantes indocumentados se encuentran en una suerte de encrucijada delimitada por la acción restrictiva de un país poderoso y por la pasividad del vecino relativamente débil.

SOBRE NAOLINCO Y EL CARDAL

En este apartado describiré del contexto de estudio, enfocándome en el municipio y particularmente en la localidad donde realicé el trabajo de campo. Presento una caracterización demográfica y socioeconómica para luego referirme a la dinámica migratoria.

Caracterización demográfica y socioeconómica

El municipio de Naolinco está ubicado en el centro del estado de Veracruz; linda con Xalapa, la capital del estado, y tiene una superficie de 123.38 km², lo que representa 0.17% del estado de Veracruz (Secretaría de Gobernación de México, 2000). En la actividad económica sobresalen la agricultura y la ganadería; en la industria son importantes los establecimientos dedicados al refinamiento del grano de café para su posterior comercialización. Por otro lado, Naolinco, particularmente su cabecera municipal, es conocido por su artesanía en el calzado confeccionado con piel.

El Cardal, la congregación más poblada del municipio de Naolinco,[26] está asentado en las faldas del cerro Esquimite y tiene una superficie de 40 km^2 (Secretaría de Gobernación de México, 2000). La congregación comprende, además de su cabecera también llamada El Cardal, dos rancherías y un rancho. Cabe aclarar que cuando me refiera a El Cardal estaré aludiendo sólo a la cabecera de la congregación, porque es allí donde realicé el trabajo de campo.

Debido a la cantidad de habitantes que posee, El Cardal entra en la categoría del INEGI "localidades rurales menores a 2 500 habitantes", y constituía 10.3% de la población total del municipio de Naolinco en el año 2000 (cuadro II.5).

La localidad, a diferencia del municipio, a lo largo de los tres años censales presentó mayores porcentajes de población masculina que femenina, lo que se traduce en un índice de masculinidad favorable a los hombres. Mostró un descenso importante de su tasa de crecimiento entre 1995 y 2000 al perder más de un punto porcentual en tan sólo cinco años y alcanzar una tasa muy cercana a cero o crecimiento nulo. Esto contrasta con la tasa municipal, la cual ha experimentado sólo un descenso leve.

En el cuadro II.6 se observa que la localidad presenta una mejor situación que el municipio en lo que a escolaridad se refiere; 87% de la población cardaleña de entre 6 y 14 años sabe leer y escribir, en tanto que la población de 15 años y más alfabeta muestra un porcentaje similar. En el ámbito estatal las dos variables mencionadas registraron 82 y 85% respectivamente, lo cual indica que El Cardal no sólo supera los promedios municipales, sino también los estatales.

Es muy bajo el porcentaje de población que habla alguna lengua indígena tanto en El Cardal como en todo el municipio.[27] A pesar de la importancia que los factores étnicos adquieren en otros con-

---

[26] Se denomina "congregaciones" a las divisiones geopolíticas de un municipio.

[27] De la población de cinco años y más de la entidad, 10.4% habla alguna lengua indígena; es decir, tanto la localidad como el municipio tienen un menor componente indígena que el estado.

CUADRO II.5
Población, distribución por sexo, índice de masculinidad
y tasa de crecimiento. Naolinco y El Cardal, 1990-2000

	Población total	Sexo (%)		Índice de masculinidad*	Tasa de crecimiento
		Hombres	Mujeres		
Municipio de Naolinco					
1990	15 596	49.7	50.3	98.8	
1995	16 976	50.0	50.0	99.9	1.5
2000	18 097	49.6	50.4	98.4	1.46
Localidad El Cardal**					
1990	1 711	51.5	48.5	106 2	
1995	1 846	50.5	49.5	102 2	1.4
2000	1 860	51.2	48.8	104.9	0.16

* Varones cada 100 mujeres.
** No incluye ranchos ni rancherías.
Nota: las tasas de crecimiento (supuesto exponencial) corresponden a dos periodos quinquenales: 1990-1995 y 1995-2000. Cada estimación se colocó en la casilla correspondiente al último año del periodo.
Fuente: elaboración propia con base en INEGI: Censo Nacional de Población y Vivienda de 1990; Conteo de Población de 1995; y Muestra del Censo de 2000.

textos como condicionantes de comportamientos sociales, consideré que en la población cardaleña no constituían elementos diferenciadores de relevancia; por tal razón no fueron incorporados dentro del conjunto de variables heterogeneizadoras de la muestra entrevistada.

Respecto de la población ocupada por sector de la economía, a diferencia de lo que ocurre en el país y en el estado de Veracruz, los naolinqueños y cardaleños siguen ocupándose predominantemente en el sector primario (cuadro II.7). Aun cuando el sector primario ha ido perdiendo importancia a lo largo del tiempo, es en el municipio donde se presenta el descenso más pronunciado. Resaltan los contrastes entre el nivel (relativamente alto) del sector secundario en el municipio y el alcanzado en El Cardal, lo cual se explica en gran parte por el peso de la industria zapatera en la cabecera municipal.

CUADRO II.6
Población según escolaridad y habla de lengua indígena.
Naolinco y El Cardal, 1990-2000 (porcentajes)

	Población *de 6 a 14 años* *que sabe leer* *y escribir*	*Población* *de 15 años y* *más alfabeta*	*Población* *de 5 años y más* *que habla alguna* *lengua indígena*
Municipio de Naolinco			
1995	79.7	82.3	0.3
2000	80.6	84.6	0.5
Localidad El Cardal*			
1995	84.2	85.7	0.1
2000	86.5	86.4	0.5

* No incluye ranchos ni rancherías.
Fuente: elaboración propia con base en INEGI: Muestra del Censo Nacional de Población y Vivienda de 2000 y Conteo de Población de 1995.

CUADRO II.7
Población económicamente activa ocupada según sector
de la economía. Naolinco y El Cardal, 1990-2000 (porcentajes)

	*Primario**	*Secundario***	*Terciario****
Municipio de Naolinco			
1990	51.7	24.0	24.3
2000	38.0	30.9	31.0
Localidad El Cardal[1]			
1990	59.8	11.8	28,4
2000	49.9	10.9	39.2

[1] No incluye ranchos ni rancherías.
* Población ocupada que trabajó en la agricultura, ganadería, silvicultura, caza o pesca.
** Población ocupada que trabajó en la minería, generación y suministro de electricidad y agua, construcción o industria manufacturera.
*** Población ocupada que trabajó en comercio, transporte, servicios financieros, ofreciendo servicios profesionales, en el gobierno u otros servicios.
Fuente: elaboración propia con base en INEGI: Censo Nacional de Población y Vivienda de 1990; y Muestra del Censo 2000.

En cuanto a la infraestructura y servicios con que cuenta El Cardal cabe referir que posee dos escuelas primarias, una telesecundaria y un telebachillerato. Se encuentra allí un centro de la Secretaría de Salud en donde presta servicio un médico pasante que se renueva cada año y que brinda servicios tanto a los cardaleños como a sus vecinos de las comunidades aledañas.

El Cardal tiene dos iglesias. La primera que se construyó fue la de la Santa Cruz, y varios años más tarde se levantó la de la Virgen de Guadalupe. Ambas están relacionadas con las dos grandes celebraciones que visten de fiesta a los cardaleños.

En cuanto a los grupos sociales que componen la localidad, en principio pueden distinguirse dos. No falta en la mayoría de las pláticas la comparación entre "los de arriba" y "los de abajo". Esta división está materialmente indicada por el Salón Social, que se ubica a la mitad de la larga calle principal. La gran diferencia entre abajo y arriba tiene que ver con el tipo de propiedad: en la parte de abajo, a la entrada del poblado, se asienta el "Ejido El Cardal", mientras que en los terrenos más elevados ("arriba") se ubica la zona de propiedad privada. Estos últimos, los cuentapropistas, son los que iniciaron la migración hacia Estados Unidos y quienes en mayor medida la han nutrido.

La dinámica migratoria originada en El Cardal

Hasta hace pocos años los cardaleños casi no tenían necesidad de trasladarse a otros centros de trabajo, porque el café y la caña de azúcar les brindaban trabajo e ingresos; es decir, los habitantes de El Cardal no estaban insertos en una dinámica de migración regional. En cambio abundan los relatos acerca de "mucha" gente que llegaba al poblado a trabajar en temporada de cosecha, lo cual sugiere que la localidad era receptora de trabajadores, antes que expulsora. Sin embargo en los últimos años este proceso de recepción de trabajadores temporales se ha debilitado debido a los bajos precios del café y a la crítica situación del Ingenio de La Concepción, como mencioné al principio de este capítulo. Ahora la salida de población es el proceso que todos los cardaleños presencian con algo de sorpresa.

La descripción que presento en este apartado se basa en información derivada de un conteo que dirigió el maestro Lucas Gutiérrez los días 20 y 21 de abril de 2001, al cual llamaré "Conteo Cardaleño sobre Migración, 2001".[28] He de resaltar los alcances y la validez de la información que el mismo contiene, ya que luego de trabajar durante más de un año en El Cardal puedo afirmar que las personas enlistadas y los datos individuales registrados corresponden con lo que he podido averiguar de cada uno y con lo expresado en las entrevistas.

Al momento del conteo 85 cardaleños se encontraban en Estados Unidos. Luego de cotejar dicho conteo con mis averiguaciones pude establecer que faltaba enlistar a 15 personas, y que entre abril y diciembre de 2001 salieron 15 más, aproximadamente. Además hay que mencionar que 12 personas ya habían retornado al momento del conteo, por lo que no fueron contabilizadas como emigrantes. De esta manera, alrededor de 127 cardaleños se encontraban o habían estado alguna vez en Estados Unidos para fines de 2001. En 2002 salieron alrededor de 20 personas más. Si se tiene en cuenta que el primer cardaleño que partió rumbo a Estados Unidos lo hizo en enero de 1998, y que sólo a partir de 1999 las salidas se hicieron más frecuentes, es notoria la velocidad con que ha aumentado la emigración internacional en El Cardal.

De los cardaleños que al momento del conteo estaban en Estados Unidos, 87.1% eran varones. Como se observa en la gráfica II.11, la composición del flujo según grupos quinquenales de edad por sexo es similar a la ya mostrada para el estado de Veracruz. En ambos sexos la moda se encuentra en el grupo de edad 25-29, aunque se advierte que las mujeres han migrado a edades más jóvenes que los varones.

Por otro lado, 57% de los migrantes fue declarado en unión al momento del conteo, sin distinguir entre unión legal o consensual. Respecto de los no unidos debe tenerse en cuenta que 94% fue declarado soltero. Se observa que entre los hombres hay mayor porcentaje de unidos que de no unidos, mientras que entre las mujeres ocurre lo contrario; además, la distancia entre las no unidas y las unidas es bastante superior a la que se advierte entre los varones (gráfica II.12).

---

[28] Lucas Gutiérrez ha vivido toda su vida en El Cardal, conoce profundamente la localidad y a su gente, y se desempeña allí como director de una de las dos escuelas primarias.

GRÁFICA II.11
Porcentaje de emigrantes internacionales según sexo y grupos
quinquenales de edad; El Cardal, 2001

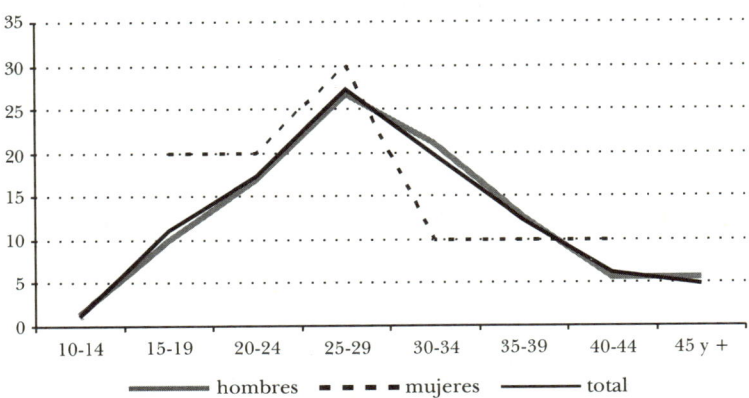

Fuente: elaboración propia con base en el Conteo Cardaleño sobre Migración, 2001.

GRÁFICA II.12
Porcentaje de emigrantes internacionales según sexo y estado
conyugal; El Cardal, 2001

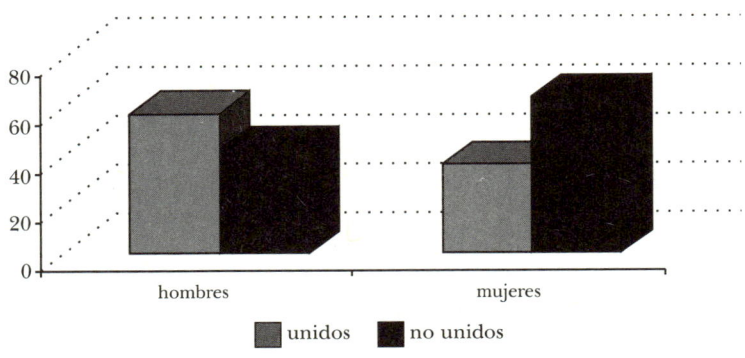

Nota: en la categoría "unidos" se incluyen las uniones legales y consensuales; en "no
unidos" a solteros, separados, divorciados, viudos.
Fuente: elaboración propia con base en el Conteo Cardaleño sobre Migración, 2001.

Cuando se le preguntó a los familiares cuál era la ocupación de los migrantes antes de irse a Estados Unidos, 43.1% respondió "campesino", y "comerciante" fue la categoría que le siguió en orden de importancia (11.1%). Estas respuestas no sorprenden si se tiene en cuenta, por un lado, que la PEA de El Cardal se ocupa principalmente en el sector primario, y por otro, que la agricultura ha sido la actividad más fuertemente afectada en los últimos años.

Como ya expliqué, El Cardal puede ser dividido entre "los de arriba" (zona de propiedad privada) y "los de abajo" (ubicados en la zona de propiedad ejidal). Antes de moverse hacia Estados Unidos cerca de 75% de los migrantes residía en la zona de propiedad privada, en tanto que el resto lo hacía en la parte de abajo o ejido. Esta diferencia entre los de arriba y los de abajo necesariamente sesgó la muestra cualitativa, en la cual predominaron los de la propiedad privada.

En lo que respecta a la inserción laboral de los cardaleños entrevistados en el destino, la mayoría se ubica en la industria manufacturera (como operarios y obreros), seguido del sector servicios.[29]

El tiempo transcurrido hasta obtener algún trabajo remunerado ha sido heterogéneo entre los entrevistados; en algunos casos comenzaron a trabajar a las tres semanas de haber llegado, mientras que otros comenzaron al día siguiente. Sin embargo la maduración de las redes facilitó que los últimos cardaleños llegados a Chicago se insertaran más rápidamente. Aunque con frecuencia los primeros trabajos que obtienen son cambiados por otros que se consideran mejores, cumplen la importante función de asegurarles un mínimo ingreso casi de inmediato.

Respecto de la estabilidad laboral, es notoria la frecuencia con que han cambiado de trabajo y la diversidad de los mismos. Beto, el

---

[29] Entre los cardaleños entrevistados en Chicago y los que alguna vez habían estado allí —un total de 13 varones— 3 trabajaban como operarios en industrias que producían partes de automóviles y 3 en la fabricación de lonas y cajas de embalaje. En el sector servicios se desempeñaban 4, ya fuera en jardinería o lavado de automóviles y vidrios de edificios de altura. Sólo uno laboraba como empleado de la construcción, mientras que 2 se habían convertido en cuentapropistas, aprovechando las habilidades que portaban desde El Cardal; Beto, que siempre se había desempeñado como comerciante en su localidad de origen, abrió una tienda de regalos, en tanto que Silvio, heredero del oficio de su padre, se convirtió en maestro albañil que conseguía sus propios contratos informales.

pionero, ha pasado por varios trabajos antes de poner su propia tienda: trabajó como vendedor de helados, amasando pizzas y como mesero, entre otras labores. Sólo dos de los entrevistados no habían cambiado de trabajo, aunque hay que considerar que tenían menos de un año en Chicago y que habían llegado con trabajos relativamente asegurados, también facilitados por las redes.

Chicago, el principal destino de los cardaleños

El conteo permitió establecer los destinos estadounidenses a los cuales se dirigen los cardaleños. En la gráfica II.13 se muestran los cuatro principales. El estado de Illinois encabeza la lista, superando por casi 24 puntos porcentuales al segundo, el estado de Indiana. Por la alta proporción de cardaleños que se dirige a Chicago escogí esta ciudad como el mejor espacio para entrevistarme con el subgrupo muestral "migrantes en destino".

La preponderancia de la ciudad de Chicago como destino de los cardaleños se explica, en gran medida, porque allí llegó el primero. En sentido estricto, la expectativa del pionero era llegar a Miami, pero por falta de información y por "malos entendidos" con el pollero[30] Chicago fue su destino.

> Yo venía para Miami, ¿no? Traía dirección nomás de Miami. Pero llegué aquí [...] Desde aquí, de Chicago, le estuve hablando a aquellos teléfonos que me daban y como todavía no sabía marcar teléfono, no los pude localizar allá [...] [Si no me hubiera venido a Chicago] muchos estuvieran jalando para allá a Miami. Yo creo que para el lugar donde yo me hubiera ido. Porque todos llegaron atrás de mí, siempre llegaron a la casa. Y ya se hizo una cadenita. Yo ayudé a unos, ya ellos ayudaron a los demás y así [...] Pero si yo me hubiera ido a Florida, El Cardal estuviera en Florida (Beto).

> Hay conocidos, muchos conocidos. Si no llego con algún amigo, llego con otro compañero o cualquier persona y me va hacer el paro o la valonada mientras yo no trabajo. Y es una de las ventajas que tiene

---

[30] Se denomina "Pollero" al encargado de reunir un grupo de personas para trasladarlo a Estados Unidos.

GRÁFICA II.13
Porcentaje de emigrantes internacionales según principales
destinos en Estados Unidos; El Cardal, 2001

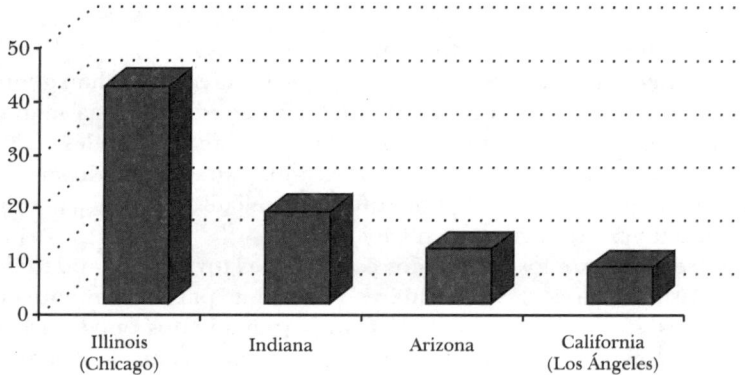

Nota: Illinois y California fueron referidos por los encuestados como Chicago y Los
Ángeles, respectivamente.
Fuente: elaboración propia con base en el Conteo Cardaleño sobre Migración, 2001.

uno cuando llega uno aquí. Por eso muchas personas, la mayor parte
de la gente que se viene llega aquí, a Chicago (Gabo).

Es imposible saber lo que habría sucedido si el pionero (Beto)
hubiera podido llegar a Miami, pero es importante el papel de la
"cadenita" que se fue haciendo detrás de él y que fortaleció a Chicago
como destino principal, porque apunta a las redes que se construyen a lo largo del tiempo. En este sentido, Gabo reconoce las facilidades que se presentan cuando los conocidos en el destino facilitan
viviendas a los recién llegados y los ayudan a conseguir trabajo.

Sin embargo, junto a la importancia de las redes hay que considerar que la ciudad de Chicago es un destino tradicional de los mexicanos (Durand, 2005), y no descartar la posibilidad de que aun
cuando el pionero hubiera llegado a Miami, otros cardaleños igualmente se hubieran dirigido a Chicago.

En el año 2000 Texas, Arizona, California e Illinois concentraban
76% de los emigrantes mexicanos (Durand, 2005). En lo que respec-

ta al estado de Illinois, a comienzos del siglo XX figuraba en décimo lugar, en 1930 ya se ubicaba en el cuarto, y desde 1970 desplazó a Arizona y está en el tercero (Durand, 2005). La ciudad de Chicago, principal polo de atracción del estado de Illinois, en la actualidad representa la tercera concentración más grande de mexicanos en Estados Unidos (Arredondo y Vaillant, en prensa).

Las redes e instituciones de apoyo que los mexicanos han generado en Chicago como resultado de la antigüedad de esta migración son particularmente visibles en la "La Villita". Entre las calles 18 y 26, la Cermak y la Pilsen, los mexicanos han establecido sus comercios, lugares de entretenimiento, centros culturales, etc., dando testimonio de su presencia en Chicago.

Precisamente los cardaleños con quienes tuve oportunidad de entrevistarme en Chicago residen en La Villita, particularmente en las calles 26, 24 y Central Park. Comparten sótanos entre varios, principalmente hombres; hacen sus compras o salen de noche a divertirse. No quieren vivir en otro lugar porque allí tienen un espacio de contención que les hace pensar que no han salido de México. La Villita se muestra, se escucha, se habla, se lee, se huele, y se saborea en mexicano.

El costo de pertenecer

En enero de 1998 salió el primer cardaleño rumbo a Estados Unidos y las noticias de sus logros en el norte fueron poco a poco seduciendo a varios más. Sin embargo el 12 de marzo de 2001 llegó una noticia desalentadora: cuatro cardaleños que se dirigían a Chicago murieron a raíz de un accidente en la carretera en el estado de Colorado.

Me interesa describir brevemente este suceso porque forma parte de la historia migratoria de El Cardal, y por su carácter extraordinario tuvo repercusiones en los planes migratorios de varios hombres. Este evento brindó una coyuntura propicia, casi de laboratorio, para indagar con mayor profundidad sobre un aspecto que suelen analizar los estudios sobre masculinidad: el riesgo como elemento de competencia. Sobre este tema versará el capítulo quinto.

Si bien los cardaleños estaban al tanto de la ocurrencia de accidentes y muertes de migrantes, la mayoría no creía que eso pudiera sucederles, ya que lo asociaban con entidades federativas que llevaban más tiempo insertadas en el proceso migratorio hacia Estados Unidos. Considero que la juventud de la migración cardaleña no les había dado oportunidad de apreciar que al incorporarse en dicho proceso también podía ocurrirles algo similar.

La información recogida permite suponer que el accidente acarreó una serie de cambios coyunturales: por un lado, sobre la forma en que se percibía la migración, ya que propició un incremento en los sentimientos de vulnerabilidad asociados ésta;[31] por otro, sobre cuestiones mucho más concretas, alterando dinámicas que ya estaban puestas en marcha, tales como los planes migratorios de varios.

El accidente se salió de la lógica mortuoria a la que los cardaleños estaban acostumbrados. La imposibilidad de acceder al lugar del accidente, el tiempo que tardaron en traer los cuerpos, y la ansiedad por constatar la identidad de los fallecidos, se suman a la larga lista de factores nunca experimentados.[32] En una comunidad donde generalmente las personas mueren una por una, a avanzada edad y en su casa o en un lugar cercano, el morir en grupo, jóvenes y en un lugar inaccesible fue algo muy traumático. Algunos entrevistados marcaron la diferencia entre las muertes "normales", las de siempre, y las que ocurrieron en Estados Unidos.

[31] De acuerdo con lo que he presentado y lo que seguiré mostrando, los entrevistados refirieron que el accidente estableció un antes y un después en su forma de percibir la migración y de relacionarse con ella. Pero es difícil definir si los sentimientos de vulnerabilidad y desventaja asociados a la migración aparecieron a raíz del accidente o estaban presentes desde antes. Así, es dable afirmar que aun cuando los cardaleños hayan hecho consciente cierta vulnerabilidad desde antes del accidente, ésta se intensificó cuando llegaron las noticias de las cuatro muertes.

[32] La comunidad fue agobiada durante varios días por los trámites frente a la presidencia municipal de Naolinco, las llamadas por teléfono y los intercambios con otros familiares en Estados Unidos, por la espera de los cuerpos durante casi nueve días, así como por el arribo inmediato de periodistas y abogados. Los velorios fueron multitudinarios. Llegaron vecinos, familiares y amigos de todas las comunidades de alrededor. La gente se turnaba unas horas en cada casa para acompañar a los difuntos; algunos dicen que nunca hubo tanta gente en El Cardal. Todos afirman que fue conmovedor ver las cuatro cajas en fila, cargadas en hombros, en medio de la multitud que caminaba hacia el panteón.

Para quienes estaban en El Cardal, la posibilidad de la muerte se trasladó hacia los que estaban en Estados Unidos; es decir, comenzó a acrecentarse la idea de que los que estaban en Estados Unidos también podían sufrir algo parecido. Por otro lado, al incrementarse los sentimientos de vulnerabilidad se produjeron algunos cambios en los planes y en la dinámica migratoria que hasta ese momento habían preponderado.

Los cardaleños refirieron que antes del accidente salía gente semanalmente, y en ocasiones hasta se juntaban 30 o 40 personas de diferentes localidades aledañas. Una semana antes del accidente estaban prontas a salir rumbo a Estados Unidos alrededor de 20 personas. Grupos de cinco o seis tenían fechas de salida con distintos polleros, y la mayoría ya había pagado una parte de los costos del viaje; pero el 12 de marzo fue un parteaguas en el plan migratorio de muchos.

A partir del accidente los familiares de quienes estaban por irse les pidieron que abortaran el movimiento. En algunos casos esos pedidos se vieron satisfechos. Hay que recordar que quienes interrumpieron su migración a raíz del accidente habían preparado el viaje a sabiendas de que el cruce hacia Estados Unidos no era fácil. Considero que el accidente, a diferencia de las anécdotas de las que nunca se está muy seguro, puso de manifiesto un riesgo que era de otros y lo convirtió en una situación posible para quienes emprendieran una acción semejante.

En cambio, los entrevistados en Chicago tuvieron percepciones un tanto diferentes. Ellos ponen el acento en que quienes migran saben que se están arriesgando, por lo cual la muerte de un migrante les sorprende menos que la de quien se queda en El Cardal. Aun cuando en esta argumentación no hay intención de colocarse por encima de los que no migran (en términos de valentía), se observa cierta comparación en la cual resalta que quienes se van arriesgan mucho. Es como si un accidente de migrantes fuera menos accidente (menos eventual) que alguno que ocurriese en El Cardal o en los alrededores. Con lo anterior no quiero dar a entender que las muertes de los cuatro migrantes causaron menos dolor a quienes se encontraban en Chicago que a quienes estaban en El Cardal, pero sí menos sorpresa.

Ahora bien, cabe preguntarse de qué manera los sucesos que cobran la vida de los migrantes podían ser esperados, cuando la mayoría de los entrevistados en El Cardal afirma que eso no formaba parte de las posibilidades concebidas. En este sentido hay que tener en cuenta que detrás de los discursos de los entrevistados en Chicago se esconde la reformulación de ideas que produjo su propia experiencia (*post factum*): es posible conjeturar que quienes afirman que la muerte de migrantes sorprende menos, lo dicen porque vivieron las peripecias del trance migratorio.

Para finalizar he de aclarar que no han sido ociosas las reiteradas ocasiones en que he advertido que los efectos del accidente fueron coyunturales. Los sentimientos de vulnerabilidad, el temor por la integridad física propia o de los familiares, así como la disminución de la frecuencia de salidas, fueron mermando hacia el fin del trabajo de campo; las referencias espontáneas al accidente se hicieron cada vez menos frecuentes y se esbozaron respuestas que indicaban que si bien éste tuvo su momento, había dejado de suscitar las inquietudes iniciales.

El paso del tiempo propicia el olvido, así como las necesidades económicas crecientes dejan cada vez menos espacio al temor. La estrategia de entrevistarme en varias etapas con cada persona me dio la posibilidad de observar algunos cambios en las opiniones. Así, podría pensarse que el accidente provocó una "coyuntura de miedo" que comenzó a debilitarse a poco más de un año de distancia. Sin embargo, aunque la coyuntura de miedo se vaya diluyendo, el accidente está latente en las formas menos "ingenuas" de percibir la migración.

SÍNTESIS DEL CAPÍTULO

En este capítulo se han descrito las características del flujo migratorio abordado, así como los rasgos socioeconómicos del Estado, el municipio y la localidad. Los hallazgos presentados tienen una importancia fundamental en tanto brindan el marco contextual de los siguientes capítulos. A continuación referiré los aspectos salientes que caracterizan a la localidad y su población.

En primer lugar, se deben considerar los efectos de la crisis económica de los años noventa sobre la estabilidad laboral y salarial. En el contexto cardaleño sobresale una gran dependencia de los cultivos de café y caña de azúcar, por lo cual es difícil encontrar alternativas ante la crisis, ya sean de otros tipos de cultivos o de otras fuentes locales de trabajo e ingresos.

En segundo lugar, no se puede dejar de relacionar los comienzos y la velocidad de dicha crisis económica con la emigración veracruzana y con el aumento inusitado de sus magnitudes. En este capítulo no sólo se dio cuenta de la declinación de la inmigración, sino del gran aumento de la emigración hacia los estados fronterizos del norte de México. Pero el principal interés fue mostrar el auge de la emigración internacional veracruzana entre 1995 y 2000, particularmente la que se dirige a Estados Unidos.

De esta manera, el deterioro de la economía y el rápido aumento de la emigración hacia Estados Unidos son los principales elementos del escenario en el que se realiza el análisis.

En tercer lugar, es importante resaltar otra característica de la emigración veracruzana y también de la cardaleña: su alto componente masculino. La gran proporción de varones que conforma el flujo es un elemento en que se debe insistir, ya que imprime particularidades que lo pueden diferenciar de otros donde la proporción de mujeres es relativamente mayor, o de aquellos en los cuales las mujeres superan la participación masculina.

En otras palabras, el análisis de la masculinidad a la luz del proceso migratorio no puede aislarse de la composición por sexo, ya que los efectos producidos por dicho proceso están fuertemente relacionados con el lugar que los actores ocupan en el mismo. En este sentido, y como se profundiza en los capítulos siguientes, los varones, que antes eran protagonistas del trabajo agrario, ahora comienzan a serlo del proceso migratorio. Estos aspectos forman el telón de fondo de toda la investigación, particularmente de los efectos de la migración sobre el rol masculino de proveedor y sobre el control de las actividades de la mujer (capítulos III y IV).

Además se puso de manifiesto que el flujo cardaleño tiene su origen en una zona rural no indígena, lo cual puede incluir distinciones respecto de los originados en zonas urbanas o compuestos por poblaciones indígenas, por ejemplo.

En cuarto lugar, la juventud del proceso migratorio analizado y el contexto político internacional en el cual está incrementando sus magnitudes, son otros aspectos que enmarcan los capítulos siguientes. El análisis se propone sobre un contexto en donde la migración es una alternativa relativamente novedosa, lo cual puede también arrojar especificidades respecto de contextos de mayor antigüedad migratoria. La relativa juventud del flujo veracruzano permite vislumbrar los primeros acomodos que los actores realizan, pero también se encuentra signado por escasa información y redes aún inmaduras.

Además, el crecimiento del flujo veracruzano tiene lugar en el marco de las restrictivas políticas migratorias impuestas por Estados Unidos, las cuales han acarreado un aumento de las muertes en la frontera. El Cardal sufrió la experiencia de perder a cuatro de sus migrantes en un accidente en Estados Unidos. Como ya fue descrito, el accidente propició e incrementó sentimientos de vulnerabilidad para quienes nunca habían migrado, mientras que para aquellos que ya lo habían hecho fue casi como una confirmación de los riesgos del cruce indocumentado. Los riesgos de la migración, y el accidente en particular, afectaron los planes de varios hombres, y al hacerlo pusieron en cuestión ciertos presupuestos de la masculinidad asociados a la valentía. Los analizaré en el quinto capítulo.

Finalmente cabe mencionar que el flujo cardaleño se dirige principalmente a Chicago, Illinois, un destino tradicional de la emigración mexicana. La inserción laboral en la industria y los servicios lograda por los cardaleños y la llegada a espacios urbanos socioculturalmente latinoamericanizados o mexicanizados como La Villita, en donde interactúan con actores que tienen mucha antigüedad en Estados Unidos, pueden afectar las representaciones de los entrevistados. Ellos se han insertado en trabajos urbanos que contrastan con los que desempeñaban en El Cardal, conviven en un espacio que les brinda relativa contención cultural y social, y cuentan con instituciones de apoyo que llevan décadas de trabajo solidario. Estos factores pueden introducir diferencias respecto de quienes se insertan en trabajos rurales o de quienes se dirigen a destinos estadounidenses no tradicionales.

Una vez que se han establecido los principales parámetros contextuales de la investigación, las próximas páginas se dedicarán a analizar cada uno de los tres mandatos de la masculinidad para profundizar en los efectos que la migración les agrega.

III. CUANDO MIGRAR
PUEDE SER SINÓNIMO DE PROVEER

En investigaciones realizadas en distintos contextos latinoamericanos y con actores de diferentes características se ha evidenciado la importancia del trabajo en la vida de los varones.[1] Según estas investigaciones, el trabajo es una actividad que constituye el núcleo de la respetabilidad familiar y social, particularmente para los hombres unidos y con hijos. Aun así exige sufrimiento, crea obligaciones, y establece jerarquías entre los varones, y entre ellos y las mujeres.

José Olavarría (2001) apunta que trabajar genera sentimientos encontrados entre los hombres. Por un lado, el trabajo les permitiría valorizarse y obtener reconocimiento; más allá de los salarios, dicen sus entrevistados, el trabajo dignifica al hombre y es además un espacio en el que pueden crear, aprender, lograr el reconocimiento de sus capacidades, etc. Pero, por otro lado, el trabajo puede ser visto como una obligación o imposición que sobrepasa su propia voluntad.

Ahora bien, aunque hay que reconocer que la exigencia de ser sostén económico impuesta a los hombres es muy "pesada", y duro el fracaso en ese aspecto, también hay que recordar las grandes satisfacciones que el rol de proveedor suele brindar (Burin y Meler, 2000): el manejo y control del dinero que se gana, la decisión sobre su inversión, la acumulación y el éxito.

En este capítulo se abordan algunos de los temas mencionados, siempre insistiendo en los efectos del fenómeno migratorio sobre el mandato masculino de proveedor en el contexto cardaleño. La

---

[1] Amalia Mauro *et. al.* (2001); José Olavarría (2001); Teresa Valdés y José Olavarría (1998); Alfonso Luco (2001); Norma Fuller (1997a); Mara Viveros (1998); Alexandra Martínez Flores (2001), entre otros.

hipótesis general que guía el análisis propone que la migración hacia Estados Unidos es un fenómeno que restructura la vida de los varones cardaleños al darles una nueva y mejor oportunidad de cumplir con su papel de proveedores ante las dificultades impuestas por la crisis agraria. Partiendo de las motivaciones de los migrantes para irse a Estados Unidos se reflexiona acerca de la importancia del mandato de proveedor como motor de la migración masculina, y sobre los primeros efectos que la migración le introduce. Luego se describe aquello que los hombres han logrado en la etapa posmigratoria, poniendo de relieve las inversiones visibles, así como otros logros de tipo simbólico y sus efectos en términos de la masculinidad.[2] El análisis de la competencia entre varones es un elemento que se retoma a lo largo del capítulo, así como los conflictos que se plantean cuando entran en tensión los distintos mandatos masculinos.

En los siguientes apartados y en los restantes capítulos se utilizan fragmentos de entrevistas para sustentar e ilustrar el análisis. Cabe aclarar que los seudónimos de cada entrevistado o entrevistada se colocan al final de cada testimonio. En el anexo se ha incluido una tabla que permite identificar a qué grupo de entrevistados corresponde cada testimonio; a saber: informantes clave, familiares de migrantes, retornados, futuros migrantes, personas con plan migratorio abortado, migrantes actuales. Allí se detallan las principales características de cada uno, es decir, su sexo, edad, escolaridad, situación conyugal, tenencia y número de hijos, y ocupación al momento de la entrevista. Además se especifica en dónde se llevó a cabo la entrevista: El Cardal o Chicago.

EL TRABAJO MASCULINO EN EL CARDAL

En este apartado muestro la forma en que los hombres y las mujeres cardaleños entrevistados entienden el lugar que el trabajo re-

---

[2] Cabe aclarar que con el término "premigración" señalo la etapa en la cual los varones todavía no han salido de El Cardal, y con etapa "posmigratoria" me refiero a aquella que comienza una vez que han llegado a algún destino dentro de Estados Unidos; es decir, la etapa que comienza después de haber efectuado el movimiento.

munerado ocupa en sus vidas. No abordo aquí las relaciones que se tejen entre el trabajo masculino y la migración; más bien, el fin que persigo es sentar precedentes para esa cuestión.

> Yo en mi caso pienso que es mi responsabilidad trabajar para ellos. Yo debo mantener a mi familia. A mí no me gustaría que mi esposa trabaje. Si yo me casé con ella, es para yo mantenerla, ¿no? para yo trabajar. Le digo, la mujer se hizo para la casa [...] No tanto para que esté encerrada, ¿verdad? Pero no para trabajar. Bueno, en mi lugar yo digo eso; y más casada, ¿no? Cuando está soltera es otro rollo (Gabo).

> Ellas, pienso que son como los pajaritos que están en el nido, ¿verdad? Esperando que les lleven de comer. Porque ellas nada más están esperando la comida para cocinarla y nosotros tenemos que buscarla todavía [...] Un hombre debe de aceptar sus responsabilidades, lo que son los hijos, la esposa y cumplir con el deber, pues todo lo que es de la casa. Cumplir con la obligación de esposa, de hijos, de comida, de todo lo que haga falta en la casa. Pienso yo que es el deber de hombre (Pedro).

La distinción de responsabilidades por sexo que realiza la mayoría de los varones unidos con hijos concuerda con lo hallado en numerosas investigaciones: son diferentes los lugares que material y simbólicamente les son adjudicados y han sido internalizados por hombres y mujeres en la reproducción de la vida cotidiana; la mujer debe ocuparse de las cuestiones de la casa, de lo doméstico, mientras que es el hombre quien debe trabajar por dinero y proveer económicamente a la familia. En términos generales, responsabilidad, deber y obligación son sentimientos contraídos con la unión, que orientan la acción económica de los hombres a la vez que los autorizan a limitar la inserción laboral de sus esposas.

Aun cuando esta idea acerca de la división de papeles y responsabilidades está extendida entre las y los entrevistados, las dos citas anteriores muestran diferencias discursivas entre sí respecto del lugar de la mujer. La pasividad de la mujer (como un "desvalido pajarito") y la actividad del hombre aparecen como dos estereotipos muy marcados en el discurso de Pedro, pero en ninguna otra entrevista se describe a la mujer con tal grado de pasividad; la mayoría empleó los términos de Gabo.

Ahora bien, ¿qué implica específicamente ser el responsable económico de la familia? La responsabilidad radica en aportar dinero suficiente para acceder a los bienes y servicios que el grupo familiar requiere. Se puede, entonces, señalar la importancia del dinero en lo que al rol de proveedor se refiere, en tanto medio para cumplir con ese mandato de la masculinidad (véase Burín y Meler, 2000; Kimmel, 1997).

> Uno sin dinero se siente frustrado [...] Porque cuando tiene uno la certeza de que va a haber cosecha, va a haber dinero, está uno como un poco tranquilo, ¿no? Pero cuando eso se termina es como que lo pone a uno tantito entre la espada y la pared (Norberto).

> O sea para llevarle a sus hijos o a su familia o para arreglar su casa, yo pienso que sí es un poquito importante el dinero. Porque si quieres comprar algo y si no tienes dinero. Que también, ¡no ser rico! O sea, trabajar para tener dinero y p'a llevarlo, ¡eso sí da una satisfacción! Sí es importante para un hombre llevar el dinero a su casa (Sebastián).

Sin dinero no se puede ejercer el mandato. Por medio del dinero los hombres no sólo cumplen con el mandato, sino que experimentan sentimientos de satisfacción y tranquilidad o, en caso de no poder obtenerlo, de frustración (véase Olavarría, 2001). Sebastián aclara un aspecto importante: el del dinero unido al esfuerzo; el dinero proveniente del trabajo, el que se ganó con sacrificio es el que da más satisfacción. Esta aclaración es una forma de anticiparse a cualquier interpretación que lo asocie con ambiciones o pretensiones desmedidas. Éste es un aspecto cuidado, al menos discursivamente, por la mayoría de los hombres, ya que perciben la ambición negativamente porque puede llevarlos a olvidar obligaciones familiares no económicas.[3]

Ante la falta de dinero los varones sienten que su sufrimiento es mayor que el de las mujeres.

> Hay veces que sufre uno más porque t'á uno pensando, ¿ahora qué voy hacer? ¿cómo le hago para conseguir dinero?, ¿qué haré?, ¿qué ven-

---

[3] Como se verá más adelante, uno de los aspectos con que suelen cuestionarse a los migrantes es que son ambiciosos y que eso los hace olvidar otras obligaciones para con la familia.

do? Todo se pone uno a pensar. Pero a veces pienso que sí sufre uno
más, porque uno es el responsable de ellos, de ver de que no les falte
nada a ellos (Emilio).

Yo creo que sufren más bien los dos por igual, porque cuando uno llega con las manos vacías a la casa, al hogar, la primera que se da cuenta de eso es la mujer; los hijos no toman en cuenta nada de eso. Yo
cuando llegaba con las manos vacías, había un poco de reproche de
parte de Ana; no comprendía la situación (Silvio).

La respuesta de Emilio es generalizada entre los entrevistados
adultos. Ellos perciben, en tanto responsables del bienestar económico de la familia, que son los que más sufren cuando no hay trabajo
y, consecuentemente, no hay dinero (véase Deutschendorf, 1996).
De todos los casos documentados, sólo Silvio mencionó que hombres y mujeres sufren igual cuando el trabajo y el dinero escasean.
Aun así, este entrevistado menciona que su mujer le reprocha que
no lleve dinero a la casa; es decir, aun cuando exprese igualdad de
sufrimiento no deja de sentir que es suya la obligación de proveer
a su hogar.

En cambio, la mayoría de las mujeres unidas no percibe que el
sufrimiento del hombre sea mayor que el de ellas.

Cuando la pareja va bien, o sea, que va uno bien en la familia, pensando en los hijos, siento que por igual siente un hombre y una mujer,
y que es cosa que perjudica a los dos. Si el hombre no trabaja, ¿una con
qué va a comprar las cosas? (Alicia).

El sufrimiento del que habla Alicia no se origina en el mismo
"lugar" que el expresado por los hombres. Mientras para los varones el sufrimiento derivaría de su responsabilidad como proveedores
económicos, el de la mujer vendría de su papel de ama de casa y
cuidadora de los hijos. Por eso el sufrimiento de la mujer aparece
como heredado del mal desempeño económico laboral del varón,
porque para que ella desempeñe su papel es necesario que él desempeñe el suyo. Claro está que finalmente la falta de dinero impide
a ambos cumplir con sus respectivas obligaciones.

Si bien el rol de proveedor está fuertemente asociado con la
obtención de dinero para hacer posible la subsistencia de la familia,

no se agota sólo en eso: los hombres manifestaron sentirse gratifica-
dos cuando tenían posibilidades de ir más allá.

> Porque a mí siempre me ha gustado comprar cosas. Soy el jefe de la
> casa. Yo le daba el dinero, mi quincena, ten lo que te corresponde;
> esto me queda p'a mí, p'a mis pasajes; por ahí para algo, para una
> soda. A veces, yo pasaba al centro y había algo de oferta; pasaba yo a
> comprar leche; como siempre hemos comprado leche Nido de bote.
> A mí me gusta el pescado. Pasaba a comprar pescado o pan, lo que se
> me antojara en la ciudad (Mario).

> Yo siempre que salía a trabajar, siempre yo tenía que llegar con algo,
> aunque sea con un dulce para mi'ja. Cuando tenía dinero llegaba yo con
> un pescado. O algo que nunca había en la casa, algo distinto, o con la
> bolsa de pan que pasaban a ofrecer. A veces había que no bajaban a ven-
> der y no se compraba, entonces llegaba yo con dulces, golosinas o al-
> go fuera de lo común. Pero me daba tristeza llegar a la casa y llegar sin
> nada (Silvio).

Además de hacer frente a lo que podría denominarse gastos fi-
jos o ineludibles, algunos hombres gustan de sorprender a la familia con bienes o regalos fuera de lo común, que no había en la casa,
que demostraran su paso por la ciudad y que satisficieran pequeños
"antojos". Cuando pueden proveer lo indispensable y, además, llevar a la familia algo que se sale de la rutina, Silvio y Mario se sienten
satisfechos. Es como si para llegar contentos a la casa necesitaran marcar pequeñas rupturas a menudo, no sólo en la vida cotidiana de su
familia, sino en la propia, aunque ello no influya sobre terceros ni
puedan percibirlo otras personas.

Esto podría asociarse a la idea de discontinuidad que plantea
Bourdieu: "corresponde a los hombres […] realizar todos los actos
a la vez breves, peligrosos y espectaculares, que […] marcan rupturas en el curso normal de la vida" (2000:45). Sin embargo, se puede
pensar que los actos de discontinuidad que los hombres cardaleños
despliegan no son necesariamente grandilocuentes ni públicos, sino
que en el interior de su hogar, ante su familia y ante sí mismos también parecen ser necesarias pequeñas discontinuidades gratificantes
para la masculinidad.[4]

---

[4] El afirmar que los varones realizan actos de discontinuidad no implica que

Los fragmentos citados hasta ahora hablan no sólo del lugar del hombre, sino del de la mujer. En el discurso de los varones los lugares de cada sexo están delimitados por las normativas de género, y esa delimitación parece ser relativamente rígida. Pero las formas concretas en que las parejas han dirimido la situación laboral de la mujer no se encuentran exentas de conflicto, lo cual sugiere que la delimitación en la práctica es menos rígida que en el discurso.

Los varones brindan pocos detalles acerca de los conflictos que se suscitan en la pareja a raíz del trabajo femenino. Es posible que ese ocultamiento busque también esconder que su lugar de proveedores suele cuestionarse en reiteradas ocasiones. Las mujeres, en cambio, refieren más elementos que permiten observar los conflictos en la pareja.

En algunos relatos de ellas se observa que el matrimonio operó como un suceso que delimitó los roles, sin mayores consecuencias ni discusiones. Pero en varias entrevistas se advierten fuertes tensiones en la pareja, y que las esposas no siempre estaban dispuestas a dejar de ganar el dinero que obtenían siendo solteras (la mayoría de las entrevistadas unidas había realizado algún tipo de trabajo remunerado durante su soltería).

Es que vendía yo pan también. Sí, he vendido pan, queso, mangos. Es que a mí cuando me dicen ¿no me quieres vender esto?, yo lo vendía. Veces me decía él: ya no vendas. Pero me iba yo ayudando con eso […] Pues no le gusta a él que yo trabaje. Porque una vez que quería ganar dinero, le digo: déjame irme a trabajar o eso. Y dice: ¿te falta algo? Le digo: pues entre más tenga uno, más bonito, ¿verdad? […] Ratos digo: ¡ay, no quiere que me maltraten! Porque sí, ¿verdad? Y veces digo: ¿eres machista? […] Le da mucha muina[5] que le diga yo. Nada más una vez le he dicho y se enojó mucho (Silvana).

Me casé y dejé de trabajar. Pero sí me gustaba, porque es bien bonito trabajar y tener tu dinerito […] A él casi no le gusta, porque dice que la gente dice que si no me alcanza lo que me da. Le digo, bueno pues si a mí me gusta hacer las cosas, que digan, ¿no? Es que me gusta

_____

las mujeres no los realicen, sino que discursivamente no aparecen con la contundencia de los varones y puede ser equívoco realizar afirmaciones al respecto.

[5] Muina: enojo.

decir: yo me lo gané y yo me lo gasté [...] Como que siento que nadie me va a repelar porque yo me lo gasto; me compro alguna cosa y nadie me va a decir que te estoy quitando tu dinero (Eleonora).

Estos relatos contribuyen a resaltar los conflictos que suelen aparecer en la pareja ante el trabajo extradoméstico femenino, y expresan el sentir de muchas de las entrevistadas. Algunas piensan que pueden ayudar para que la familia viva mejor, además de evitar sentirse presionadas por "gastar" el dinero que el hombre les da. Sin embargo aparecen sentimientos encontrados respecto de la negativa masculina: al mismo tiempo que se sienten controladas y dependientes, les puede parecer positivo que el hombre no las deje trabajar. Es difícil establecer el límite que separa el control del cuidado, y sobre ello profundizaré más adelante.

Marina Ariza (2002), en un trabajo en donde revisa detenidamente sus propios hallazgos y los de otros investigadores acerca de la articulación de la familia y la transmigración en el contexto de la globalización, aborda las inquietudes que aparecen en algunos hombres ante la posibilidad de que sus cónyuges trabajen fuera del hogar, especialmente porque a partir de su trabajo extradoméstico pueden alcanzar mayor independencia y con ello amenazar el control masculino. Considero que éste es un aspecto que también se encuentra detrás de la oposición de los varones cardaleños al trabajo de sus esposas.

Además, el trabajo femenino podría indicar que los hombres no están cumpliendo eficientemente con el mandato de proveedores. ¿Para qué trabajaría una mujer cuyo esposo está proveyendo al hogar adecuadamente? El temor al "qué dirán" es otro de los factores que preocupan a los varones y coartan la participación laboral de las mujeres (véase Kaufman, 1997).[6]

Otro aspecto que conviene resaltar de los dos fragmentos anteriores es la evidente actitud crítica de las mujeres frente a algunas normativas de género. Debe considerarse, sin embargo, que en ningún caso hubo cuestionamientos hacia la responsabilidad del varón

---

[6] Sin embargo, en el capítulo próximo se verá que algunas mujeres comenzaron a realizar trabajo extradoméstico luego de que sus esposos se fueron para Estados Unidos, aun cuando su situación económica hubiera mejorado.

como proveedor principal del hogar; las mujeres cuestionan que se les prohíba ayudar al ingreso familiar o tener su propio dinero, pero no impugnan el rol económico del hombre.

Otro de los motivos que inducen a los esposos a oponerse al trabajo extradoméstico femenino se asocia con la infidelidad (véase Ariza, 2002; Melhuus, 1990).

> Trabajé hasta que me casé. Ya después de casada ya no. Ya no, porque pues él me dijo que no, que ya nos habíamos casado, que ya no fuera yo a trabajar. En ese momento como estás feliz, todo lo aceptas. Pero después, conforme fue pasando el tiempo, como que sí te hace falta volver a trabajar y volver a sentir lo que es ganar tu dinero, tu propio dinero […] Le dije una vez: ¡ay, yo me voy a poner a trabajar! Dice: si te pones a trabajar sí te dejo. Como ha sido muy celoso, yo creo siente que una vaya a trabajar por otra cosa (Lorna).

En este recorrido por distintas experiencias acerca del trabajo femenino, realizado con el fin de mostrar las formas en que se especifica el deber ser entre los entrevistados, también encuentran lugar los pocos casos en que el varón no se opuso al trabajo de la mujer.[7]

> Él me decía que sí. Me dice: pues si tú quieres trabajar, sí trabajas. Pero lo que pasó es que yo me embaracé y ya no pude hacer nada, porque vivía yo con mi suegra y mis cuñados. Y sea como sea, no tenía yo así como para pagarle a alguien que me cuidara a mi hijo y yo trabajar […] Mi suegra no estaba de acuerdo, porque dice que para eso están ellos, ¿no?, los hombres (Clara).

La falta de redes de apoyo para el cuidado de los hijos impidió que algunas mujeres salieran a trabajar. Las suegras y las madres son personajes fundamentales que operan facilitando o dificultando la labor extradoméstica femenina. En algunos casos la falta de redes puede beneficiar a los hombres, ya que hace innecesarios la prohibición y el enfrentamiento.

---

[7] Hubiera sido interesante entrevistar a los esposos de las dos mujeres que dijeron no haber sido limitadas por ellos para trabajar, pero estaban en Estados Unidos en destinos diferentes a Chicago.

De todos los varones adultos entrevistados sólo Silvio refirió algunos conflictos derivados del trabajo que realizaba su esposa.

> Ella trabajaba en la primaria del rancho de abajo, en la primaria federal, al principio cuando nos casamos […] Entonces, quería ella seguir trabajando en la primaria y yo le dije que sí. No le supe decir nada, porque yo no me sentía todavía así, como con ganas de prohibirle nada. Quería experimentar un poco cómo iba a ser la vida así. Y la verdad que no me gustó. Teníamos muchos problemas cuando ella trabajaba. Siempre estábamos mal […] Como que nos estaba alterando mucho los nervios a los dos. Porque yo a veces llegaba a la casa en la tarde, pues trabajaba desde la mañana, y ella se iba también en la mañana. Lo que pasaba que cuando ella llegaba, llegaba a hacer quehacer y yo llegaba cansado; mi trabajo siempre ha sido pesado; y hacía como que andaba de mal humor. Y en vez de ayudarle, me enojaba yo peor porque yo no quería que ella trabajara, pero no se lo quería decir. No me sentía yo así, como con ganas de pelearme por eso. Pero ya llegó el momento en que le dije: ¿sabes qué? tú ya no vas a ir más a la escuela y te tienes que acostumbrar a lo que yo gane. Si no te es suficiente, pues mira que todavía estamos a tiempo de poder decidir cada quien lo que va a hacer, porque esta situación no la soporto, ¡no la aguanto! Y si tú te casaste conmigo, fue porque tú también quisiste venir; no porque yo te obligué (Silvio).

Desde el punto de vista de Silvio, no fue una buena experiencia el trabajo de su esposa después de casados. Ambos trabajaban, pero las tareas domésticas quedaban en manos de Ana, y él se enojaba o se "hacía como que andaba de mal humor". Como en la mayoría de los casos documentados, el camino para resolver el conflicto fue el que impuso el varón. Sin embargo el relato de Silvio se diferencia del resto; la diferencia radica en que se atrevió a "experimentar" la unión con una mujer que trabajaba fuera del hogar, y en que advierte que él podría haberla ayudado con las labores domésticas. Es decir, al menos temporalmente, Silvio actuó en contra de la división de roles de género que tan enfáticamente delimitan discursivamente otros entrevistados.

Considero que al contrastar las percepciones de mujeres y varones acerca del trabajo masculino y femenino se comprende que aquello que en el discurso parece naturalizado, se cuestiona en la práctica y acarrea desacuerdos. Tampoco debe interpretarse que la pareja se encuentra en conflicto constante. Se trata de momentos estimulados por ocasionales desacuerdos, en los cuales ellas cuestionan su propio lugar, pero no el de los hombres. Como ya mencioné, las mujeres cuestionan el unilateralismo en la decisión acerca de quién puede trabajar, pero no quién debe hacerlo; por ende, estos desacuerdos no debilitan la importancia del mandato masculino de proveedor, sino que el conflicto es inherente a la práctica y el discurso dominantes (véase Scott, 2000; Connell, 1997).

Ahora bien, el análisis realizado hasta ahora sólo concierne a varones y mujeres adultos. Los jóvenes han estado ausentes y esto obedece a que, al menos discursivamente, descartan el rol de proveedor como un mandato actual en sus vidas.

En mi casa, el que trae dinero es mi papá; él se encarga. Yo veo por mis gastos, cuando puedo, pero también le pido si no puedo yo solo. Así, que yo les ayude, no. A veces traigo cosas para la casa, pero poco (Joselo).

El fragmento anterior sintetiza lo que generalmente respondieron los jóvenes ante las preguntas relativas a su papel económico; en general su padre es el responsable de cubrir las necesidades económicas de la familia.[8] Ellos aportan algo de dinero, pero lo entienden como una colaboración. Sin embargo, aunque no figure como elemento actual en sus vidas, el mandato de proveedor se presenta potencialmente como un eje estructurador de la masculinidad; en los discursos aparece como algo que harán cuando formen pareja. Al respecto, un joven expresó su deseo de formar una familia en el futuro, para "tener por quién trabajar". Argumentó que "ya" no le

---

[8] El único de los jóvenes solteros entrevistados cuyo padre no aporta mucho a la economía del hogar por cuestiones de salud es Rogelio. Sin embargo, él es el más joven de cinco hermanos, y la responsabilidad de proveer económicamente al hogar recae principalmente en sus hermanas mayores, ambas solteras. Rogelio siempre ha aportado a su familia una parte de lo que gana en el trabajo campesino y de lo que ganó cuando estuvo en Estados Unidos, pero en las dos entrevistas dejó ver que su aporte era secundario comparado con el de sus hermanas, lo cual fue confirmado por su madre. Aun cuando Rogelio contribuya con su familia, esto no supone responsabilidad ni obligación, a diferencia de lo que ocurre con los hombres adultos.

satisfacía "hacer por él"; es decir, necesitaba una razón, más allá de su sola individualidad, que otorgara sentido a su esfuerzo laboral como hombre. Considero que lo anterior se ajusta a lo que ocurre en otros contextos. En Chile, por ejemplo, se ha encontrado que:

> [...] el trabajo como sustento del cumplimiento del rol de proveedor es el significado [de la masculinidad] que aparece con más fuerza y está presente en algún momento de la vida de todos los entrevistados. Esta función de provisión es vista como propia del adulto masculino [...] La paternidad, es uno de los momentos en la vida de un hombre que con frecuencia acarrea cambios en las concepciones y, sobre todo, en el peso del trabajo. Supone la necesidad de una mayor seguridad y estabilidad en él (Mauro *et al.*, 2001:58-59).

Los contenidos de la masculinidad no son una constante durante la vida de un hombre, sino que se actualizan a lo largo de la trayectoria vital y familiar.

En síntesis, este apartado ha dado elementos que llevan a sostener que el mandato de proveedor es clave en la vida de los varones cardaleños adultos.[9] En cuanto a las cargas laborales, aun cuando hombres y mujeres manifiestan tener un fin común (que la familia viva en buenas condiciones), la forma en que cada uno contribuye a ese fin está socioculturalmente delimitada. La delimitación de los roles de género aparece muy rígida y estereotipada en el "deber ser" (en las representaciones), pero en la cotidianidad (en la práctica) es más flexible: no sólo se advierten la actitud crítica de algunas cónyuges y ciertas acciones que van en contra del interdicto, sino las dificultades que enfrentan los varones para hacer observar la norma.

---

[9] Lo anterior no significa negar la posibilidad de que haya mujeres que cumplan este rol. Algunas cardaleñas eran proveedoras principales porque por alguna razón no contaban con un varón que lo fuera (madres solteras, separadas, por ejemplo). Éstas constituyen pocos casos y, si bien fueron conocidos por mí o referidos por los entrevistados, no se profundizó en ellos durante las entrevistas. Sin embargo, la existencia de algunas mujeres proveedoras principales no invalida la fuerte relación encontrada entre varones con responsabilidades familiares y el papel de proveedor. En otras palabras, tanto en términos de las representaciones como de las prácticas, el papel de proveedor está mucho más relacionado con los varones que con las mujeres.

Ahora bien, la flexibilidad de los roles de género es limitada: son pocas las mujeres que contra la opinión del cónyuge participan en el mercado de trabajo. Pero la flexibilidad no sólo es limitada en la práctica sino también en los alcances. Precisamente, uno de los aspectos más importantes de este apartado se refiere a que el descontento de las mujeres respecto de su inserción laboral no alcanza a cuestionar el contenido principal del mandato masculino de proveedor (quien debe trabajar).

Además de señalar los eventos o situaciones que conciernen al rol de proveedor se ha insistido en los sentimientos asociados. Atender los sentimientos que acompañan las acciones de las personas cobra relevancia cuando se intenta conocer los aspectos social e individualmente significativos. Las acciones de cumplir eficientemente con la responsabilidad de rol de proveedor, obtener el dinero necesario para el bienestar de la familia, así como comprar alimentos u objetos que salen de lo cotidiano, han sido consideradas acciones masculinas que generalmente provocan sentimientos de satisfacción. A partir de ello es posible afirmar que para los hombres adultos son acciones que validan socialmente la masculinidad, y quien no las lleva a cabo, no sólo puede sentirse frustrado, sino que no logra validarse ante sí mismo ni obtener validación externa como proveedor.

A muy grandes rasgos se mostró que el rol de proveedor se especifica de manera distinta según la etapa por la que transita la trayectoria familiar. Se diferenciaron dos grandes categorías: juventud (donde se insertan los varones solteros, sin hijos, también llamados "jóvenes") y adultez (integrada por varones unidos, con hijos, también llamados "adultos"). En términos generales son los adultos quienes se ven condicionados por el mandato de proveedor; por ello son los protagonistas de este capítulo.

LOS MOTIVOS DE LA MIGRACIÓN HACIA ESTADOS UNIDOS

El cumplimiento del mandato de proveedor y la satisfacción que ello conlleva se ponen en entredicho cuando el contexto impone limitaciones al desempeño laboral del hombre. Como se describió en el capítulo anterior, la economía cardaleña depende en gran medida del trabajo agrícola. La caída de los precios del café y los retrasos de los ingenios azucareros en el pago a los productores y trabajadores son las mayores dificultades a las que los cardaleños deben hacer frente. En ese marco se origina la migración de algunos de ellos.

Entre los motivos que indujeron a los varones a migrar o planear hacerlo se encuentran los primeros elementos en los que se percibe la importancia de la migración, en tanto posibilitadora de cumplir con el mandato de proveedor.[10] Por eso analizo en este apartado los testimonios referentes a las expectativas premigratorias, brindados por los retornados, por los migrantes entrevistados en Chicago y por quienes planean migrar.

> Pegado a la sierra de Veracruz conocí unos amigos que se empezaron a venir al norte y empezaron a comprar cosas allá […] Ahí yo me daba cuenta la diferencia que era; era un pueblito bien refundido, y tenían bonitas casas, iban comprando terreno y hasta iban agrandando el municipio de ellos, o sea comprando en terreno ya para otros municipios como cerca de Chiconquiaco… Y se me empezó a meter en la mente. Dije: yo con lo endrogado[11] que estoy, la única solución es que me vaya a los Estados Unidos. Yo lo pensaba así, entre mí, pero lo veía bien lejano […] Ya cuando vi que no podía pagar, que por más que trabajaba no alcanzaba ni para pagar los intereses. Fue un domingo que yo llegué de cobrar y dije: yo me voy a ir a los Estados Unidos (Beto).

Beto, el primer cardaleño que pisó tierras estadounidenses, tenía esposa y tres hijos a su cargo; los cinco vivían hacinados en un pequeño cuarto prestado, y uno de sus hijos requería tratamientos y medicinas costosos. La comprobación de que quien migraba podía hacer importantes avances, sumada a la necesidad de pagar grandes deudas y de solventar los gastos familiares conformaron la ecuación primaria que lo llevó a tomar la decisión de irse.

El resto de los entrevistados no dijo tener deudas tan grandes como las del pionero, pero todos mencionaron su insatisfacción por no poder brindarle a la familia una mejor situación económica.

---

[10] Motivos y causas serán usados como sinónimos.
[11] Endrogado: endeudado.

Le dije a mi esposa: yo me voy, quiero así, hacer algo por mis hijos, ¿no? Porque la verdad es que aquí no vamos a poder salir adelante [...] Por el hecho de que es una responsabilidad la familia, ¿no? Y se siente que el irse allá es otro cambio, ¿no? O sea, un buen futuro para los hijos (Manolo).

Por la familia, por los hijos. Uno no se va por uno, se va porque tiene una responsabilidad. Porque aquí no se hace nada (Norberto).

Yo sufrí mucho de chavo. No tuve la oportunidad de estudiar. Y mis hijos van hacia delante, ¿no? y, ¿qué va a pasar de ellos si yo sigo así? Para empezar yo no tengo estudio, no tengo una preparación. Digo: ¿qué les voy a dar? [...] Pues a mi mamá yo se lo planteé. Le dije: yo me voy a ir. Dice: tú ya sabes lo que haces; sí te puedo decir que no te vayas, pero saldría sobrando, ¿por qué? porque tú ya tienes un deber, tú ya sabes que lo que vas hacer es por bien de tus hijos (Mario).

En estos fragmentos se puede apreciar la responsabilidad sentida de mantener económicamente a la familia y la frustración por la falta de oportunidades que El Cardal les brinda. Lo más difícil de aceptar es que no sólo el presente es agobiante, sino que parecen casi nulas las perspectivas futuras del trabajo agrario y, por lo tanto, de una mejoría en la situación familiar. Este tipo de respuesta se repite en todos los hombres unidos y con hijos que se han ido o proyectan irse para Estados Unidos.

La comparación entre la propia niñez del migrante y la de sus hijos, así como el ferviente deseo de que éstos tengan lo que ellos no tuvieron, son otros aspectos que aparecen recurrentemente entre las motivaciones para migrar. La mayoría habla de un pasado de privaciones que no quiere que se repita en su prole. El agrandamiento de la familia, el crecimiento de los hijos, y los mayores gastos que eso supone, conforman las principales preocupaciones que expresan. Así, la familia ocupa un lugar central en los discursos de los migrantes adultos acerca de sí mismos y acerca de las motivaciones para migrar (véase Ariza, 2002; Hondagneu Sotelo, 1994).

Como el principal argumento para migrar era la mala situación laboral y económica por la que atravesaban, una de mis preguntas apuntaba a si habían evaluado la posibilidad de que la esposa buscara un trabajo remunerado para mejorar los ingresos, en lugar de irse ellos a Estados Unidos. Las respuestas fueron unánimes: no. Las razones eran las mismas que sinteticé en el apartado anterior, con la variante de que "seguramente" con lo que ganaría la mujer tampoco alcanzaría. La salida laboral de la mujer no parece ser una alternativa para mejorar los ingresos familiares, pero sí la migración del varón. En este sentido, los argumentos de los entrevistados para explicar su migración son muy similares a los que brindan acerca de su responsabilidad de trabajar. Es decir, la migración se presenta como una forma de mantener el modelo del varón proveedor (véase Mummert, 1992c).

Por otro lado, casi todos los entrevistados reconocieron que al planear su partida rumbo a Estados Unidos se conjugó la necesidad de procurar el bienestar de la familia con la emoción de lograr lo mismo que otros habían logrado.

> Me platicaban cómo les iba por allá y yo veía lo que hacían, lo que tenían. Y yo me ponía a pensar: si yo llego a estar allá, voy a hacer lo mismo, si Dios quiere (Ricardo).

> O sea, uno dice: si aquél la hizo, ¿por qué yo no? También sé trabajar, ¿no? (Manolo).

> Algunos de los que se han ido de aquí, de veras se han ido muy derrotados; muy mal económicamente. Y afortunadamente han llegado a tener un buen trabajo, han tratado de cuidar lo más que han podido, y han cambiado mucho su nivel de vida. O sea, eso sí da lugar a que la gente se motive. Dicen: oye ese muchacho, ese señor hizo esto, hizo lo otro en tan poco tiempo y aquí toda su vida se la pasó trabajando de jornalero en el campo y no hizo más que su casa, y mal hecha. Entonces, algunos dicen: si yo pudiera tener la oportunidad me iba a ver si tuviera suerte. Asimismo, hasta yo mismo me lo he dicho, ¿no? (Ismael).

La impresión que produce ver lo que otros hacen o escuchar historias exitosas debe contarse entre las motivaciones para migrar (Zamudio Grave, 1999). No es fácil quedarse cuando el vecino está construyendo esa casa de dos pisos y uno duerme con la esposa e hijo en el mismo cuarto con los padres, como es el caso de Ricardo. Además, ¿qué tiene el vecino que uno no tenga? Si otros lo pueden

CUANDO MIGRAR PUEDE SER SINÓNIMO DE PROVEER 101

hacer, ¿por qué yo no? Esta pregunta que Manolo se hace a sí mismo es muy elocuente y expresa una suerte de "efecto dominó" de la migración entre los varones. El "efecto dominó" no sólo se aprecia entre los que se fueron. Lo interesante de los tres fragmentos anteriores es que corresponden a hombres no migrantes. En los dos primeros casos, si bien tenían planeada la migración y habían depositado altas expectativas en ella, decidieron quedarse a raíz del accidente en el que murieron cuatro cardaleños en Colorado. En el tercero, Ismael es un hombre que manifestó no tener planes migratorios; sin embargo reconoce haberse comparado con los migrantes y considerado la posibilidad de migrar. Es decir, aun cuando la migración no se haya concretado ni tenga visos de hacerlo, la inquietud está instalada.

Además, entre los motivos para irse se puede observar no sólo la importancia que se confiere a la migración como potencial para mejorar en el rol de proveedor, sino también cierta competencia implícita en ese "querer darle lo mejor a la familia". Los tres entrevistados relacionan en competencia al menos a dos actores. Uno es el que desea "ser igual a...", en tanto que el otro representa a aquellos que ya han logrado o están logrando colocarse uno o dos escalones más arriba. En otras palabras, el deseo de migrar está atado tanto a las necesidades propias y a las de su núcleo de dependientes, como amarrado a otro que se percibe en mejores condiciones. De esta manera se pretende mejorar en relación con la situación propia anterior y respecto de la situación del otro.

Las motivaciones no económicas, entre ellas la competencia, casi siempre se refirieron en segundo lugar, como si fueran derivaciones de lo económico; alcanzables siempre que las económicas fueran logradas. Pero, aunque la competencia masculina no adquiera la importancia que asume el cumplimiento del rol de proveedor entre las motivaciones migratorias de los adultos, no se puede obviar su presencia.

Sólo un adulto priorizó motivaciones de tipo no económico a la hora de decidir su migración. Como se verá en el apartado siguiente, el reconocimiento de motivaciones no asociadas con el rol de proveedor se sanciona socialmente. Cuando indagué directamente respecto de este tipo de motivaciones, generalmente los adultos las negaron; la respuesta común, acompañada frecuentemente por gestos de molestia, coincidía en que ellos no habían migrado por aventura, sino por "necesidad". Interpreto que la crítica a la que se ven expuestos los hombres adultos que migran "sin necesidad", como se refiere en varias entrevistas, lleva a la mayoría a exaltar las motivaciones que saben legitimadas por su papel masculino de proveedores y a ocultar las de otra índole. Quienes no requieren necesariamente la legitimación de sus motivaciones en el rol de proveedores son los varones jóvenes. Como mostré en el apartado anterior, casi todos los jóvenes entrevistados no estaban impelidos para responder económicamente porque no tenían dependientes.

Primero se iban nada más puros casados que tenían obligación, y ahorita ya se están yendo parejo también solteros (Karina).

Yo le dije a mamá: si me voy para allá, no creas que voy a estar matándome tanto. Yo voy a conocer. Y les voy a mandar dinero, pero poquito. Yo no voy a ir a juntar dinero allá. Voy a conocer [...] Ya ellos [los adultos] tienen responsabilidad. Pues, yo tengo también mi familia, pero yo sé que todavía pueden allá. Y los casados que ya tienen hijos, tienen que trabajar a fuerza (Coqui).

Como Karina, muchos asocian el comienzo de la migración en El Cardal con los hombres que tenían obligaciones familiares, entre los cuales no figuran los solteros. Las palabras de Coqui, por otra parte, resumen lo expresado por casi todos los jóvenes entrevistados. Existe una gran regularidad en sus discursos respecto a que no fue el económico el motivo principal por el que decidieron cruzar la frontera. La falta de obligación de proveer marca la diferencia entre las expectativas migratorias de los jóvenes y las de quienes tienen que trabajar y enviar dinero "a fuerza".

¿Qué significa Estados Unidos para mí? Para mí significa el lugar donde puedes realizarte. O sea, un lugar donde puedas hacer lo que tu quieras. Donde puedes ser independiente [...] No sé. Sería una gran aventura conocerlo, la verdad (Joselo).

Del pueblo hubo un tiempo que estaba yo aburrido, o sea, porque ya tenía mi rutina. No había una tienda en la noche. Dije: no, ya estoy harto de este pueblo. Siempre lo mismo. Ya después me empecé a llevar con mi amigo, ése que seguido íbamos a Xalapa a las discos, sábados y domingos. Y ya me empezaba a gustar. Pero se vino él, y ya no. Yo ya yo solito no me gusta ir (Coqui).

Me voy, le digo. ¡No bromees!, dijo. Sí, le digo, ya me voy para el otro lado. Dice: ¿por qué?, no sé qué vas a ir a hacer por allá. Dice: yo sé que tú tienes dinero; o sea, tú ganas dinero, tú trabajas, siempre que salimos llevas dinero; yo nunca he visto que no tengas dinero. Le digo: eso sí, le digo, pero aparte del dinero yo quiero ir a conocer. Y siempre le decía: yo no quiero que nadie me cuente (Hugo).

Así como los adultos justifican su migración o sus expectativas de migrar por sostener a la familia, los jóvenes la justifican por ellos mismos. La motivación primaria que puede generalizarse entre éstos es la búsqueda de experiencias nuevas (Hondagneu Sotelo, 1994; Durand, 2005). Independientemente de si los sueños de una vida cargada de emociones y aventuras son previos o no a la aparición de la migración, con ella se convirtieron en una posibilidad más cercana. Los horizontes se ampliaron, y así llegaron los relatos de los ami-gos, los cuales constituyeron pruebas para creer que en Estados Unidos les esperaba una vida más atractiva que los sacaría de la rutina, del aburrimiento, y que les daría más independencia.

Los jóvenes también se diferencian de los adultos en las competencias que entablan; para ellos la competencia en cuanto a conocimiento y experiencia es sumamente relevante.

Allá, en El Cardal, hay mucha gente que discrimina. Tan sólo los que estudian, que llevan más estudio, siempre discriminan un poco a los demás, siempre quieren estar arriba. Y yo nunca me he dejado. Siempre hacemos algo para estar igual o tal vez más que ellos y mejor que ellos [...] Yo también decía: si mis primos están en Arizona, están cerquita, Chicago es más lejos. Yo me voy porque está más lejos y porque, según, está mejor. Si voy, voy para allá; si no, no me voy (Hugo).

Los jóvenes que no han seguido estudios terciarios o universitarios, pretenden igualar o superar a los que han estudiado con la acción de migrar. Irse para Estados Unidos es algo que los otros no han hecho; asimismo compiten con los que han migrado, pero con destino cercano a la frontera con México. Llegar más lejos que otros es una meta generalizada entre los jóvenes y también entre los adultos, y la migración permite escenificarla en términos de distancia geográfica.

La migración se percibe, además, como un medio que permitirá suscitar mayor atención entre los pares; con ella se busca lograr la misma atención que reciben otros jóvenes, especialmente los propietarios de medios de transporte. Es decir, para los jóvenes migrantes o que tienen planes migratorios, la competencia se entabla con quienes transitan su misma etapa de vida.

> Cuando una persona, como por decir Óscar, tiene moto, como que lo buscan; no sé si por el hecho de que tenga moto, por el hecho de que es buena onda, de que les cae bien. Pero te das cuenta de que lo buscan y, no sé, tú piensas que es por lo que tiene. Y tú quieres tener también para que te busquen. Y, la verdad, yo sí pienso que yo quisiera tener. No sé, es que cuando te vas, luego regresas y te compras un carro y todo; como que los amigos te buscan más (Joselo).

Finalmente, es común encontrar en los discursos de adultos y jóvenes que la migración se percibe como una forma de salir de una situación familiar agobiante. Cabe aclarar que esto se explicita más frecuentemente entre los jóvenes solteros (Hondagneu Sotelo, 1994).

> Yo me fui porque necesitaba salir de esta casa. Yo no tengo, no tengo presión de irme por mucha necesidad de dinero. Nomás porque ya quiero salir de aquí. Con mi padre como es, ya tengo que salirme (Federico).

> Mi papá tiene un camión y nosotros le hacíamos la cuadrilla, y nosotros cargábamos su carro; yo andaba aprendiendo a manejar. Pero no faltan problemas; tengo un cuñado y hay problemas ahí, y por eso también pensé venirme para acá. Problemas personales, porque mi papá se pone de su lado, siempre de su lado (Tony).

> Y ya se fue mi cuñado [...] ya era otra cosa. Que él ya se había ido. Yo ya sentía que: cómo se va a ir él por allá y que esté trabajando bien y yo no he hecho nada. Ya era otra cosa, ¿no? No sé, nunca me ha gustado estar muy debajo de los demás (Hugo).

A mí me sacaron del rol. A mí me entristeció mucho eso. Yo esperaba que mi papá me pidiera o me dijera: hijo no te vayas. Si mi papá
me hubiera pedido que no me fuera; si me hubiera ofrecido lo poco
que él tenía, yo le hubiera dado el doble allá. Pero no me pidió, nadie
(Silvio).

Entre los actores con los cuales los entrevistados tenían ciertas
"rivalidades" sobresalen los padres. En estos casos veían a los padres
como quienes limitaban sus decisiones y acciones y no les otorga-
ban el "lugar" que ellos creían merecer. Sobresalen los discursos en
que se mencionan las "diferencias" que hacen los progenitores al
compararlos con algún hermano o cuñado. Por un lado, presentan
al padre como partícipe en la disputa, que toma partido por el otro,
ya sea en términos económicos (por beneficiarlo con alguna herencia, por ejemplo) o afectivos (por preferirlo o dedicarle más atención). Por otro lado, el padre aparece como el disputado, en tanto
los entrevistados tenían expectativas de que al migrar ganarían su
agrado tras demostrarle que ellos también eran tan capaces o responsables como sus hermanos o cuñados. En estas rivalidades, que suelen conformar el conjunto de motivaciones migratorias, se puede
observar también la competencia con otros hombres (véase Kimmel, 1997).

En síntesis, en las motivaciones que expresaron los hombres adultos se evidencian las grandes expectativas que ponen en la migración
como medio para cumplir con el papel masculino de proveedor
ante las dificultades que ha impuesto la crisis agraria. Trabajar, obtener dinero y sostener a quienes dependen de ellos, constituyen
los elementos principales que configuran el mandato de proveedor
y los motivos de la migración. Desde la perspectiva de género la migración de hombres adultos encuentra en el mandato de proveedor su principal explicación, lo cual es inescindible de la situación
económica general, tanto del lugar de origen como del de destino.

Otros elementos han puesto de manifiesto, sin que pierda validez la generalización anterior, que detrás de los motivos económicos subyacen los de otra índole. El dolor que causan un pasado de
privaciones materiales y un futuro incierto para el bienestar de los
hijos, así como las comparaciones con quienes se han ido y el anhe-
lo de igualarlos o superarlos, entre otros, son sentimientos y deseos

que se pueden definir como "motivaciones asociadas" al mandato de proveedor.

Los motivos de tipo no económico (no asociados con el rol de proveedor) son relevantes particularmente entre los varones jóvenes; los impulsan la posibilidad de conocer una nueva tierra, la de tener nuevas experiencias y participar en una gran aventura. Aunque menos frecuentemente, también algunos adultos expresaron motivaciones de esta índole: insatisfacción generalizada con la vida afectiva, rencillas y deseos de validarse ante sí mismos y ante otras figuras masculinas, o ganar el afecto del padre, entre otras.

Uno de los procedimientos de la masculinidad que se puso de manifiesto en este apartado es la competencia. En las expectativas migratorias la competencia se entabla entre hombres; las mujeres no forman parte de ella. Si bien esto ha sido documentado en ámbitos diferentes al migratorio (véase Kimmel, 1997), conviene recordar que la migración en El Cardal es mayoritariamente masculina, lo cual también contribuye a acotar las posibilidades de competir con las mujeres.

Los hombres con responsabilidades familiares compiten con quienes tienen obligaciones similares; los jóvenes, por su parte, compiten con los de su misma condición. Es decir, se han perfilado dos ámbitos de competencias entre varones en función de las expectativas principales de cada grupo.

La importancia de la migración radica en que, independientemente del tipo de motivación, es un medio por el cual los deseos pueden cumplirse y se cree poder entrar y vencer en la competencia masculina, lo cual no implica que no existan alternativas a la migración ni que ésta las haya invalidado como formas de realizar las obligaciones masculinas.[12] Sin embargo los elementos que presento en este apartado sugieren que el reciente fenómeno migratorio está introduciendo ciertos efectos, ya que entre varios de los varones que no han migrado ni tienen planes de hacerlo se evidencia la inquietud que ha impuesto la "brecha" entre lo que logran quienes se van a Estados Unidos y lo que se puede lograr en El Cardal. En ese sentido, la migración ha colocado en el escenario nuevas posibilidades,

---

[12] Basta recordar que la gran mayoría de los hombres cardaleños no ha migrado para darse cuenta que hay alternativas.

y con ello más elementos para que los hombres cumplan, compitan y deseen.

EXPECTATIVAS EN CONFLICTO

Al mismo tiempo que la migración trajo nuevas expectativas, incorporó una serie de conflictos. En este apartado sólo me referiré a aquellos en que participa el mandato de proveedor. Un análisis más profundo aparece en el capítulo quinto, donde se podrá apreciar otro tipo de contrariedades asociadas a la migración.

Que la migración se haya presentado como un medio para cumplir obligaciones y alcanzar expectativas no significa, necesariamente, que todos los varones que finalmente migraron hubieran querido hacerlo.

La situación era la que me obligaba más bien a irme para el otro lado. Sí, porque me gusta trabajar, soy trabajador. Pero hago lo máximo aquí, pero no. Si uno hace lo máximo de esfuerzo y no se puede más, debe uno de buscar por donde se pueda hacer más esfuerzo y hacer más (Pedro).

El estar fuera de la familia no quiere decir que es uno irresponsable, que no quiero batallar con la familia. Es uno más, ser más responsable. Que ya estuvimos mucho tiempo con ellos y no pudimos darle lo que ellos querían (Beto).

En términos generales, los varones con responsabilidades familiares se describen a sí mismos como "acorralados" por una coyuntura económica que los obligó a tomar la alternativa migratoria. En otras palabras, quienes migraron o están planeando hacerlo justifican discursivamente la migración como una obligación y no como un deseo.

De esta manera el cumplimiento del mandato de proveedor entra en conflicto con los afectos de la familia y con los que los varones tienen hacia la familia, máxime cuando para lograrlo hay que alejarse miles de kilómetros. Al mismo tiempo, eso no implica necesariamente que los hombres minimicen o rechacen la importancia de los afectos (suyos y de otros) o de su presencia junto a la familia. Lo anterior podría interpretarse como una suerte de "irre-conciliación" entre el trabajo masculino y los afectos. Pero también se puede interpretar el trabajo masculino como una manera de ser afectuosos: el amor también se demuestra siendo proveedores económicos eficientes.

Sin embargo, aun cuando los hombres adultos se esfuercen por justificar su migración como un acto de responsabilidad y argumenten que el estar lejos de la familia les resulta doloroso, saben que hay quienes los cuestionan y por eso se esfuerzan en subrayar que su situación económica premigratoria era agobiante y que sus penurias económicas no se derivaban de su falta de esfuerzo, sino de un límite impuesto por la crisis económica.

> Yo siento que son muy pocos los que se van por la necesidad ¡Claro! Todos nos vamos por la ilusión de tener, de hacer algo. Pero hay muchos que yo siento que se van cansados de su familia, huyéndole a la familia. Porque tú sabes que la responsabilidad de los hijos es estarlos viendo. Ya es mucho más el estarlos viendo, que el decir: oye, ¿cómo están mis hijos? O ¿cómo están por allá? Como que yo siento que le huyen muchísimo a la responsabilidad de la familia. Aunque igual siguen mandando dinero, pero tú dices: la responsabilidad es estar aquí. Yo hallo que se van chocados del Cardal (Carlos).

> Pero así como se van unos que de veras tienen necesidad, se van muchos porque quieren seguir ingresando. Tienen de qué vivir, pero ellos quieren seguir aumentando su capital. Porque así ha habido muchos; muchos que tienen; uno que tiene una camioneta, casa de dos pisos y, sin embargo, se fue con su hijo porque quería (Berta).

Los "verdaderos" motivos de los que se fueron frecuentemente se ponen en duda.[13] Los argumentos más generales que dan contenido a la crítica apuntan a que los migrantes se van porque quieren

---

[13] Algunas esposas mostraron sentimientos encontrados frente a la migración de sus cónyuges. Si bien reconocían su necesidad económica y agradecían el esfuerzo de sus hombres, sufrían un sentimiento de abandono y mantenían la duda sobre si era "realmente necesario" que se fueran (véase Rosas, 2005b). Este tipo de sentimientos ambivalentes en las esposas que se quedan en los lugares de origen se ha encontrado en estudios realizados en otros contextos migratorios (véase entre otros Hondagneu Sotelo, 1994).

alejarse de la familia o porque son ambiciosos. Para algunos, la única migración que se justifica sin críticas es la de aquellos que pasan por grandes dificultades para mantener a la familia o tienen un hijo que demanda un costoso tratamiento de salud, por ejemplo. Según esta posición extrema, la gran mayoría de quienes han migrado entrarían en la categoría de ambiciosos o faltos de amor hacia la familia.

Pero no todos ponen en duda las motivaciones de los migrantes. Muchos apoyan la migración y no requieren de situaciones extremas para justificarla. Los varones parecen "comprender" a los migrantes más que las mujeres (para ellos la sola diferencia de ingresos entre Veracruz y Estados Unidos justifica el movimiento). En cambio las mujeres son más críticas. Para muchas de ellas es más importante la presencia del hombre junto a la familia que el mejoramiento de la situación económica. Dichas diferencias entre los sexos se explican por las construcciones de género que dan contenido a las expectativas y acciones de cada uno.

Otros conflictos se los ha impuesto la migración a quienes no tenían planes migratorios. En el apartado anterior mencioné que algunos de estos varones no pueden evitar compararse con quienes han migrado. En esa comparación existe un conflicto derivado de la presencia del fenómeno migratorio, ya que saberse en peor situación que otros o haber sido superado en términos materiales lleva a un autocuestionamiento acerca de la propia eficiencia como proveedor, y de cómo proceder si la situación económica no prospera en El Cardal.

Finalmente, cabe mencionar que la decisión de migrar estuvo acompañada por algunos temores acerca de la integridad física.

Cuando tú tomas esa decisión, ya de venirte para acá, debes de llevar en mente que así como sales puede ser que no regreses. Pero en lo personal, por no tener un estudio, no tener algo para mí, algo básico, un oficio, que dijera: de aquí sale para mi familia. Entonces, te digo, yo allá pago renta. Siempre arrimado.[14] Dije: no, yo tengo que hacer algo, tengo que irme (Mario).

[14] Arrimado: vivir total o parcialmente a expensas de otro; vivir en casa de parientes.

Yo sí pensaba en lo que podía pasarme, hasta en morir y volver difunto
[...] Pero yo recordaba en la madrugada, como a eso de las dos de la
mañana, y ya no podía dormir de pensar en mis drogas.[15] A nadie le gusta deber, ni es bonito deber. Y los brazos se me entumían de que decía:
¡Dios! pero ¿cómo voy a pagar? Yo veía que mi papá no me podía ayudar porque ellos también estaban igual. Decía yo ¿quién me puede
ayudar? ¿Qué me pongo a vender? ¿Qué? ¿Marihuana? Uno anda bien
decidido a todo, hasta a hacer cosas malas (Beto).

Aunque trataré este aspecto en el capítulo quinto, es importante anticipar que en los discursos aparece la tensión entre el mandato de proveedor y los riesgos migratorios. Se asocia la "necesidad"
económica con la "necesidad" de asumir riesgos. Varios hombres
mencionaron que habían pensado en la posibilidad de la muerte,
pero la situación económica agobiante que vivían, y que percibían
para el futuro, se antepuso a los temores que les suscitaba el cruce
de la frontera.

En síntesis, sin olvidar que los varones adultos pueden haber
magnificado el dolor frente a la satisfacción —aspecto por demás
demandado socialmente, ya que un adulto sería sancionado si reco-
nociera que migró por "mero gusto"—, considero que no es posible
obviar la existencia de una serie de conflictos involucrados en la decisión de migrar. A través de la distancia que impone con la familia
y los afectos, de las críticas que siempre aparecen, de las expectativas que crea entre quienes no migran y de los peligros que encierra
el cruce de la frontera, la migración a Estados Unidos ofrece elementos que afectan a los varones.

Aunque, obviamente, no todos los hombres se sienten comprometidos de la misma manera con la familia y con la responsabilidad
de proveer, en El Cardal son pocos los casos que no concuerdan
con las generalizaciones expresadas en este apartado.

En los estudios sobre migración y género se tiende a enfatizar
las situaciones dolorosas para las mujeres, pero no los casos en que
los hombres cumplen eficientemente con sus obligaciones de proveedores y aun a la distancia siguen comprometidos con el bienestar de sus familias. Los actos irresponsables de algunos opacan el

---

[15] Droga: deuda.

esfuerzo y el dolor de los muchos que cruzan la frontera y sufren la lejanía de los afectos.

Los varones jóvenes estuvieron ausentes en este apartado; ello obedece a que sus conflictos no están asociados con el mandato de proveedor. Sin embargo para la mayoría también es doloroso dejar a sus padres y hermanos, más allá de las expectativas de aventura o experimentación de una nueva vida. Sobre estas cuestiones abundo en el capítulo quinto.

LO QUE PERMITE ESTADOS UNIDOS

En los apartados anteriores he analizado los relatos asociados con la etapa premigratoria. A partir de ellos señalé que los efectos de la migración sobre el mandato masculino de proveedor pueden percibirse en los motivos para migrar y en las expectativas creadas en los hombres con responsabilidades familiares. En el presente apartado analizo los relatos acerca de la etapa posmigratoria, con especial atención en las mejoras materiales que lograron los varones gracias al trabajo que desempeñaron en Estados Unidos, así como en los sentimientos que emergen ante tales logros.

Estados Unidos brinda la posibilidad de cumplir con muchas expectativas. Los logros son numerosos y cubren una amplia gama, que va desde la provisión de aspectos básicos para la manutención de la familia hasta los relacionados con la adquisición o construcción de bienes inmuebles; permite cumplir con obligaciones importantes, como darle mejor tratamiento médico a un hijo, así como darse gustos relativamente más triviales, como lucir zapatos y ropa caros.

Estados Unidos es una jaula de oro, ¿cuándo en México vas andar con doscientos dólares, dos mil pesos mexicanos en la bolsa?, ¿cuándo vas a andar allá así? [...] Aquí ando manejando yo, y tengo el carro este, ¿dónde iba a tener un carro yo? Un noventa y dos. Dos aquí y dos allá. Sólo que anduviera vendiendo coca allá [...] Todo lo de la enfermedad de mi hijo lo mandé de acá. Miles y miles se me fueron en el problema de mi hijo; tiene uno que estar gastando dinero en él, las medicinas y los tratamientos (Beto).

Pues mis propósitos se cumplieron, que eran hacer mi casa y comprar una finca de café [...] yo compré esa finca, ¿no?, por el hecho de que algún día valga el café, para seguir trabajando con lo que vaya saliendo del café (Pedro).

Mi ilusión era arreglar mi casa bien bonita, amueblarla de todo y tener un carro. Y, gracias a Dios, ya voy bastante adelantado. El carro todavía falta, pero la casa está bien bonita (Gabo).

—[En Estados Unidos hay] más facilidad para comprarse ropa y lo que sea. Allá zapatos de cien dólares se los compra uno fácil. Aquí que son novecientos pesos, ¿cuándo se los va a comprar? Éstos me costaron cien dólares.
—Son Nike, son de buena marca.
—Sí, aparte se compra uno chamarras de piel, de lo que sea. Y, aquí, cuándo se va uno a comprar eso, si gana uno máximo quinientos pesos quincenales. Allá nomás trabajamos cuatro días, y seiscientos, setecientos dólares (diálogo de Emilio y la entrevistadora).

En todas las entrevistas con varones adultos se advierte que gran parte de las remesas está dirigida al mejoramiento o construcción de la vivienda. La casa propia aparece como una necesidad material y simbólica importante para hombres y mujeres (véase Zamudio Grave, 1999). Para muchos varones significa la posibilidad de dejar de ser "arrimados", de asegurarle alguna herencia a los hijos y una de las mejores formas de demostrar públicamente que su ida a Estados Unidos ha sido exitosa, como se verá en el próximo apartado. Para muchas mujeres la vivienda constituye la posibilidad de ser "ama y señora" de su propio espacio, y de dejar de recibir órdenes de la suegra (Rosas, 2004).

Las fincas también ocupan posiciones importantes entre las adquisiciones que realizan los migrantes. Quienes compraron fincas lo hicieron porque tenían esperanzas de que en el futuro los precios del café se recompusieran.[16] Así, si bien la mayor parte de la

---

[16] Generalmente otros hombres de la familia, tales como padres, hermanos o suegros de los migrantes se encargan de mantener las fincas. Cuando eso no es posible se emplean peones para que se encarguen de las tareas agrícolas o ayuden a las cónyuges.

remesa va dirigida a bienes no productivos, también existen inversiones de tipo productivo.

Por otro lado, muchos cardaleños han comprado automóviles en Chicago, y los pocos que adquirieron camionetas lo hicieron con la intención de enviarlas a El Cardal. Las camionetas con placas estadounidenses que hay en la localidad se pueden ver estacionadas a un costado de las casas o se le prestan temporalmente a parientes varones. La expectativa común es mantenerlas guardadas para usarlas al regreso; es decir, las camionetas sirven más como bienes suntuarios, demostrativos de lo que se pudo hacer, que como inversión que les dé algún tipo de ganancia.

¿Cómo se podría haber logrado algo así en El Cardal? Sólo vendiendo droga dice Beto. Por más esfuerzo que hubieran realizado en Veracruz, difícilmente habrían logrado tanto en tan poco tiempo.

> Yo acá [en El Cardal] tenía trabajo, pero nomás para irla pasando más o menos. O sea, sí hubiera yo construido, pero poco a poco. Y así, se va uno un poquito de tiempo, deja uno la familia, pero es más rápido. Haces más rápido lo que quieres hacer (Sebastián).

Si bien entre los adultos entrevistados sobresalen las alusiones espontáneas a los beneficios económicos, hay también otros logros que no se restringen a lo material, aunque están asociados y son dependientes de lo económico.

> Recién llegado, como al mes que estaba aquí, soñaba. ¿Sabe cuál era mi pesadilla? Soñar que estaba en El Cardal. Yo soñaba que estaba en mi cuarto y recordaba, pero, ¡hasta temblando! y decía: ¡Diosito santo, nos regresaron!, ¡ya estoy en El Cardal! Ya me ponía yo a ver que estaba en Chicago y me daba gusto (Beto).

> Y mi hija me dijo que quiere ser maestra y yo [le dije] hija, mientras yo pueda, mira que logres que tu sueño se convierta en realidad (Mario).

> Yo siempre tuve el sueño de una casa como de castillo. Y le estoy haciendo una torre a la casa, una torre como de castillo, pequeña. Para que juegue mi hija […] Yo me vine aquí a ojos cerrados, y yo siento que estoy triunfando, porque, ¿quién se viene acá y es su propio propietario

de sus cosas? Yo me vine, aprendí, y ahora trabajo para mí; y tengo gente que está trabajando conmigo. Y Dios nos está dando para mantenernos. Eso es una acertada que yo nunca pensé que lo iba a hacer. Porque uno viene aquí a esclavizarse, a trabajar por horas. Y trabajar por horas, es trabajar las ocho horas diarias y sin descanso; y estar obligado a alguien que está mandando. A mí nunca me ha gustado eso (Silvio).

Sentimientos de satisfacción invaden a la mayoría de los varones adultos que se han ido a Estados Unidos; migrando han podido cumplir sueños de otros y propios; migrando han podido espantar temores arraigados.

Tener empleados en El Cardal o ser su propio patrón en Chicago, son los logros que más se ensalzan y cuyos beneficios exceden lo económico.[17] Al respecto conviene destacar que los casos de Silvio y Beto, los dos que se han convertido en pequeños empresarios, no son comunes entre los migrantes cardaleños. Ello explica que sus historias migratorias se consideren las más exitosas desde el punto de vista económico, e indica que no sólo es importante lo que se demuestra en la localidad, sino también en Estados Unidos.

Sin embargo, a estos dos hombres no se les valida socialmente de la misma manera. En las consideraciones generales realizadas por otros entrevistados, Beto sobresale frente a Silvio. Beto fue el pionero, y difícilmente alguien podrá igualar ese factor simbólico; además de que estaba muy endeudado, tenía un hijo con dificultades auditivas y, como ya mencioné, la migración por causas asociadas a la salud de los hijos es una de las más legitimadas. Silvio, por su parte, fue cuestionado porque su migración no se percibía "necesaria", y algunos coinciden en apuntar que no se esfuerza lo suficiente en Estados Unidos. Entonces, más allá de que la migración haya permitido a estos dos hombres alcanzar logros económicos que los ponen en ventaja respecto de otros, para entender la validación diferencial que la migración brinda hay que atender también otros factores; los

---

[17] Además de Silvio, Beto es el otro cardaleño que cuenta con un negocio propio en Chicago. Tiene una tienda en la Avenida 26, en pleno corazón de La Villita. Se trata de una tienda de regalos que vende objetos baratos, llamada La Veracruzana Dollar Plus, que se distingue por un tiburón rojo dibujado en la marquesina, símbolo del equipo veracruzano de futbol.

motivos altruistas y los grandes esfuerzos sobresalen entre los elementos que agregan legitimidad a la migración y, junto a los logros
económicos, inclinan la balanza hacia una mayor validación masculina en el rol de proveedor.

Otros logros de tipo simbólico se pueden observar en el trato
cotidiano que reciben los retornados.

Yo sí me sentí bien cuando volví. Gente así te miraba. Yo decía: ¡mmm!,
gente que antes no me hablaba bien, ahora me trataron bien, me
invitaban a comer. Sí. Porque yo luego andaba de un pueblo a otro
y yo levantaba gente en la camioneta que llevé. Pues los llevaba.
Dije, ¿qué pierdo con llevarlos allá? Ni me importaba lo de la gaso-
lina. Si tiene uno dinero, poquito, ¿verdad? Y los llevaba, y decían,
¡qué bonito! Pero sí, la gente te saluda. O gente que no tiene nada
que ver, que no es de tu familia, que no te trataba, que no te saludaba, ahorita me saludaba y me preguntaba cosas […] Pero la gente sí
nos trata bien. Nos ve como triunfadores o como que sí la hicimos
(Beto).

—Pues me dan más importancia. Me gané más respeto con la
gente y con mis amigos. Ya sus preguntas son diferentes a las que antes me hacían. Ya platico con ellos diferente […] O sea, que ellos ya
no me hablan golpeado como antes. Ya me hablan más suavecito y yo
también así les tengo que hablar. Ya no les hablo como antes.
—¿Qué es hablar golpeado?
—Golpeado; o sea, con palabras más fuertes. Por decirlo así, una
palabra más agresiva, más grosera.
—¿Y por qué cree que se dio ese cambio?
—No sé. Piensan que porque tengo dinero o no sé qué se piensen; [quizás] piensen que ya soy más importante o tengo que ser una
persona de más respeto (diálogo de Pedro y la entrevistadora).

En Estados Unidos todos saben lo que se dice de ellos, y eso los
reconforta; pero es más reconfortante cuando lo pueden observar personalmente. Los retornados coinciden en que se les da más
importancia y se les trata con mayor respeto en su propio rancho.
Pero no sólo los tratan en forma diferente, sino que ellos actúan en
correspondencia; se distinguen al cambiar su forma de hablar, por
ejemplo, o haciendo favores que muy posiblemente no podrían
haber realizado antes de irse.

Dejando por unos momentos a los adultos, cabe preguntarse qué sucede con los varones sin responsabilidades familiares. Comenzaré analizando el único caso que se aproxima a las expectativas y acciones de los varones con dependientes.

—Aquí sí podemos. Ya ahorita tenemos como seis mil matas de café entre los dos y no teníamos. ¡Aunque no vale el café! Pero mañana va a valer el café. [Mostrando fotos] Éste es el otro terreno que compramos en San Antonio, una hectárea y cuarto. Allí jalamos peones, sembraron dos mil matas de café.
—¿Alguna vez pensó que iba a tener peones trabajando para usted?
—¡Nunca, nunca! Yo siempre trabajé de campesino y yo nunca pensé eso [risa], en serio que no [se emociona] (diálogo entre Tony y la entrevistadora).

Si bien Tony no se encontraba impelido a proveer, el ahorro y la inversión orientaban sus acciones en Chicago. En tres años, y en sociedad con su hermano, ha comprado una casa, una camioneta, dos fincas y una despulpadora de café. Esos logros económicos le han permitido, además, sentir que las mujeres lo verán como un buen proveedor en potencia.

Ahora, si me encuentro algo allá, ya también me quiero casar. Porque la soledad lo mata a uno. O sea, yo nunca he dicho que no me voy a casar. Yo sí, quiero casarme […] Porque allá lo ven a uno pobre, trabaja en el campo. O sea, no te hacen mucho caso, porque tú les hablas, pero no ven mucho por tu futuro para el día de mañana. Pero ya vine acá y llevo un poquito de dinero, y ya con lo que tiene uno, pienso que si Dios quiere, sí (Tony).

A diferencia de otros solteros, Tony expresa abiertamente sus deseos de unirse con una mujer. Antes de migrar percibía que las mujeres no se fijaban en él por su condición de pobre; su timidez y su aspecto retraído tampoco le han ayudado en la conquista amorosa. Pero la migración a Estados Unidos lo hace sentir habilitado para la unión, porque logró reunir medios con los cuales desempeñarse como proveedor.[18] En términos etarios, Tony tiene una gran diferen-

[18] La búsqueda de la mujer la realizará en El Cardal y no en Estados Unidos, porque, expresó, tiene el objetivo de regresar y establecerse "para siempre" en su

cia con los demás solteros entrevistados; mientras los demás no superaban los 24 años, él tenía 32 en el momento de la entrevista. A su edad la mayoría de los varones cardaleños ya se ha unido y es socialmente esperable que así sea.[19]

En contraste, las inversiones que han hecho otros solteros se distancian de las de Tony.

Lo mandaba yo, pero a mi cuenta; o sea, a nadie le mandé dinero [...] Ahora ya me lo gasté todo. Compré un carro, pero lo vendí (Federico).

Más bien me estuve guardando para la vuelta y ayudando a hacer la casa, a mi mamá. Para mi casa, yo creo, para la otra que me vaya [...] No he pensado así en cuándo casarme, pero más adelante, todavía me falta (Rogelio).

Mando aparte, veces para mi casa y para mí. O sea, pero sí mando para allá [...] Quisiera hacer nada más una casa. Pero ¡ahorita no! Ya después, quién sabe [...] Estoy pensando en un negocio, pero todavía no lo encuentro así un negocio que me guste (Coqui).

Lo estoy, por el momento lo estoy ahorrando. No sé. Tengo planeado adquirir un bien que sería, no sé, un terreno (Leandro).

La gran mayoría de los jóvenes solteros no ha invertido en casas o fincas. Con el dinero obtenido en Estados Unidos han adquirido bienes que son de utilidad para ellos, pero que generalmente no lo

---

pueblo. Si bien los jóvenes se mostraron un tanto reticentes a hablar de su vida sexual y amorosa, al menos uno de ellos mantenía un noviazgo de un año con una nicaragüense; el resto no descartaba la posibilidad de relacionarse afectivamente con una mujer en Chicago.

[19] Si bien la edad no delimita por sí sola la adquisición del rol de proveedor, hay edades en que se espera que los hombres ya se encuentren desempeñando dicho papel, precisamente porque ya "deberían" estar unidos; hay un umbral etario socialmente establecido a partir del cual la soltería se hace poco deseable. En ese sentido, la edad en que "ya es tiempo de dejar de ser soltero" puede indicar un momento "límite" para convertirse en proveedor. Si bien no es posible establecer un umbral preciso, he de mencionar que el resto de los solteros migrantes expresó que "todavía" no pensaba en casarse, y sólo cuando pregunté específicamente acerca de una edad ideal en la que quisieran estar unidos, mencionaron 28 o 30 años.

son para la familia. En la habitación de estos jóvenes se encontrará un gran equipo de música, ropa nueva, y frente a la casa —ya sea en Chicago o, en caso de haber retornado, en El Cardal— es también posible encontrar una moto o un automóvil.

En otras palabras, las diferencias en las motivaciones premigratorias de adultos y jóvenes que he analizado en los apartados anteriores son coherentes con lo que estos dos grupos de hombres han hecho en la etapa posmigratoria. Los contrastes saltan a la vista cuando se compara el tiempo que cada grupo dedicó durante la entrevista al relato de lo que le era significativo. En el caso de los jóvenes, los relatos más extensos se asociaban con el cruce del desierto o con la primera vez que vieron la ciudad de Chicago; estos momentos adquirían un nivel de detalle y de emoción muy elevados. En coherencia con sus expectativas premigratorias, el haber logrado la anhelada "aventura" fue sumamente importante. Los adultos, en cambio, invirtieron mayor tiempo hablando de sus peripecias y logros laborales, así como de lo que han hecho con el dinero ganado.

Para finalizar este apartado me referiré a las condiciones laborales. Adultos y jóvenes coinciden en que las condiciones de trabajo en Chicago son muy diferentes de las que se encuentran en El Cardal.

> Allá en el campo, cuando yo me vine, pagaban cuarenta pesos mexicanos el día, ¡ocho horas! Aquí, ahorita me están pagando a ocho dólares la hora. O sea, ¡es mucho el cambio! ¿De comer? Pues aquí no sufre uno nada, todo venden enlatado o tú lo cocinas. Porque nosotros cortamos caña allá, en un pueblo que se llama San Pablo. Nos quedábamos en el cañal. Hacíamos una casita de palma y dormíamos encima del zacate. O sea, todos mal comidos, frijoles hervidos para comer. Y no pues, estoy mejor aquí, cien por ciento (Tony).

> Hay lugares que vas y estás sentado todo el día; las ocho horas ahí, pegando calcomanías [...] En las fábricas de metales ya están las máquinas ¿cómo te diré? adecuadas. Tú metes por aquí una pieza y adentro ya está la medida exacta, ya nomás lo atrapas y ya avientas la pieza hecha (Mario).

> ¿Sí has visto los montacargas chicos que tienen sus uñitas? Dice: ésos, mira, ésos son los que les pagan más, y no hacen mucho trabajo. Están

allí sentados y no tienen que mover nada, dice. La pueden pasar en el camión, en el carrillo; ahí sentados hasta que se les cumpla la hora (Hugo).

El trabajo del campo no cualquiera lo hace. Se necesita de un gran esfuerzo para hacerlo. Sí pues, es una larga jornada y de fuerza y esfuerzo [...] Allá [en Chicago] yo conocí un trabajo muy pesado; que yo sentía que era más pesado que el de aquí. Pero de ahí para allá, los trabajos que yo tuve, para mí fueron un juego a la del trabajo de aquí (Pedro).

El trabajo campesino y el realizado como operarios fabriles demandan diferentes usos del cuerpo masculino. En el primero se requieren fortaleza y constantes movimientos corporales, ya sea caminando por el campo, siguiendo el surco o moviendo los brazos rudamente con el azadón. El segundo, en cambio, demanda mayor quietud y concentración para seguir el ritmo de "las máquinas". En el campo ellos imponen el ritmo a sus herramientas, pero en Chicago en muchos casos las herramientas son las que imponen el ritmo. También quienes trabajan en actividades de servicio coinciden, en general, en preferir las condiciones laborales de Chicago; subrayan que el esfuerzo físico que demanda el campo es muy superior al que requiere el de la ciudad.[20]

También entre quienes permanecen en El Cardal circula la idea de que en el norte los trabajos son más "fáciles" o menos "pesados". "Dicen que ya está gordo", es el comentario que comúnmente se hace acerca de un hombre que lleva tiempo en Estados Unidos. Y esto se asocia con la idea de que allá gastan menos energías en los trabajos.[21]

Además, al ganar "mucho" dinero se tiende a "minimizar" el esfuerzo realizado. Pero al regresar a El Cardal la situación se invierte: no es fácil volver a trabajar rudamente por poco dinero.

---

[20] No sólo el uso del cuerpo es diferente; también difieren otros aspectos asociados al trabajo. En Chicago la mayoría llega a su trabajo en un carro que pasa a buscarlos por la casa y los regresa al final de la jornada (los llamados "raiteros"), mientras que en El Cardal tienen que caminar varios kilómetros por veredas empinadas para ir y volver de las fincas.

[21] En algunos casos también se hizo referencia a que en Estados Unidos se alimentaban mejor.

Si aquí parecen mulas de trabajo, vaya, mulas quiere decir increí-
bles. Quién iba a espantar a los muchachos, si eran excelentes trabajadores aquí. Pues allá lavar platos; en vez de lavar cien, lavan trescien-
tos, ¿no? Me decía un muchacho, un trabajador aquí, de esos que
trabajan aquí, a destajo, me decía: no me va a creer, pero da hasta
pena cómo le pagan a uno. Así me dijo Pablo, buen trabajador. Que el
esfuerzo que hicieron no era para recibir tanta cantidad. Dice: no sé
qué siente que le paguen a uno. Y aquí tanto trabajo por tan poco que
le pagan a uno. Ésa es la comparación que hacen; que aquí hay mucho trabajo y allá por lavar un puñado de platos o pasar jerga me llevo
todo este dineral. Ahora, ¿los va a espantar trabajar ocho horas? No,
cuándo (Lucas).

Mi esposo es muy trabajador. [Antes de irse] le decían: pues no creas
que en Estados Unidos se recoge el dinero con escobas, son friegas. Y,
dice Alfredo: pues no creo que sea más friega que cortar caña al sol,
cargarte la caña, treparla al carro. O sea, dice: para mí, eso es una
friega; no creo que en Estados Unidos sea una friega así. Entonces, ya
estando allá, yo le comentaba: bueno Alfredo, y cómo ves, ¿es pesado?
No, dice, cómo crees, aquí me siento hasta mal; siento que no hago
nada, siento que lo que yo hago es muy poco, que yo quisiera movili-
zarme más, andar más. Y dice: es que yo así no voy a poder bien, voy a
tener que conseguirme otro turno. Trabajaba dos turnos (Clara).

Se vienen para acá y ya no quieren estar; vienen y tienen que regresarse
otra vez. Sí, ya no quieren estar aquí. Por lo que ganan más o menos.
Y ya se enseñaron a trabajar allá; otros trabajos menos pesados que
aquí en el campo, y ganan poco y ya no quieren estar aquí, ya luego se
quieren ir para allá (Elsa).

Sin embargo, que el cuerpo se emplee de forma diferente, y
que muchos afirmen que prefieren el trabajo de Chicago al demandado por el campo, no significa que los cardaleños no se esfuercen
en "el norte".

Porque no son los trabajos pesados. Son más allá en el campo, más
forzados. Pero aquí son muy rápidos y muy forzosos de estar ocho horas, dieciséis horas parados […] Yo me ponía a trabajar y la gente de
planta, o gente que iba de oficina, aguantaban dieciséis horas; se iban
a dormir a su casa y regresaban y yo estaba en la línea trabajando, ¡Treinta y tres horas! (Beto).

Dije, vine a trabajar. No vine a matarme yo solo trabajando. Yo veía que muchos llegaban de un trabajo y dormían tres horas y los tenían que despertar ¡y vámonos para el otro trabajo! Yo no, yo no. No tengo fuerzas para estar teniendo dos trabajos. Pero, era gente que tenía obligación (Federico).

En Estados Unidos los trabajos distan de ser poco esforzados. Puede ser agotador realizar el mismo movimiento durante toda la jornada; además, los jefes pueden molestarse si el operario se mueve del lugar asignado y regañar a quien intente ayudar a un compañero.[22]

La sobrecarga horaria es importante, particularmente entre los hombres con responsabilidad familiar. En general los jóvenes se esfuerzan menos en términos de las horas trabajadas. Los adultos, en cambio, debido a su obligación de enviar regularmente remesas a la familia, frecuentemente realizan dobles turnos o mantienen dos trabajos. Es decir, de ninguna manera se puede afirmar que en Estados Unidos trabajen menos, sino que lo hacen en condiciones muy diferentes a las de El Cardal, y que esas condiciones son preferidas.

En síntesis, en este apartado he analizado algunos de los logros que la migración permite en relación al mandato masculino de proveedor. Se erige como un suceso clave en la vida de estos hombres al permitirles no sólo cumplir, sino superarse en sus obligaciones como principales suministradores económicos de sus familias, y lograr más en menos tiempo que el que necesitarían en El Cardal. Lo descrito en los apartados anteriores también muestra que en general los jóvenes no siguen las mismas pautas de inversión y ahorro que los adultos.

La migración no sólo favorece los logros materiales, también los simbólicos: cumplir sueños de otros y propios; ascender respecto de la situación anterior; superar a los pares mediante las inversiones visibles; ser tratado con mayor deferencia; en algunos casos convertirse en patrón (empleando personas en El Cardal o en Chicago) o presentarse ante sí mismo y ante otros como un buen futuro marido. Pero no hay que olvidar que las ganancias simbólicas dependen de las económicas; por eso considero que la económica es la

---

[22] Éste es un aspecto que llama mucho la atención y que suelen comentar en las entrevistas, ya que se contrapone a la solidaridad que generalmente caracteriza los trabajos agrícolas.

variable más importante para los adultos o para quienes desean formar una familia en un futuro cercano.

El dinero que posibilita los logros materiales y simbólicos se
gana trabajando en un mercado laboral que impone condiciones
diferentes a las de El Cardal. Aun cuando el esfuerzo que realizan
es importante, los mayores ingresos que obtienen en Estados Unidos y el uso diferencial del cuerpo contribuyen a crear la sensación de
que en "el norte" los trabajos son menos rudos.

Por otra parte, las críticas hacia quienes han regresado y se niegan
a hacer trabajos duros porque se han acostumbrado a las condiciones de Estados Unidos ponen de relieve la importancia del esfuerzo
y el sacrificio masculinos en el trabajo, históricamente ejercidos en la
labor agrícola. La migración, así, está comenzando a poner en entredicho esa característica del trabajo masculino que muchos continúan
valorando en El Cardal.

PROVEER EN COMPETENCIA

La competencia como procedimiento de la masculinidad asociado
al mandato de proveedor ya fue introducida en el análisis que presenté en los apartados anteriores sobre las expectativas premigratorias, los conflictos asociados con la decisión de migrar y los logros
posmigratorios. En este apartado brindo más elementos que permiten observar la importancia de la migración en el despliegue de la
competencia.

La eficiencia en la actuación laboral y los logros que de ella se derivan son los medios por los cuales los varones pueden demostrar su
éxito en el mandato de proveedor (Gilmore, 1994). La comprobación
del éxito del pionero de la migración cardaleña fue, precisamente,
lo que suscitó la salida de más hombres hacia Estados Unidos.

> Pues llegó con dos camionetas. Sí, dos camionetas. Ése fue el punta,
> el líder. Y ya empezó todo. ¡Si a Betillo le va así! ¡Pues, vámonos y
> vámonos y vámonos! (Lucas).

Diversos relatos coinciden en que, aun cuando circulaban versiones acerca de lo bien que le iba al pionero, la llegada de dos ca-

mionetas comprobó dichas versiones. Algunos varones validaron la acción migratoria de forma tal que la comenzaron a imitar; los próximos en salir hacia Estados Unidos tenían a Beto como parámetro de lo posible y como ejemplo de lo que buscaban para ellos. Transcurrieron tres años desde el día en que que Beto envió las camionetas y el momento en que yo terminé el trabajo de campo, y las inversiones visibles continuaban siendo los principales medios para evaluar al migrante y para que éste se validara públicamente.

Pero ahorita lo que digo es que yo soy de los primeros, y creo que yo soy el que me voy atrasando más. Muchos se vienen después y la van haciendo más que uno [...] Ya ahora que hay más gente acá, ya como que hay hasta competencia. Ya uno tiene que tener más cuidado, mandar más y hacer. Porque dicen: tienes mucho tiempo que estás allá y no has hecho mucho. Pasa que platicas allá y luego dicen: si éste se acaba de ir y ya está haciendo más, ya compró, ya tiene casa, terreno. Dije, pues son diferentes suertes, yo ahorro, yo no tengo vicios aquí [...] Es como un poquito de competencia, vea. Pero la mera competencia te la hacen de allá, porque la gente comenta: oye aquél tiene bien poquito tiempo que se fue y ya está haciendo muchas cosas (Beto).

Y de que malgaste yo el dinero aquí, mejor lo mando para allá. Allí es a donde se ve que está uno trabajando bien [...] Y que fulano mandó dinero para echarle otro piso a su casa. Que fulano compró un juego de sala. No pues, si él lo hizo trabajando también ¡Allí va también! (Tony).

Me acuerdo cuando mi esposo se fue; o sea, yo sabía que mandaba dinero, ¿verdad? Que la gente supiera o no, a mí me tenía sin cuidado lo que pensaban. Luego, empezaban a decir del muchacho [un vecino]: mira que ya me mandó esto, que ya le mandó esto otro. Y le digo, ya ahorita que vieron que mi esposo hizo la casa ni dicen nada (Alicia).

Ahorita que acaba de pasar el desastre éste que hubo acá en Nueva York, mis padres me decían: ya vente hijo, Dios no lo quiera, te vaya a pasar algo por allá. Y yo veces pienso, digo: no pues, ya estoy aquí y no he hecho mucho. Digo: yo me voy aguantar, pues siento que al llegar allá sin nada, siento que las personas van hablar de mí: este tonto estuvo allá en Estados Unidos y no hizo nada. Y es que está uno allá en México y piensa que aquí gana uno, que es fácil (Gabo).

Los ojos evaluadores de la comunidad están puestos en los que se fueron, porque son pocos y porque todos se conocen en el rancho. El tiempo que un hombre adulto lleva en Estados Unidos debe relacionarse en forma positiva con los adelantos realizados: a mayor duración de la migración, mayores deben ser las inversiones. Existe un supuesto implícito en que la migración sin mejoramiento económico implica un fracaso. El temor a regresar sin haber hecho lo suficiente se reitera en los discursos y hace patente la importancia de la comparación y la competencia (respecto de las inversiones logradas) como condicionantes de las acciones migratorias de los varones.[23]

Para no ser calificado como "fracasado", el lugar donde se invierta y el tipo de inversión que se realice deberán cuidarse. Se afirma la importancia de mandar dinero a la comunidad de origen, ya que allí es donde se ve que se está "trabajando bien". Y este "allí" puede interpretarse en dos sentidos: como indicativo de espacio físico, El Cardal, y como indicativo de una acción, la de mandar dinero e invertirlo en bienes visibles. Si el dinero se viste o se come, no se ve; tampoco se ve cuando se usa para pagar deudas. En cambio la camioneta y la casa se ven. Las nuevas viviendas que no son habitadas o las camionetas que esperan meses y años para ser usadas encuentran gran parte de su explicación en la lógica de "necesaria" demostración pública del éxito migratorio.

Muchos de los que construyen viviendas envían fotografías de casas estadounidenses para guiar la arquitectura de la suya en El Cardal. Algunos se burlan argumentando que pronto enviarán fotos de la Casa Blanca, en alusión a cierta competencia. La nueva arquitectura se diferencia de la típica "caja de zapatos", como llaman los car-

---

[23] En ámbitos de mayor antigüedad migratoria se ha encontrado que los varones migrantes, a diferencia de las mujeres, expresan sus grandes deseos de regresar porque es en su comunidad donde se sienten hombres libres (Hondagneu Sotelo, 1994). Los varones de El Cardal aún no han podido realizarse, lo cual cohíbe los deseos de volver pronto; en ese sentido, más allá de dónde se sientan más libres o más a gusto, priman el condicionante económico y el temor a la sanción social para retenerlos en Estados Unidos.

daleños a la forma en que tradicionalmente han construido sus casas. Si se edifica una casa con la arquitectura típica, no expresará mucho acerca del éxito en la migración; por eso es importante marcar la diferencia, y eso se logra no sólo construyendo, sino en las formas que adquiere la construcción.[24]

Otro de los puntos en que coinciden varios entrevistados es en que la competencia "la hacen" en El Cardal. Discursivamente, los hombres parecen separar la producción de la reproducción de la competencia. La competencia se dispararía y produciría en el rancho; es decir, alguien cercano —generalmente la esposa— les informaría espontáneamente acerca de lo que otros están haciendo. Ellos, en cambio, se perciben como "casi obligados" a ponerse a la altura o superar a los demás, reproduciendo dicho procedimiento de la masculinidad. En el capítulo siguiente me referiré a estos aspectos, así como al papel de las mujeres en la "trasmisión" de los elogios y críticas que detonarían la competencia masculina. Sin embargo cabe adelantar que los migrantes no están ausentes en la producción de la competencia, y que tampoco su actitud es la de quien acepta con resignación una pesada carga.

Por todo lo anterior, los varones pocas veces pueden descansar. La competencia se impone firmemente a fin de ratificar una y otra vez que se es trabajador y buen proveedor. Y cuando no se cumple o no es posible hacerlo, hay que justificarse. Por esto algunos espontáneamente se adelantan a cualquier conjetura acerca de su eficiencia y aclaran que también hay que considerar el factor "suerte".

Cuando se compara lo que unos y otros han logrado, las críticas se disparan abiertamente con mayor liviandad y frecuencia que los elogios. Los varones dicen sentir molestia ante las críticas y la envidia; pero si las mismas son suscitadas por sus logros pueden ser indicativas de que han realizado algo que hace sentir "envidiosos" a los demás. Es decir, el hablar con molestia de la envidia de otros puede ser una forma de indicar de qué se siente orgulloso cada uno.

[24] Una de las tantas formas que adquiere la competencia se puede observar en la construcción de casas con dos pisos: "Haces una de dos pisos y otro quiere hacer de tres, y el caso es que ninguno se quiere quedar atrás" [Diego]. Sin embargo, lo que estos comentarios omiten es que muchas de las construcciones se hacen en pequeños terrenos cedidos por los padres o compartidos con otros familiares, por lo que el piso de arriba es una solución a la falta de espacio.

Pero lo más gratificante es escuchar los elogios abiertos. Comentarios como los siguientes hacen sentir muy bien a los migrantes y a sus familias; son, en palabras de Diego, "como una medicina que le inyectan a uno".

En el pueblo de arriba, los que se han ido les ha ido muy bien, ¿verdad? Se han hecho unas casas muy bonitas y tienen una camioneta. Ya una persona que tiene aquí una camioneta, dice uno: ya es (Lelia).

Ahora, fíjate este muchacho que no sabe leer ni escribir; ponte que se haya traído, voy a dar una cifra cualquiera, cincuenta mil pesos. Como me decía un cuñado de él, ¿aquí cuándo ve ese dinero?, ¿cuándo? Pero, ¡Vaya! ¡Jamás! (Lucas).

Al reconocer y elogiar lo que los migrantes han logrado, se les coloca en otro lugar. Al "tener", alguien "es"; esta asociación, aunque nunca expresada con tanta claridad como por Lelia, está implícita en la mayoría de las entrevistas. Apunta a la validación que un hombre adquiere a través de sus posesiones materiales. Y si migrando se ha logrado tener, migrando se ha logrado ser. Tal es la importancia de la migración.

Antes de ir a Estados Unidos los migrantes no estaban en condiciones de competir con quienes "tenían", con quienes sí "eran": los "adinerados". Éstos se asocian con los grandes propietarios de fincas y, menos frecuentemente, con los profesores o maestros.

Yo llevé el carro y mucha gente que yo le caía mal decía: esa camioneta es de las que ya no quieren allá, que las tiran. Yo nomás decía: esta camioneta es camioneta aquí y es camioneta allá. Porque no es una porquería, es una ochenta y tanto. Esta camioneta aquí la ves y está bonita; la ves allá, pues, doble de bonita. Envidia, dije. Y decían: yo tengo para comprarme una más nueva. Dije: que se la compren, ¿verdad? Dije: yo no sé por qué no se la compran y no andan pidiendo que los lleven. Yo tengo esa carcacha, pero es mía y sí ando en ella. Ellos tienen para comprar una buena, pero no se la compran (Beto).

Hay a veces que hablan bien de mí, ahorita que estoy acá. Porque… cuando se vienen las fiestas patronales de allí del pueblo, yo le mando; le digo a Ana que le dé cierto dinero a la iglesia para comprar flores o eso... Y, por ahí no falta quien diga, ¡Silvio dio tanto dinero! ¡nunca han dado los que tienen dinero aquí, nunca nadie esa cantidad! [...] en El Cardal hay gente con dinero, adinerados, como los del Beneficio, pero no dan (Silvio).

[Los migrantes] se jactan de decir: ya ves ese fulano lo que era. Y el papá del fulano [dice]: ya mi hijo tiene una camioneta, ya esto, ya el otro. O [dice]: cuánto gana el profesor, mi hijo gana más. Y se pavonean con eso (Carlos).

Es decir, además de competir entre ellos, los migrantes adultos ahora lo hacen con hombres que antes percibían como social y económicamente inalcanzables.[25] A Beto la migración le permitió competir con esos que tienen dinero pero no se compran una camioneta; a Silvio le sienta bien que lo comparen en la iglesia con los que más tienen pero no donan tanto dinero como él; en cambio Carlos, un importante productor de café, se molesta porque los migrantes se jactan de sus logros. Las referencias sobre, al menos, dos grupos con estatus socioeconómicos diferentes aparecen claramente en estos ejemplos y en varias entrevistas.

En lo que plantea Beto respecto de sus camionetas se observa, por un lado, a quienes sienten afectado su estatus socioeconómico ante las mejoras realizadas por los que antes estaban en un estrato inferior. Los "adinerados" critican el escaso valor material de las camionetas traídas desde Estados Unidos, como una forma de estigmatizar lo logrado por los migrantes y continuar delimitando y reproduciendo la desigualdad (véase Scott, 2000).

Por otro lado, la actitud de Beto es desafiante. No sólo desafió a los "adinerados" trayendo las camionetas, sino que lo hace subrayando que él hizo algo que los otros no, y poniendo en duda si "realmente" pueden adquirir una camioneta. El entrevistado, a diferencia de los criticadores, no resalta sólo el valor material del bien, sino su valor simbólico. Una camioneta comprada en Xalapa no tiene el mismo valor simbólico que una adquirida en Estados Uni-

---

[25] En El Cardal los estudios, el capital y hasta el apellido cuentan a la hora de conseguir trabajo o de emprender un negocio. Una vez en Estados Unidos no importan mucho el nivel de estudios ni el capital con el que se contaba; el éxito depende principalmente del trabajo.

dos; contra eso difícilmente pueden competir los "adinerados" de El Cardal.[26] La competencia, entonces, no sólo se plantea en el ámbito de la masculinidad, sino en el del estatus socioeconómico. Estos ámbitos se encuentran íntimamente relacionados, ya que si la disponibilidad de dinero o la posesión de bienes son material y simbólicamente importantes para validarse masculinamente como proveedores, también son indicativos de la ubicación de cada uno en la estratificación social. En este sentido, la migración permite competir, al mismo tiempo, en ambos ámbitos.

Para terminar este apartado cabe preguntarse si los varones solteros están inmersos en la misma lógica de competencia. Ya he referido que Tony, el mayor de los solteros, se incluye en la competencia económica en forma similar a los adultos; el resto, en cambio, parece no estar condicionado por preocupaciones de ese tipo.

Hay mucha gente, amigos míos que se han ido y que han regresado y no han ido a hacer nada. Simplemente ir a, como por decirte que fueron a pasear. No trajeron nada y les vale. O sea, les vale[27] lo que hablen de ellos (Joselo).

Algunas personas dicen: ¿qué es lo que hiciste? Aquí preguntan, ¿qué es lo que hiciste en ese tiempo?, ¿cuánto dinero hiciste en el tiempo que estuviste allá? No tengo por qué darles explicaciones a personas que nomás quieren estar, ahora sí, molestando (Federico).

Yo pienso regresar. Pero no, mi familia no me pide que yo llegue con algo, ni nadie espera. Nadie tiene que decir nada, porque no me he echado compromiso. Y si alguien dice, le voy decir que yo sí estuve acá y él no, que él no (Leandro).

---

[26] Cuando terminé las entrevistas en Chicago ofrecí a los migrantes traer cartas a sus familias. Dos de ellos, además de las cartas, enviaron sartenes y ollas para las esposas, así como ropa y juguetes para sus hijos. Todos estos objetos, de las mismas marcas comerciales, podían ser adquiridos en Xalapa. Ante el cuestionamiento de otros por hacerme cargarlos, las respuestas coincidían en que "no es lo mismo". No es lo mismo, simbólicamente, cocinar en una olla comprada en Estados Unidos que en una adquirida en Xalapa. La distinción simbólica la realizan tanto los migrantes como quienes reciben los objetos (véase Goldring, 1998).

[27] Les vale: no les importa.

Si bien los jóvenes no escapan a la posibilidad de ser cuestionados por lo que hicieron (en términos económicos) en Estados Unidos, expresan no prestarle importancia a los cuestionamientos. Si la experimentación y el conocimiento formaban la ecuación primaria que los impulsaba a irse, también conformarán el escudo ante las posibles críticas. El razonamiento parece ser: "no fui por dinero, entonces, no hay por qué esperar que lo traiga". En cambio, y en coherencia con las expectativas que tenían, haber llegado y vivido en Estados Unidos es el principal elemento que les da la posibilidad de competir y de ponerse por encima de quienes no lo han hecho.

En síntesis, la competencia masculina trasciende las fronteras internacionales al producirse y reproducirse en la distancia. Existe una carrera signada por lo que otros hacen, elogian o critican. En la carrera competitiva el espacio privilegiado para exponer lo logrado en Estados Unidos es el público, principalmente la localidad de origen. Allí los migrantes con responsabilidades familiares están condicionados por una evaluación constante. A su vez, las evaluaciones tienen referentes masculinos. La mirada propia y de otros hombres condiciona y orienta las acciones económicas, lo cual indica que la validación homosocial (Kimmel, 1997) importa mucho a la masculinidad.[28]

Si bien la aparición del fenómeno migratorio no inauguró la competencia masculina, sí le adhirió elementos novedosos. Cuando nadie migraba a Estados Unidos, la mayoría estaba constreñido por el contexto de crisis que vivía el campo. Pero con la migración se restringen los argumentos para justificar la falta de adelantos económicos. Eso ocasiona que a veces sea más difícil justificar la no migración que la migración; ¿qué excusa puede tener un hombre necesitado para no irse a Estados Unidos, cuando observa y escucha los relatos de los que se fueron?, ¿qué excusa pue-de tener cuando se percibe que no hay futuro en El Cardal?[29]

---

[28] En el capítulo próximo se podrá apreciar que en algunos casos las mujeres también cumplen un papel importante en las acciones económicas de los varones.

[29] Si bien la falta de dinero para pagar los costos de la migración es una razón que limita y excusa la no migración de los hombres, hay que mencionar que cada vez se hace menos difícil obtener un préstamo, particularmente de otros migrantes amigos o parientes, el cual será devuelto con las ganancias obtenidas en Estados Unidos; algunos han logrado préstamos sin necesidad de colocar una propiedad como garantía. El préstamo, en estos casos, se basa en la confianza.

Además, la competencia involucra a varones que eran percibidos por los migrantes como signatarios de un estatus socioeconómico superior. Si bien éstos "tienen el poder de estigmatizar actividades o personas que cuestionan la realidad oficial" (Scott, 2000:81), a su vez los migrantes cuestionan las jerarquías socioeconómicas cardaleñas al convertirse, en primer lugar, en poseedores y, en segundo lugar, en poseedores de bienes que tienen el valor simbólico de la "gran" discontinuidad, en términos de Bourdieu (2000). La migración, entonces, no modifica las reglas de la competencia masculina, pero brinda nuevos elementos que permiten a los jugadores cambiar de lugar.

SIN SATISFACER LAS EXPECTATIVAS

En el apartado anterior abordé la competencia masculina y puse el acento en algunos elementos que ha introducido la migración y que permiten a muchos varones posicionarse mejor frente a otros. Pero si la base de la legitimación de la migración de los varones proveedores radica en gran parte en demostrar su eficiencia a partir de la inversión en bienes visibles, es dable suponer que será deslegitimado quien no lleve a cabo las acciones que supone el discurso oficial (o "deber ser") de la masculinidad. Precisamente en este apartado analizo las acciones que no alcanzan a cumplir las expectativas del "deber ser" de la masculinidad, así como los contenidos de las críticas que se les hacen. Aquí se agregan más elementos para comprender el costo que implica el incumplimiento, y también otros recursos de la masculinidad que pueden ser invocados cuando eso ocurre.

Como ya he mencionado en los apartados anteriores, los cardaleños están atentos a los cambios visibles que los migrantes realizan. Cuando no se observan adelantos, emergen dudas acerca del esfuerzo y de las excusas que dan los migrantes: ¿será que escasean las oportunidades laborales? ¿será que prefiere las "aventuras"? ¿será que le falta ímpetu? Así como los elogios se suscitan cuando alguien ha concretado ciertas inversiones o demostrado públicamente su eficiencia, las suspicacias aparecen rápidamente en los casos contrarios.

Unos sí luchan hasta lo imposible por mandar para la casa, y otros se van y se oye decir que no mandan nada, no se ve que hagan. Que porque no tienen trabajo. Qué sé yo. Por allá las aventuras son más fáciles (Berta).

Claro que no falta gente de poco ímpetu, falderones [...][30] ¡falderones! Que no hacen nada. Uno los mira y no adelantan (Lucas).

Para los cardaleños el incumplimiento de las obligaciones de proveedor puede deberse a la falta de trabajo, a alguna imposibilidad física o a una conducta irresponsable. Las dos primeras razones son de tipo temporal, pero la conducta irresponsable puede o no ser temporal. Es decir, por un lado están quienes "siempre han sido irresponsables" y, por otro, aquellos que habiendo sido siempre responsables no logran serlo en la migración porque no tienen el "carácter" apropiado para estar lejos de la familia.

Quienes observaban una conducta "irresponsable" desde antes de partir hacia Estados Unidos, aunque criticados, no llaman la atención, precisamente porque esa conducta no es nueva.

Como dice el dicho: la gente que es trabajadora no sufre. Pero hay gente que aunque esté allá y tenga buen trabajo y si no le gusta trabajar [...] Donde quiera que esté, si es floja, donde quiera que esté es lo mismo. Dice mi esposo: no le van a caer los billetes del cielo (Karina).

Se ha visto mucho el que se va y no hace nada. Se habla muy mal de él [...] Estos chavos estuvieron aquí y nunca trabajaron. Nada más andaban de vagos. Yo decía: yo no sé cómo ellos van a trabajar allá. Y ellos no estaban acostumbrados a trabajar aquí ocho horas o seis horas, que trabajan. Entonces, yo siento que son los que más, más se critican, ¿no? [...] Nunca se les vio un progreso, o que mejoraran. Al contrario, veo que fueron, tenían casa, la tuvieron que vender para irse y después se quedaron sin nada (Ruperto).

Aquí sí se puede. Todo el que llega a Estados Unidos y sabe pensar, sí se puede. El que tenga malos pensamientos, no [...] Se vino un sobrino mío conmigo, y eso fue para su perdición. Porque allá dicen

---

[30] Falderón: varón poco independiente en sus decisiones y acciones; idea de sometimiento bajo el control de una mujer, o bajo las faldas de una mujer.

que desde la escuela fumaban marihuana. Y aquí fue donde se vino a enfermar más de ésa (Tony).

Tanto los jóvenes que comienzan a consumir drogas o se incorporan a una "ganga",[31] como los adultos que no envían suficientes remesas, son varones que desde antes de llegar a Estados Unidos tenían fama de perezosos e irresponsables.[32] No encuentro en los discursos referencias a hombres que hayan cambiado drásticamente de conducta luego de haber migrado. En mayor o menor medida, quienes habían demostrado ser responsables antes de irse lo siguen siendo a la distancia.

El segundo grupo de varones criticados por no cumplir con su rol de proveedores durante la migración es el de los que retornaron demasiado pronto de Estados Unidos.

Hay muchos que así han hecho, ¿no? que han perdido, por ejemplo, fincas. Que tienen su camioneta y que la venden para irse. Ha habido varios, del otro rancho, que no se acostumbraban allá y se tenían que regresar y ya habían vendido lo que tenían. O sea, ésos son los que son más criticados (Carlos).

Yo conozco gente muy cobarde. Estuvieron aquí hace poco unos amigos míos. Llegaron, no tenían dinero, no tenían trabajo. Yo fui a visitarlos. Yo no tenía mucho dinero, pero les regalé veinte dólares a cada uno para que se compren algo. Después no tenía trabajo uno y le di trabajo [...] Estaba muy arrepentido de haberse venido porque le pensaba mucho a su familia. Y es que aquí se juntó con gente que los trató mal. Llegaron a vivir y los trató muy mal. No los comprendió. No los ayudó. Me contaban ellos que enseguida hizo cuentas: que deben tanto. Y ellos sin trabajar [...] Aquellas personas se fueron. Uno sí tenía con qué sostenerse allá, tenía fincas. Pero el otro no tenía nada [...] Y no pagó deuda. Y dijo que iba a vender su casa para poder pagar. Entonces, ¿qué ejemplo tú le das a tus hijos?, ¿qué ejemplo le das tú a tu familia? Te vienes, estás aquí. Dios te dio permiso. Digo, Dios te dio permiso de llegar aquí, que hubo tanta gente que se quiere

---

[31] Ganga: pandilla.

[32] El esposo de Eleonora, el único que se negó a ser entrevistado en Chicago, es uno de los más cuestionados. Por las referencias de otros entrevistados y de su esposa se entiende que siempre ha sido poco trabajador y que "no ve" por su familia.

venir y no tiene cómo o les sucede tantas cosas que no pueden llegar aquí, no logran su intención. Y ustedes que ya están aquí se les cierra el mundo ¡Hombre!, eso es no quererse uno mismo (Silvio).

Los que vienen aquí un mes, seis meses, cinco meses, pues, ¿qué tanto pueden hacer? Nada. Apenas la deuda y un poquito de dinero, yo creo que para ir frijoleando, pero no para decir voy a poner un negocio o me voy a comprar un pedacito de tierra. Pues no, para nada. Vienen y con eso de que su mamá les dice que se vayan. Pero a todos nos dicen, hablamos y a todos nos dicen. Pero es decirles: oye, ¿me van a mantener?, ¿van a mantener a mi familia? Tiene uno que verlo [...] Hay un poco de cobardía porque lo sentimental todos sí tenemos (Beto).

Para la mayoría de los entrevistados la duración de la migración debe estar asociada con el tiempo necesario para, al menos, pagar las deudas que se contrajeron al irse, así como para obtener una cantidad de dinero mínima que permita mejorar respecto de la situación económica premigratoria. Volver pronto puede significar no sólo no haber mejorado, sino empeorar, al descapitalizarse por las deudas contraídas (véase Hondagneu Sotelo, 1994).

Ahora bien, la crítica a quienes no permanecen el tiempo necesario en Estados Unidos no sólo obedece a una racionalidad económica, sino que abarca otros aspectos, como la falta de ímpetu; entonces a la descapitalización y el endeudamiento se le suma la sanción social por el "carácter débil".

Aun cuando en la descripción que realiza Silvio acerca de quienes regresaron pronto se encuentran elementos que pueden justificar tal decisión (no conseguían trabajo, no tenían dinero para alimentarse, no fueron bien tratados por quien los recibió y, además, extrañaban a su familia), no son válidos desde el punto de vista de las obligaciones masculinas y del ejemplo que un varón debe dar a su familia; es decir, un hombre debería enfrentar la adversidad y sobreponerse a los problemas.

Dejarse vencer por los sentimientos no es una actitud masculina valorada, como detallaré en el capítulo quinto. Quienes se muestran muy sentimentales son considerados cobardes, ya que no supieron tomar decisiones autónomamente, y máxime cuando recurren a una figura femenina para justificar su regreso. Como ya mencioné, esto no significa que los varones nieguen o menosprecien los sentimientos, sino que insisten en la importancia de controlarlos a fin de alcanzar sus objetivos. Falderones y cobardes son las mayores críticas registradas en las entrevistas. Estas palabras insultantes no se asignan a los varones que son poco eficientes en su rol de proveedores porque llevan una vida "aventurera" o "licenciosa", sino a los "sentimentales". Los primeros no cumplen con uno de los mandatos de la masculinidad, el rol de proveedor, pero no se cuestionan su valentía ni su autonomía de decisión, y se les alude con complicidad en lo que respecta a su actitud "licenciosa" y a su virilidad. En cambio los "sentimentales", además de que no proveen adecuadamente, tampoco parecen cumplir con los otros aspectos. Desde el punto de vista de la masculinidad están descontados de la competencia; son los referentes de lo que no se debe ser ni hacer.[33]

Existe un tercer grupo de hombres que también es criticado, aunque en menor medida que los otros dos: son los que cumplen con el mandato de proveedor pero se esfuerzan poco. En esta categoría entran los que gastan dinero invitando a los amigos, o descansan muchos días y trabajan poco, por citar algunos ejemplos.

Tengo un hermano. Mi hermano es de los que toma e invita. Entonces [al principio] mi hermano empezó a mandar bien. Pero resulta que mi hermano empezó con sus vicios y redujo [las remesas]. Y la casa la está haciendo, ahora sí, al fregadazo (Clara).

Uno me decía: ¡tantos años de albañil y tú no tienes dinero! Yo creo que nunca lo voy a tener, ¿sabes por qué? Porque yo soy de esas personas que viven al momento. ¡Yo he ganado mucho dinero, ¡le gastado mucho aquí, pero en puras cosas sencillas. Se va el dinero aquí (Silvio).

Algunos varones reconocieron que combinan responsabilidad con placer; pero el abierto reconocimiento de Silvio acerca de sus gustos

---

[33] Los gestos que acompañaban los relatos relacionados con cada grupo son sumamente demostrativos de lo que otros varones sentían al respecto: mientras que acerca de los "irresponsables aventureros" se referían frecuentemente con una sonrisa que manifestaba un dejo de complicidad, el enojo aparecía rápidamente ante los "irresponsables sentimentales".

personales no es común entre los adultos entrevistados, ya que generalmente describen su vida como alejada de todo tipo de placer que los pueda desviar de sus obligaciones familiares. Sin embargo, aun los más criticados tienen algo para argumentar a su favor.

La gente que cuenta chismes es porque te envidia. Pero en dado caso, entre más me toman en cuenta, mejor, seña de que me envidian, ¿verdad?, Porque sí hay envidia, y también me gusta así (Gabo).

Se le puede quitar importancia a la crítica, al restarle peso al argumento contenido en la misma, e insistir en su carácter difusivo. "Los perros ladran, señal que andamos", expresó sonriendo Silvio fuera de entrevista, como reacción ante una serie de críticas acerca de su eficiencia como proveedor. Es decir, más allá de lo bien o mal que se hable de ellos, el ser objeto de conversaciones significa que se les conoce, que han adquirido fama, que no son intrascendentes.

Bueno, es que hay gente que por ahí se regresa con menos dinero. Se regresa, pues, sin haber hecho cosas. Pero, luego, aunque la gente hable, le puede decir: yo estuve por allá y tú no; yo sí conocí y tú no conociste [Emilio].

La gente que tiene dinero está en El Cardal y piensa que si viaja se le va acabar. Nosotros estamos acá y nos venimos sin dinero y se puede decir que nos estamos echando como unas vacaciones. Hay muchos que tienen dinero y no conocen aquí. Y para eso uno se siente satisfecho, ¡oye! Pues yo por lo menos no llevo dinero, pero ya me fui a andar por allá, a conocer (Silvio).

Además, si no se ha logrado un buen papel en el rol de proveedor se puede hacer uso de algún otro mandato o procedimiento de la masculinidad para excusarse: haber emprendido una empresa novedosa; haber cruzado una frontera internacional, cuando pocos son los que han salido de Veracruz; haberse arriesgado en el cruce de la frontera, y haber conocido Estados Unidos, entre otros, son aspectos que agregan elementos de validación, como se verá en el capítulo quinto. Así, la migración brinda alternativas para validarse cuando el mandato de proveedor no ha sido eficientemente desempeñado.

En este apartado he mostrado las críticas que reciben los varones adultos cuando no cumplen con el envío regular de la remesa o no invierten en bienes que puedan ser evaluados públicamente. Diferentes tipos de sanciones se dejan ver, según el grado del incumplimiento y sus razones.

También he mencionado que cuando la eficiencia en el rol de proveedor es puesta en cuestión, los hombres pueden recurrir a otros elementos de la masculinidad para argumentar a su favor, tales como la experimentación y el conocimiento. Quienes, al parecer, no pueden hacer uso de estos recursos son los que han demostrado que no cumplen con casi ningún requisito de la masculinidad; me refiero precisamente a quienes no aprovechan la empresa migratoria para proveer ni, menos aún, para acumular dinero o bienes; quienes ponen los sentimientos (propios y ajenos) antes de sus obligaciones económicas; quienes no se conducen autónoma ni valientemente. Estos hombres se acercan "peligrosamente" al estereotipo de figura femenina.

SÍNTESIS DEL CAPÍTULO

El capítulo fue dedicado al análisis de los efectos de la migración sobre el mandato masculino de proveedor. Una vez mostrada la pertinencia de incluir el análisis de dicho rol en el contexto cardaleño, la discusión fue guiada por el supuesto general de que la migración hacia Estados Unidos se presenta como un fenómeno que restructura la vida de los varones al darles una nueva y mejor oportunidad de cumplir con su papel de proveedores.

Más específicamente, a partir de los elementos desplegados a lo largo del capítulo mostré que la migración permite a los varones adultos proveer a la familia bienes y servicios a los que difícilmente podría haber accedido quedándose en El Cardal; brinda nuevos elementos para evaluar públicamente el desempeño de un hombre como proveedor a través de las inversiones visibles que logra concretar con el dinero ganado en Estados Unidos; concede mejores oportunidades de competir con otros hombres en términos materiales. En pocas palabras, la migración desempeña un papel relevante que brinda la posibilidad de cumplir, mejorar, competir y validarse en el papel masculino de proveedor.

Los hallazgos permiten seguir profundizando el análisis. Dado que cada apartado contiene su propia síntesis, y a fin de no repetir, retomaré sólo algunos aspectos para poner de relieve relaciones y procesos en que no he profundizado. Entre los detonantes de la migración hacia Estados Unidos cumple un papel destacado la crisis agraria. En las motivaciones para migrar expuestas por los hombres adultos se observa que el mandato de proveedor fue puesto en cuestión por dicha crisis. A su vez, en los discursos que señalan lo realizado en la posmigración se advierte cierta adecuación del mandato a las nuevas condiciones laborales y salariales que permiten desempeñarlo más eficientemente. Este mandato de la masculinidad no puede ser disociado, entonces, de las condiciones del mercado de trabajo en el cual se ejerce.

Pero los hombres adultos legitiman su migración no sólo en la crisis económica que afecta a Veracruz y en las posibilidades que ofrece Estados Unidos, sino en la división sexual del trabajo en que han sido socializados. Los varones son percibidos y se perciben a sí mismos como los encargados de suministrar el bienestar económico a la familia. La pregunta "¿quién debe migrar?", ocupa poca atención en las parejas cardaleñas. Si se migra para trabajar y proveer, y el encargado de ello es el hombre, será él quien migre. Así, la migración cumple el importante papel de vehículo para transitar de una situación económica y masculina no satisfactoria, a otra que se espera sí lo sea, lo cual, además, les permitirá continuar erigiéndose como proveedores sin necesidad de ceder al trabajo extradoméstico de sus cónyuges.

Claro está, otros aspectos deben considerarse en la decisión de migrar y no sólo a quién se asigna socialmente el papel de proveedor; entre ellos, hay que tener en cuenta las características del mercado de trabajo de destino, que en el caso de Chicago favorece la inserción de los varones. Otros mercados laborales dificultan tal inserción y facilitan la de las mujeres; es decir, en algunos contextos las características del mercado laboral de destino operan como selectoras en favor de las mujeres, aun cuando en los países de origen se encuentren pautas de género en las cuales el varón se erige como proveedor (Rosas, 2005a). Otro aspecto que puede estar afectando la selectividad por sexo en favor de los varones, y que puede diferenciar el proceso analizado, se refiere a las características del cruce de la frontera entre México y Estados Unidos, las cuales por su peligrosidad y alta demanda de resistencia física generalmente no parecen "propicias" para el paso de las mujeres, como se mostrará en el último capítulo.

En otras palabras, la estructura económica y el sistema de género se configuran en conjunto como importantes condicionantes de la migración de los varones cardaleños con responsabilidades familiares. A su vez, ambas condicionan los ámbitos a partir de los cuales se evalúa el resultado de la empresa migratoria, ya que las inversiones visibles resultantes permiten competir en el terreno de la masculinidad y en el del estatus socioeconómico.

Los varones que parecen escapar a la lógica descrita son los que no tienen responsabilidades familiares. Sólo uno manifestó expectativas similares a las de los adultos, dado su interés en convertirse rápidamente en proveedor. En general las expectativas premigratorias de los jóvenes, así como lo que han logrado en la posmigración, se relacionan con la búsqueda de aventuras y de conocimientos.

Las distintas representaciones y prácticas que he referido a lo largo de las páginas anteriores, me llevan a afirmar que estos dos grupos de varones encarnan masculinidades diferentes. O sea, los conjuntos socioculturalmente construidos de representaciones, normas y prácticas asignadas e internalizadas por adultos y jóvenes son diferentes, ya que eximen y alientan a la consecución de distintos objetivos.

Cada una de estas dos masculinidades tiene deseos y ejecuta acciones en función de lo que es deseable para sí misma; no tengo elementos que indiquen la existencia de competencias entre ellas en el ámbito económico (cuestión en la que se debe profundizar en futuras investigaciones); pero sí es posible asegurar que hay competencias en el seno de ambas, y que la migración ocupa un lugar relevante en el establecimiento de nuevos elementos a partir de los cuales se compite y valida en las jerarquías de cada una.

Dentro del grupo de los adultos, protagonistas de este capítulo, el estatus socioeconómico permite diferenciar y jerarquizar al menos otras dos masculinidades: la de los adinerados y la de los migrantes. Si bien en el capítulo primero me referí a la dificultad de calificar una masculinidad como hegemónica, considero que los "adinerados" cardaleños tienen características "hegemónicas" que los colocan en un lugar privilegiado en la jerarquía masculina (véase Connell,

1997), ya que encarnan un modelo masculino que provoca imitación y deseos de igualación en otros varones.

Como también expuse en el capítulo primero, el carácter hegemónico de una masculinidad está siempre en disputa (véase Minello, 2000). Los elementos presentados sugieren la existencia de una incipiente disputa entre los "adinerados" y los que aspiran a serlo (los migrantes). La llegada de la migración está comenzando a desdibujar la delimitación entre unos y otros. No sólo los migrantes están consiguiendo poco a poco reunir el dinero necesario para igualarse o superar a los "adinerados", sino que han acometido una empresa (la migratoria) simbólicamente difícil de igualar quedándose en El Cardal.

Es necesario recordar que la migración afecta también a los varones que no tienen planes migratorios: la aparición de la migración amplió las posibilidades materiales, y con ello los deseos y los conflictos de quienes no participan en el proceso. En estos deseos y conflictos está implícita la validación social de la que son objeto los migrantes; ya que aun cuando son numéricamente minoritarios en El Cardal, están promoviendo imitaciones. Y si la producción del deseo de imitación es una de las mínimas y primeras condiciones que debe cumplir una masculinidad para aspirar a legitimar y reproducir su modelo, considero que la migración está impulsando el proceso que conduce a la disputa de la hegemonía masculina en El Cardal.

Sin embargo, además del estatus socioeconómico deben tenerse en cuenta otros elementos que legitiman a los adinerados, como su lugar de dirigentes políticos y autoridades del rancho, sus nexos con los actores políticos municipales, así como su capacidad para influir en la distribución de servicios y programas sociales. En pocas palabras, los migrantes tienen un largo camino que recorrer antes de posicionarse como masculinidad hegemónica. Aun así, en contextos migratorios de mayor antigüedad se encuentran ejemplos en los cuales los migrantes se posicionan mejor en términos socioeconómicos y en el quehacer político y organizativo de sus comunidades (véase García Zamora, 2003; Jonas, 2001, entre otros). Por eso, el seguimiento de procesos recientemente iniciados y el análisis en regiones de mayor antigüedad migratoria son clave para observar las posibilidades de los migrantes para imponerse como masculinidad hegemónica.

Entre los propios migrantes adultos también es posible establecer distinciones en sus prácticas; sin embargo considero riesgosa la diferenciación de masculinidades. Si bien no hay una "receta" para distinguir una masculinidad de otra, en primer lugar conviene recordar que la masculinidad tiene un carácter colectivo (véase Minello, 2002). Es decir, si se divide a los migrantes en función de sus prácticas se corre el riesgo de que una masculinidad esté compuesta por sólo un varón. En segundo lugar he considerado que una forma de comenzar a diferenciar las masculinidades es en función de las expectativas y de los condicionantes que pesan sobre cada grupo de hombres. Por ello la masculinidad joven y la adulta, la adinerada y la migrante pueden ser distinguidas; precisamente porque sus diferencias no son sutiles. Cuando las diferencias tienen mayor grado de sutileza, la distinción es riesgosa. Entonces, en lugar de proponer que existen diferentes masculinidades dentro del grupo de los migrantes adultos, considero más apropiado decir que es posible establecer prácticas masculinas más o menos validadas en función de la mayor o menor proximidad al "deber ser" exigido por el mandato de proveedor. En otras palabras, la ubicación en la gama que va del éxito al fracaso en la empresa migratoria, medida en función de la adecuación a las expectativas sociales, indica la existencia de prácticas masculinas con distinto grado de validación social. Así, dentro del grupo de migrantes adultos también hay jerarquización, si no de masculinidades, de validación de prácticas masculinas.

Finalmente he de detenerme en otros aspectos asociados a la mencionada validación de las prácticas masculinas entre los migrantes. Si bien diversos elementos deben tenerse en cuenta para comprender la validación social adquirida por un migrante, las inversiones visibles realizadas en la comunidad son el principal: tanto hombres como mujeres coinciden en validar este resultado, conforme se adecua a una expectativa social generalizada.

Si idealmente el mandato de proveedor establece que el bienestar económico de la familia es responsabilidad del varón, cuando los resultados distan de los socialmente esperados la migración puede ocasionar que un hombre descienda en la escala de la masculinidad. Y lo hace contundentemente. Los habitantes de El Cardal conocen a cada uno de los que se fueron y esperan que la magnitud de la empresa se correlacione positivamente con la de los resultados; no se espera lo mismo de alguien que fue a trabajar a otro municipio veracruzano que de quien se fue a Estados Unidos.

Cuando no se logra mostrar públicamente el éxito migratorio por medio de las inversiones, la comunidad en general cuestiona la eficiencia y plantea hipótesis acerca de la causa de tal ineficiencia. Las hipótesis son claramente negativas y rozan, en ocasiones, lo insultante. El grado de la sanción depende del conjunto de atributos masculinos no observados. Los más sancionados son los que además de ser proveedores poco eficientes, se conducen con poca o nula autonomía de acción o sentimientos. Es decir, para cumplir con el mandato de proveedor es necesario, además, satisfacer otros requisitos de la masculinidad.

Considero que la sanción dirigida a una conducta masculina "poco apropiada" para llevar adelante una empresa como la migratoria también puede verse como preventiva (véase Zamudio Grave, 1999). A lo largo de este capítulo he mostrado que los hombres conocen las sanciones y se conducen con frecuencia en función de ellas. La crítica cumple la tarea de anticipar a quienes no se conduzcan adecuadamente que serán "castigados". La sanción social, así, tiene el cometido de mantener un orden y asegurarlo a pesar de la distancia.

IV. LOS LÍMITES DEL CONTROL SOBRE LA MUJER

En el capítulo anterior mostré que las actividades laborales de las mujeres cardaleñas se encontraban relativamente limitadas por la opinión de sus cónyuges; aun cuando algunas cuestionaban la voluntad del esposo, los varones contaban con la potestad de imponerse debido al lugar dominante concedido por el sistema de género, el cual, al mismo tiempo, los condiciona a ejercer tal dominación.

Pero, ¿qué sucede cuando el jefe de hogar se ausenta por un tiempo prolongado?, ¿qué sucede con los controles masculinos cuando se impone una distancia física, como la obligada por la migración a Estados Unidos? En el capítulo primero se planteó la hipótesis de que, a diferencia de lo que ocurre con el mandato de proveedor, la migración debilita el mandato del control sobre la mujer; es decir, debilita tanto la capacidad de imponer los deseos masculinos sobre los femeninos, como las estrategias de vigilancia desplegadas para comprobar las acciones de las mujeres.

Precisamente en este cuarto capítulo analizo las dificultades —así como las formas de minimizarlas— a las que se ve expuesto este mandato. Tres son los aspectos que abordaré: el uso e inversión que la mujer hace de la remesa, la fidelidad de la mujer, y la migración femenina. Además, a fin de profundizar en las dificultades que encuentra el control masculino, en la última parte haré hincapié en los cambios relativos que ha experimentado la autoestima de las mujeres, así como en las estrategias que ellas despliegan para influir en las acciones de los hombres. En este capítulo cobra especial importancia el análisis de los discursos femeninos.

CONTROL SOBRE EL USO E INVERSIÓN DE LAS REMESAS

En el capítulo anterior mostré los logros materiales que, aunque en diferentes grados, la mayoría de los migrantes cardaleños ha conseguido al irse a Estados Unidos, así como la importancia que tienen para la validación masculina en el mandato de proveedor. Pero ahí no profundicé en la dinámica de inversión que posibilita la concreción de esos logros. La importancia de analizar tal dinámica radica en examinar las posibilidades con que cuentan los varones para ejercer control a distancia sobre la concreción de las inversiones en tiempo y forma, y sobre la conducta de quienes participan en ella. Por ello a continuación exploraré los efectos de la migración en el mandato masculino del control sobre la mujer, a partir del examen que los hombres adultos efectúan acerca del uso e inversión del dinero remesado.

Acuerdos, negociaciones y conflictos

El envío de la remesa supone, al menos, la existencia de un emisor y un receptor. En El Cardal los varones adultos y sus cónyuges son, respectivamente, los emisores y las receptoras por excelencia.

> Yo nunca pensé en mandarlo a otro, ¿a quién? No, yo siempre a ella. Ella es la que lo busca y lo va gastando. Yo le voy diciendo: gasta o junta para más adelante. Pero a ella (Beto).

Los hombres reaccionaron con cierta sorpresa cuando se les preguntó a quién enviaban el dinero, como si hubiera una única respuesta posible: el dinero se envía a la esposa.[1] Sólo uno de los entrevistados envía el dinero a sus hermanos, quienes se quedan con la mayor parte para los gastos de la construcción de la vivienda. Gabo, descrito como celoso y controlador de los movimientos de su

---

[1] Para abundar en las formas de envío y recepción del dinero entre los cardaleños, véase Rosas, 2004. El Cardal no escapa de lo encontrado en los estudios cuantitativos en que se ha evidenciado que las mujeres son, en general, las principales receptoras de las remesas; esto se ha encontrado tanto en los contextos de mayor antigüedad migratoria, como en los flujos en que es mayor la proporción de mujeres migrantes (Martínez Pizarro, 2006; Orozco, 2006).

mujer, Lorna, nunca admitió que ella viajara a Xalapa a cobrar la remesa ni que se ocupara de la construcción de la casa.

Excluyendo esta excepción, los varones enfatizaron que el carácter de receptoras de las esposas nunca fue puesto en cuestión. Sin embargo, aun cuando es posible que dicho carácter haya estado fuera de cuestionamiento para los varones, al menos una de las cónyuges manifestó haber sentido dudas al respecto.

> El dinero siempre a mí. Es que yo desde un principio, desde que nos casamos le sacaba todo claro. Le digo: si estamos casados los dos, las cosas son entre los dos. No que ahora que se quería ir por allá; porque tenía tres años antes que me venía diciendo que se quería ir. Y como luego sabía yo que otros luego le mandaban que a la mamá, que a un hermano, y ya a la esposa le van pasando un poquito para que coma. Le digo: si te vas a ir, vamos a arreglarnos entre nosotros, para que veamos lo que vamos haciendo (Lina).

Si bien Lina manifiesta que desde el inicio de la unión nadie ha interferido en las decisiones económicas de la pareja, las experiencias negativas de otras cónyuges la impulsaron a explicitarlo nuevamente. Es decir, al percibir que la migración era un evento que podía cambiar un orden establecido se vio en la necesidad de reafirmar los límites establecidos o de fijar nuevos límites preventivos.[2]

Aunque ellas son las receptoras, todos los varones se autodescriben como los principales decisores acerca de en qué y cómo invertir. La mayoría de las mujeres coincide en esta apreciación: manifiestan que el esfuerzo hecho por ellos en Estados Unidos justifica tanto la consulta (pedidos de permiso), como dejar que los varones decidan acerca de ciertos gastos.

> Agarro yo para mi gasto y, por las dudas, dejo en casa por si lo necesito por alguna necesidad. Pero también voy ahorrando en el banco, porque digo: si está él por allá hay que ahorrar, no gastarlo todo (Silvana).

[2] Otra mujer que fijó límites sobre el envío de remesas fue Clara, al enterarse de que su esposo había girado dinero a su suegra sin avisarle. Aun cuando su esposo le envió dinero a la madre como obsequio para el cumpleaños (es decir, fue un giro excepcional), Clara sintió que él le estaba quitando su lugar, y por este motivo amenazó con terminar la relación. Sin embargo ese suceso aislado no invalida el carácter de receptora de Clara.

—Pero la única que puede sacar dinero del banco eres tú.[3]
—Sí.
—¿Puede sacar él?
—No [...] Pero yo nunca saco sin que él me diga o sin pedirle permiso [...] Es que él se fue para eso; trabaja mucho para ahorrar (diálogo entre Ana y la entrevistadora).

Los varones y la mayoría de las mujeres están de acuerdo en que lo ganado es, en primer lugar, de quien lo gana. Y como quien lo gana es el hombre, son ellos los que generalmente dicen la última palabra acerca de su uso.

Otra circunstancia que muestra la primacía del hombre en los aspectos económicos es que ellos frecuentemente ocultan el monto de sus ganancias (véase Hondagneu Sotelo, 1994). O sea, aunque la mujer sea la principal receptora de la remesa y mantenga una participación activa en el uso e inversión del dinero, ellos tienen la facultad de decidir cuánto enviar.

No, nada, casi no. Nunca me ha dicho nada. Yo luego le decía: oye, yo oigo que dicen que estos trabajan aquí y allá, o de lo que ganaban. Pero él no [me informa de su labor]. Mi esposo me decía: ¿cómo están?, ¿cómo están los niños?, y que esto y que lo otro. Pero así de trabajo no. A veces le decía yo: ¿en qué trabajas? Dice: estoy en una fábrica de esto o lo otro. Pero no que de él saliera. Casi no me dice [risas] Digo: no quiere que le haga yo la cuenta de lo que va a ganar (Alicia).

Él me dice: trabajo en la mañana, trabajo en la tarde. Eso sí me dice. O nada más me dice: es que ya me pagan más o me pagan menos. Pero no me dice cuánto (Silvana).

Las mujeres obtienen escasa información acerca del trabajo y los ingresos del hombre; pocas veces reciben respuestas específicas. Comúnmente ellos responden con evasivas, cambian de tema y dicen generalidades. Las mujeres difícilmente pueden estimar la proporción que recibieron respecto de la ganancia total. Limitar la información es un recurso común de poder que amplía las posibilidades de los hombres.

---

[3] La cuenta bancaria está a nombre de Ana y no del esposo.

Dada su primacía en las decisiones económicas en la premigración, y que mantienen después, los varones dudaron acerca de la pertinencia de considerar a sus cónyuges como administradoras, aunque finalmente la mayoría accedió a reconocerlas como tales.[4]

> Yo le voy diciendo en qué gastar, como en lo de la casa. Pero luego el albañil le dice qué hay que comprar. Yo sólo le digo: sí, compra lo que te dice (Mario).

> Antes de irme le dije que iba a componer la casa. Y sí, así le hice, la compuse [...] yo le mandé el dinero, pero papá ayudaba, porque como mujer cuesta. Así que ya se arreglaban para comprar lo que había que comprar (Pedro).

> Ella sí lo cobra, pero yo le digo en qué gastar. Ella lo tiene. No sé, vendría a ser como administrar (Silvio).

> ¿Administradora? Pues, ella recibía; y sí, ella lo administraba. Se puede decir que sí [...] Nunca lo había visto así (Sebastián).

Los elementos presentados en el capítulo anterior sugieren que en la premigración las mujeres sólo estaban en condiciones de administrar la parte del dinero que los varones les proporcionaban para efectuar los gastos para la reproducción doméstica. Entonces, es posible establecer que existían dos administraciones de diferentes jerarquías, ya que la de las mujeres estaba acotada por la de los hombres. Esto explica la duda que le surge a los varones en la etapa posmigratoria acerca del papel de las mujeres: la palabra "administración" está asociada, en primer lugar, con lo masculino.

Sin embargo, a partir de la migración y no obstante que ellos continúen tomando decisiones importantes a distancia, las mujeres reciben toda la remesa y no sólo la parte que requieren para solventar los gastos cotidianos. Eso marca una notable diferencia respecto de su acotada disponibilidad de dinero en la etapa premigratoria e

---

[4] Dos varones dijeron que no estaban seguros de denominar a sus esposas como administradoras aun cuando ellas recibían la remesa; el único que lo negó fue Gabo.

incide en las dificultades de los hombres para controlar el uso que las mujeres hacen de las remesas, como muestro más adelante.[5] A diferencia de los esposos, la mayoría de las mujeres entrevistadas no dudó, y rápidamente expresaron que ellas eran las administradoras del dinero remesado. Pero, ¿qué significa ser "administradora"?

> Yo soy la que administro el dinero. Yo le digo lo que hace falta. Por eso me siento mal. Por eso a veces me siento como más cansada; porque él está atenido a mí. ¿Sí me entiendes? Él me manda dinero, yo lo administro y para decisiones sólo yo (Clara).

> Sí, yo administro. Luego me manda y ya me dice: tanto vas a depositar. Y yo le deposito. Porque le digo a mi mamá que de todos modos es por lo que se ha ido por allá. Es dinero que él se gana y tiene uno que respetar lo que él piense, a ver qué hace con ese dinero (Alicia).

Las respuestas de Clara y Alicia refieren a situaciones diferentes. Si bien ambas son las receptoras del dinero de sus esposos, no hay que olvidar que se puede administrar el dinero propio o el de otra persona. Aunque las dos se dicen administradoras, la diferencia en sus discursos es grande y está asociada con la forma en que perciben el dinero: como propio o como ajeno. Cuando lo que ganan los varones se interpreta como "dinero de ellos", las mujeres sólo serán administradoras de un dinero que no es suyo, mientras que cuando sucede lo contrario serán administradoras de su propio dinero o del dinero de la pareja en su conjunto. En otras palabras, no en todos los casos "administrar" significa lo mismo. Por ello considero adecuado hacer una primera distinción entre las "administradoras" y las "depositarias". La "administradora" es no sólo la que recibe el dinero, sino la que se apropia de él material y simbólica-

---

[5] La partida hacia Estados Unidos, en algunos casos, obligó a los hombres cardaleños a informar a sus mujeres acerca de la situación económica por la que atravesaban. Muchos secretos económicos fueron compartidos. Desde ese momento se puede hablar de un primer cambio en el lugar de algunas mujeres. Pasaron de estar desinformadas a estar informadas sobre la situación económica de sus cónyuges. O sea, más allá de las remesas, la ausencia del esposo ubicó a las mujeres en un espacio simbólico y material que antes básicamente controlaban los varones (Rosas, 2005).

mente; la "depositaria" lo recibe y espera autorización para emplearlo, ya que no lo siente como propio (Rosas, 2004).

Sin embargo, que la depositaria espere instrucciones del esposo para gastar o ahorrar el dinero no significa que no tome decisiones dirigidas al ámbito doméstico y al cuidado de los hijos; toma decisiones acerca de una pequeña parte del dinero remesado, como lo hacía antes de que su cónyuge migrara.

En cosas urgentes o pequeñas yo decido. Sí, porque como yo no tengo teléfono aquí, tendría yo que ir hasta allá. Y luego ya nomás le digo: le compré esto a la niña porque le hacía falta o porque se lo pidieron en el *kinder*. Ya en cosas así, cuestiones más grandes, sí ya tendría que decidir él (Lorna).

Pues, depende. Hay cosas que ella sola decide. En lo de los niños, en lo de la escuela o el gasto para comer, para comprar cosas así [ella decide], pero ya viendo lo de las fincas, yo le dije. Igual lo de la casa, yo le dije. Yo le digo y ella va haciendo [...] Veces decide ella, según lo que le pida [el albañil] que compre (Mario).

Cuando hay que sacar dinero grande, ella me dice, o yo le digo. Pero si necesita sacar para la casa o los niños, ella saca, o si es para enfermedad. Luego me dice (Beto).

Bueno, una parte se lo quedaba ella, para lo que le hiciera falta. Y otra iba al banco. Yo quería volver y tener el dinero para lo que necesitara. Otro lo fuimos poniendo en la casa vieja que compré (Emilio).

Sin embargo la noción de "administración" está más ligada a las decisiones en torno a los gastos inusuales que a los domésticos.[6] Cabe distinguir, entonces, entre las "decisiones inusuales" y las "decisiones cotidianas" relacionadas con el uso de la remesa. Las primeras casi siempre se asocian discursivamente a los varones (construcción de casas, compra de fincas o ahorros depositados en el banco, por

[6] Los "inusuales" son gastos no cotidianos, de gran envergadura, que requieren de grandes montos de capital, como la construcción de una vivienda o la adquisición de una finca. No debe entenderse que la migración inaugura los gastos inusuales, aunque en muchos casos, como en la construcción de viviendas, permite concretarlos más rápidamente.

ejemplo), las segundas a las mujeres (gastos para la manutención de los hijos o relacionados con la salud, entre otros). Precisamente los gastos inusuales son los que más preocupan y ocupan a los hombres. Ante los retrasos en las inversiones o la posibilidad de que la esposa se desvíe de lo ordenado, los varones suelen realizar advertencias o rechazan determinado gasto.[7]

Yo le dije: cuidado que no soy menso. Yo no sé leer ni escribir, pero sé bien el dinero que tengo en el banco (Emilio).

Le dije que no gastara en eso de la ropa para los niños [...] Unas veces se molesta y dice: tú quieres que todo el dinero esté, que no lo toque, pero es imposible. Y al rato tú ya la hiciste enojar, uno está de mal humor y ya te arrepentiste, ya está uno arrepentido (Beto).

Es que él ya no quiso seguir con lo de la casa. Quiso comprar la finca porque, según tenía buen precio. Entonces ya no vi al albañil (Yeni).

En las decisiones mayores parece que ellas solas no bastan, pero eso tampoco significa que los varones decidan unilateralmente. Si bien la opinión del hombre prevalece en la mayoría de los casos, las mujeres también participan y pueden surgir desacuerdos, como profundizaré en el apartado siguiente.

Aunque la distinción entre administradoras y depositarias me parece afortunada en tanto expresa la relativa autonomía de la mujer para tomar decisiones, así como el grado de control que el varón realiza, se trata de dos situaciones extremas. En la mayoría de los casos las mujeres son en primer lugar depositarias, y sólo en algunas situaciones se erigen como administradoras o toman parte, junto al hombre, de las decisiones administrativas. Cuanto más se acerque la acción de la mujer a la de la administradora, menos control habrá por parte del varón, lo cual mostraría que existe una relación de pareja relativamente equitativa en la toma de decisiones.

Considero que los elementos mostrados corroboran que aun en la distancia la opinión y las facultades decisorias del varón conservan la importancia que tenían antes de migrar. En la mayoría de

[7] Más adelante se apreciará que las mujeres también reclaman cuando los hombres no envían el dinero necesario para adelantar en los gastos inusuales.

los casos se reproduce la situación premigratoria, en la que se reconoce al varón como el principal administrador. Sin embargo, el hecho de que las mujeres inviertan en lo que los hombres ordenan o en lo que ambos quieren no significa que lo hagan exactamente como ellos desean. El principal problema que surge en la pareja tiene que ver con los retrasos en la conclusión de las inversiones.

> A mí me dicen cómo va la casa, y va lenta. Si la mujer no le mete sentido a lo que tú estés haciendo [¿de qué te sirve?], porque si tú estás sacrificándote y no te cuida o no hace nada, ¿de qué te sirve? […] Porque yo sé que con ochenta dólares que mande, setenta dólares, yo sé que en mi casa están comiendo bien (Mario).

En términos generales, y como se mostró en el capítulo anterior, la primera decisión inusual que se toma es la construcción de la vivienda. En el caso de Mario, si bien la casa se está construyendo, no se han cumplido los plazos que él preveía, porque su esposa decidió edificar otro piso antes de terminar la planta baja. En otros casos, si bien las esposas cumplen, los hombres perciben que toman para los gastos cotidianos más dinero del supuestamente necesario, lo cual afecta los adelantos en las inversiones inusuales.

Cuando surgen estos desacuerdos algunos sienten que su sacrificio no se ve recompensado ni es reconocido. Los varones adultos esperan reciprocidad por el esfuerzo que hacen; la reciprocidad consiste en que ellas cuiden el dinero que ellos ganan trabajando y que se comporten adecuadamente como madres y esposas según los cánones de género. Además, el tiempo es clave para la validación de la masculinidad. En el capítulo anterior mostré que la duración de la migración debe correlacionarse positivamente con los adelantos visibles que realizan para validarse masculina y públicamente. Así, se pone de relieve que la validación que el hombre logra frente a la comunidad u otros varones depende en gran medida del proceder de la mujer.

Las preguntas vía telefónica constituyen la forma más directa de control. Las mujeres deben informar sobre el monto que recibieron, lo que gastaron y el concepto del gasto. Más allá de los posibles ocultamientos de ellas, existe cierta actitud masculina controladora que las obliga a adecuarse a las circunstancias que la distancia impone, aun a disgusto.

Y luego dice: ¿en qué lo gastaste? Si yo te mandé tanto, y no creo que tanto lo hayas gastado en una semana [...] Ya tengo que darle explicaciones, o decirle ya enojada: ¿sabes qué?, yo puedo trabajar; tú manda tu dinero, y si yo gasto, que sea de mi dinero; o si queremos ahorrar, me pongo a trabajar y entre los dos ahorramos. Y me dice: no, porque por eso estoy yo aquí (Clara).

También se utilizan otras estrategias para conocer el proceder de las mujeres respecto de la inversión de la remesa: algunos varones exigen que periódicamente se les envíen fotografías de las viviendas que están siendo construidas a fin de examinar los adelantos y la veracidad de lo dicho por la mujer; o bien piden a terceros más información. Cuando ésta no coincide con lo que dice la cónyuge, la discusión y el conflicto son inminentes, ya que no sólo la inversión se ha retrasado, sino que la mujer ha mentido acerca de ello.[8]

En síntesis, los papeles masculinos de principal administrador y decisor no están puestos en cuestión por la acción femenina, pero se ven dificultados por la distancia que impone la migración y por la consecuente ampliación del margen de acción de las mujeres (véase Hondagneu Sotelo, 1994).

Más específicamente, los gastos cotidianos pueden magnificarse según los deseos y necesidades que las mujeres perciben, lo cual a menudo produce retrasos en las erogaciones inusuales; a la vez, ellas comienzan a tener más injerencia en los grandes gastos. En otras palabras, las cónyuges quizá estén relativamente limitadas en el tipo de gastos inusuales que deben realizar, pero cuentan con más libertad para decidir cómo hacerlo, así como para imponer algunos cambios en las decisiones de los varones.[9] Por ello, si bien es innegable que son distintos los lugares que hombres y mujeres ocupan en la jerarquía decisoria, en la práctica esa diferenciación es relativamente más flexible, cuestión que se acentúa con la llegada de la migración. Sobre esto profundizaré en el apartado siguiente.

---

[8] Las discusiones telefónicas acerca del uso del dinero son frecuentes.

[9] Zamudio Grave, en su investigación realizada en Jalisco, México, refiere que *"Men's supposed control was ameliorated through the management that women did of resources, either directly or through convincing their husbands about the best way of action. As long as there was not a frontal assault on his 'authority', women had an important say in their husbands' decisions"* (1999:187).

El control en las estrategias de vigilancia desplegadas para comprobar las acciones de las mujeres también se dificulta por los motivos citados. Sin embargo se ponen en marcha diversas estrategias de control a fin de asegurar el cumplimiento de las órdenes y el adecuado accionar de las mujeres. En tales estrategias cobran relevancia otros actores —requeridos o espontáneos— que informan al hombre sobre los adelantos que realiza la cónyuge.

Aspectos de descontrol asociados al uso del dinero

Por primera vez la mayoría de las mujeres recibe más dinero del necesario para la reproducción cotidiana, participa activamente en la concreción de inversiones y está sola, sin el hombre cerca para cuidar o fiscalizar sus acciones. Por ello algunas realizaron acciones con las cuales los varones estuvieron en desacuerdo. Considero oportuno abundar al respecto en este apartado, para mayor comprensión de las dificultades a las que se ve expuesto el mandato masculino del control sobre la mujer a partir de la migración.

Las entrevistadas coinciden en que al no estar presente el esposo se han aminorado sus tareas; hay una persona menos que atender y no tienen que ir al campo diariamente a llevarle comida al hombre, entre otras cosas. Pero también coinciden en que la salida del esposo les acarreó mayores responsabilidades, ya que debieron hacerse cargo del cuidado de los hijos, la compra de fincas, la contratación de peones, la construcción de la casa y las consecuentes compras de materiales y tratos con albañiles.

Pues tan sólo para conseguir las cosas de la casa yo sentía que no podía. Pero va uno y tiene uno que hacerse a la idea de que anda nomás, es uno, y tiene uno que poder (Yeni).

Porque como que cambiaron mucho los pensamientos míos. Le digo: yo ya no soy la misma. Ha de ser porque se queda uno con la responsabilidad o quién sabe. Como que agarré más seguridad [...] Ahora que tengo que andar con albañiles y comprar el material y todo (Lina).

Es que yo pienso que es porque en la casa nunca me dieron la libertad de hacer lo que yo quisiera. Y ahorita que se fue, como me quedé más a hacer lo que yo quiera, aunque no sean cosas malas, ¿verdad? pero que yo decida y eso. Aparte de que él siempre estaba conmigo y yo estaba muy acostumbrada a estar con él, ir a dondequiera con él. Es que yo siempre, no sé si era un trauma mío, que yo sentía que yo no servía para nada [risas] Creí que no servía para nada. Le digo: sí sirvo [risas]. Y hasta él también dice: ya ves que sí puedes (Silvana).

El uso que hacen las mujeres del dinero remesado delinea nuevas relaciones con diferentes actores, a la vez que propicia mayor movilidad en el espacio. Por eso, la potencialidad de la administración de la remesa no queda sólo en los beneficios económicos, sino que abarca muchos más aspectos que obligan a las mujeres a llevar una conducta activa. A partir de esta creciente actividad, algunas expresaron haber experimentado "mayor seguridad" en sus decisiones y haber comprendido que podían encargarse de ciertas actividades que antes recaían en el esposo.

Los movimientos y nuevas responsabilidades que adquirieron las mujeres para concretar inversiones no es lo que más los incomoda. Los incomoda que como resultado de esas nuevas responsabilidades algunas hayan acrecentado relativamente su autonomía.

Una vez ella decidió comprar una puerta para la casa, una puerta de lámina. Bonita, pero yo no quería. Le digo: ¿por qué la compraste? […] más bien yo estaba molesto porque ella sabía que no me gustaba […] Antes yo estaba allá [¡Ella] no hubiera comprado esa puerta! (Sebastián).

Ella dice que sola puede. Dice que va en el camión y carga sus compras solita. Yo le digo que se cuide, que no ande solita […] que vea en lo que gasta el dinero, porque el dinero se va y luego uno no alcanza a reponer (Emilio).

Sin embargo las decisiones que toman la mayoría de las cónyuges entrevistadas no traspasan ciertos límites; ellas mismas se autocontrolan porque cuidan su imagen pública. Se trata, más bien, de pequeños permisos que se dan sin poner en peligro su reputación ni la de sus esposos.

En sentido estricto, las mujeres cardaleñas han llevado adelante pocas iniciativas propias tras la migración de los esposos. La iniciativa femenina más extendida es la de ahorrar una parte del dinero destinado a los gastos cotidianos que ellos les envían. Si bien esta acción no es nueva entre las cardaleñas, dos entrevistadas refirieron que su nivel de ahorros aumentó, ya que disponen de más dinero; en otras palabras, aunque la migración no inaugura la práctica, puede acarrear mejoras y con ello aumentar la posibilidad de la mujer de realizar gastos mayores.

Aun así, en tres casos se excedieron las regularidades. Se trata de mujeres que —contrariando los deseos de los hombres— comenzaron a trabajar; dos de ellas incluso encararon sus propios negocios.

> Cuando estuve llevando al niño a Xalapa sí trabajé. Él me peleaba. Dice: está bien que hacen falta los centavos, pero tú te chingas bien bonito [...] Eso fue después de que se fuera. ¡Cómo se puso bravo! Me decía: ¿No puedes aprovechar ahorita que estoy yo aquí, de que te estés sentada afuera en la banca esperando al niño? (Alicia).

> Y ahora vendo dulces en la escuela. ¿Por qué? Porque ahora ya me desmandé yo [risas]. Pues sí, porque le digo: ¡Ay! Yo quiero trabajar; tú te fuiste para allá y yo no estaba de acuerdo; pues yo también, si no estás de acuerdo, yo también quiero trabajar, le digo [...] Pues a mí me hace sentir más bien, porque yo voy comprando lo que necesito. También cuando él no me manda, porque como por construir la casa, no ahorramos. Y ahí lo voy revolviendo también [...] Y también yo empecé porque me sentía muy sola aquí. Para distraerme tantito [...] Me han de haber criticado, porque han de decir: ahora que le manda ya se puso a trabajar. Pero nadie sabe los apuros que uno tiene (Lina).

> —Comencé vendiendo ropa nueva [...] Me decidí pensando en que yo sé como está la situación aquí, y pensé que Alberto iba a llegar y que no iba a tener de dónde agarrase. Entonces, para no estar gastando, empecé a trabajar el mismo dinero de Alberto, y a que se hiciera un poco más. O sea, para no estar sacando del banco; irnos manteniendo con lo de la ropa, sin tener que sacar nada del banco [...] No pues, yo lo decidí sola.[10] O sea, que él no quiere que yo trabaje, pero

---

[10] Cabe aclarar que la venta de ropa que emprendió Clara se vio interrumpida por las pocas ganancias que obtenía y por las dificultades para alternar su labor con el cuidado de su hijo; por eso ahora está buscando trabajo.

yo sí quiero trabajar para salir de acá, estoy muy encerrada ¡y es una aburrición! [...] Le pedí a un amigo, él es de Xalapa, que me consiga un trabajo sábado y domingo.

—¿Y tu esposo sabe que le pediste a ese amigo?

—No sabe [...] No le he dicho. Es más, ni pensaba yo decirle, pero como me dijo mi amigo: tienes que decirle. Porque como él me habla sábado o domingo, y son los días que yo voy a trabajar, yo le tendría que decir que me hablara ya en la noche.

—¿Y no te preocupa que, si tú trabajas, él te deje de mandar dinero?

—Lo que he pensado que me va a decir es: entonces, ¿qué estoy haciendo yo acá? Si tú quieres trabajar, pues yo me voy ¡y tú me mantienes a mí! O sea, decírmelo enojado, molesto. O decirme: ¿sabes qué?, yo no quiero que trabajes, porque si trabajas ya no te voy a mandar dinero.

—¿Y tú qué harías?

—Pues yo le diría: pues no me mandes nada, yo trabajo. O sea, me pondría yo en ese plan. Porque yo sé que me lo va a decir para amenazarme. Pero yo sé que sí me va a seguir mandando, porque yo le voy a decir: si nada más voy a trabajar dos días, no me va a alcanzar, ¿y entonces? ¿y nuestro hijo? (diálogo entre Clara y la entrevistadora).

Como referí anteriormente, los varones interrogan a las mujeres y les exigen explicaciones acerca del uso del dinero; sin embargo, algunas han comenzado a trabajar o están procurando hacerlo. Los hombres no comprenden por qué sus cónyuges trabajan "ahora" que ellos están enviando dinero desde Estados Unidos. Ciertamente parece una actitud contradictoria, ¿Por qué la mujer saldría a trabajar justamente cuando la situación económica ha mejorado? ¿No deberían estar más tranquilas, sin apremios económicos, "disfrutando" del dinero que los esposos les envían?

Estas mujeres justifican su trabajo, en primera instancia, por la necesidad de ahorrar más, procurarse bienestar cuando la remesa tarda en llegar o ante un eventual retorno del esposo. Además, argumentan que ellas también pueden trabajar, ganar su dinero y disponer de él como crean conveniente, sin rendir explicaciones. Es decir, junto a la cuestión económica aparece, asociado, el reconocimiento de su capacidad laboral. Esta vindicación cuestiona la división sexual del trabajo delimitada por las construcciones de la masculinidad y de la feminidad en El Cardal. Y, si bien en el capítulo anterior mostré que en la premigración se daban algunos desajustes prácticos relativos a la división sexual del trabajo, con la ausencia del esposo las posibilidades de la mujer se amplían.

"Ahora ya me desmandé yo", expresa Lina. "Desmandarse" significa sacarse un mandato de encima; quitarse el mandato del esposo que impedía trabajar por dinero. Difícilmente estas mujeres se hubieran insertado en el mercado laboral, aunque fuese temporalmente, si sus esposos hubieran permanecido en El Cardal. Antes tenían tanta o más necesidad económica pero, con excepción de Clara, se quedaban en el ámbito doméstico. Entonces, el trabajo extradoméstico que algunas cónyuges emprendieron pese a que su economía había mejorado se explica, en gran parte, porque los cónyuges estaban lejos. Más allá del control que ellos puedan ejercer por teléfono o valiéndose de otros actores, están lejos; lejos para regañarlas, para impedirles su labor y para vigilar los horarios.

Las "desmandadas" no sólo piensan su trabajo como una fuente de ingresos, sino también como pasatiempo que las saca del tedio cotidiano del pueblo y de la larga espera. Considero que estas mujeres difícilmente expondrían ante sus paisanos tal justificación, porque es poco legítima desde el punto de vista de la feminidad (ya que se supone que deben estar abocadas al trabajo doméstico y cuidado de los hijos). Reconocen que el trabajo es un pasatiempo ante mí, alguien externo a la comunidad que no las juzgará.[11]

Este tipo de conductas deriva en conflictos en el interior de las parejas (véase Goldring, 1996). Estas mujeres parecen desafiar varios mandatos masculinos y utilizar algunas de las estrategias de la masculinidad. Por un lado, si bien no ponen en cuestión el papel de los hombres como principales proveedores, pueden afectar la imagen pública de ellos, ya que su trabajo podría percibirse como señal de un mal desempeño económico del esposo. Por otro lado, pueden poner en cuestión la justificación de la migración del varón; ya se mostró que algunos esposos reaccionan ante el trabajo de la mujer preguntando para qué están ellos en Estados Unidos. Además, ellas ponen en entredicho el propio mandato del control, ya que su tra-

---

[11] En el caso de Lina su decisión de trabajar encuentra sentido, además, en una especie de desafío frente a su esposo: "¿si él hizo algo que yo no quería [migrar], por qué no puedo hacer yo algo que él no quiera [trabajar]?" En ese sentido, el propio "desmande" de Mario justifica el de Lina, como si se tratara de una revancha.

bajo extradoméstico evidencia —públicamente— que los esposos no las limitan o no las pueden limitar, máxime si ellas no habían trabajado por dinero cuando ellos estaban presentes. A su vez, ellas mismas se exponen a las críticas de la comunidad. En varias entrevistas se mencionaron irónicamente las supuestas "libertades" que se dan algunas esposas cuando los hombres se van a Estados Unidos. Las preguntas acerca de por qué salen a trabajar cuando llega la remesa no sólo las formulan los cónyuges, sino muchos de los vecinos.[12] Así, ellas también cuestionan públicamente lo que socialmente se espera de una mujer unida que, supuestamente, está siendo bien proveída.[13]

Cuando las mujeres se autohabilitan para trabajar y a ganar su propio dinero están ejerciendo mayor autonomía de decisión y acción, característica que principalmente se adjudica a la masculinidad. Además, en los reiterados "yo también puedo trabajar" las mujeres se sumergen en el procedimiento de la competencia. Y aquí la competencia no la entablan con las de su mismo sexo, sino con los hombres, sus esposos.[14] No compiten materialmente, como

---

[12] Cuando pregunté a los entrevistados acerca de los elementos negativos asociados a la migración, casi todos mencionaron la posibilidad de que la mujer "tome por el mal camino". Dicha posibilidad se refiere, básicamente, a dos cuestiones: que puedan malgastar la remesa o que al "sentirse más libres" puedan ser infieles. Sobre esto último profundizaré en el apartado siguiente.

[13] Clara es la que ha llegado más lejos en el desafío a lo socialmente esperado. Es la única cónyuge que decidió invertir gran parte del dinero remesado en un emprendimiento propio (venta de ropa). No sólo eso, sino que aprendió a conducir un automóvil para tener mayor movilidad y posibilidades de vender en las comunidades vecinas. En El Cardal la venta de ropa es una actividad frecuente entre varones y mujeres. La diferencia entre los sexos estriba en que los hombres realizan la venta ambulante, de pueblo en pueblo, mientras que las mujeres venden en sus casas. En ocasiones el trabajo se combina de manera que los hombres salen a vender con sus camionetas y las cónyuges atienden a los clientes en su hogar. El emprendimiento de Clara, pese a su corta duración, fue sumamente novedoso, ya que no sólo se insertó en un tipo de trabajo que generalmente realizan los hombres, sino que adquirió una movilidad espacial comúnmente vedada a las mujeres (véase Zamudio Grave, 1999). Además, muy pocas cardaleñas conducen automóviles. La presencia del esposo y la concepción del automóvil como algo masculino hace que pocas se planteen la posibilidad de conducir.

[14] En el último apartado me referiré a las competencias que suelen entablarse entre las mujeres.

sucede entre los varones, sino que lo hacen desafiando la concepción del cónyuge acerca de la forma en que, como esposas, "deben" proceder.

Por otra parte, pueden obtener beneficios con sólo mencionarle a los hombres que tienen intenciones de trabajar. Trabajar, o "amenazar" con hacerlo, también pueden ser formas de librarse de los controles masculinos, ya que si ellas contaran con su propio dinero se reducirían las explicaciones que tendrían que dar sobre sus gastos; quizás ellos dejen de interrogarlas, al menos temporalmente, a fin de evitar que busquen trabajo. Es decir, ellas saben qué es importante para los hombres y pueden utilizarlo en su beneficio.[15] "Cada vez que se da una justificación pública de la desigualdad se descubre una especie de simbólico talón de Aquiles, donde los dominadores son particularmente vulnerables" (Scott, 2000:133). En otras palabras, si para un hombre puede ser motivo de crítica pública que su mujer trabaje fuera del hogar, al "amenazarlo" con esa posibilidad ella está actuando sobre un aspecto vulnerable de la dominación masculina.

No obstante, su autonomía tiene límites porque el hombre podría dejar de enviarles dinero al sentirse ofendido. Pero aunque ellos se refieren a la posibilidad de dejar de enviar la remesa, las mujeres estiman que no lo harán porque los hijos no estarán bien atendidos con su solo trabajo. Además, al no enviar dinero perjudicarían la validación masculina ganada a través de la inversión en bienes visibles. De esta manera, los varones también se ven limitados por el bienestar de los hijos y porque procuran legitimarse públicamente como proveedores.

Estas consideraciones no deben entenderse, equivocadamente, como una "guerra" entre los sexos que atenta contra las construcciones de género y contra la estabilidad de las parejas. No hay enfrentamientos constantes,[16] sino el afán de flexibilizar —en el caso de algunas mujeres— o reforzar —en el de los varones— las prác-

---

[15] Sin que ello suponga necesariamente la existencia de estrategias conscientes o racionalizadas.

[16] Así como en la pareja no hay una armonía perfecta, tampoco se trata de un campo de batalla. En términos similares a los que Zamudio Grave (1999) refiere acerca de las relaciones en los hogares en Huejuquilla, Jalisco, se trata de una arena de colaboración y tensión simultáneas.

ticas asignadas a la feminidad y a la masculinidad. La migración ocupa un papel relevante en la flexibilización y el reforzamiento: sin la ausencia del esposo, lo primero hubiera sido muy difícil de practicar, mientras que para lo segundo no se requerirían tantos esfuerzos.

En síntesis, en el apartado anterior concluí que si bien los varones controlan el uso de las remesas, encuentran dificultades porque las mujeres no siempre realizan los gastos inusuales como ellos esperan. En este apartado brindé más elementos que sustentan dicha conclusión al presentar otras actividades o emprendimientos femeninos que los hombres no autorizan. Las mujeres, en distintos grados, se dan permisos para nuevas actividades y para mostrar sentimientos que antes les estaban vedados; ellas tampoco permanecen impasibles ante las nuevas circunstancias que impone la migración (Oehmichen Bazán, 2000; Szasz, 1999).[17]

De esta manera, los varones no sólo se preocupan por la marcha de las inversiones inusuales, sino por otros aspectos asociados

---

[17] Los efectos de la migración sobre la autonomía de la mujer tras la ausencia del cónyuge han sido abordados por diferentes especialistas. Se ha encontrado que en muchos casos la mujer se convierte en administradora del patrimonio familiar y, cuando la remesa no llega o está destinada a bienes durables, en generadora de ingresos. Aunque en ocasiones fungen como representantes de sus esposos, quienes a la distancia ordenan y toman decisiones, en otras se ha constatado que la ausencia del hombre puede posibilitar avances en la autonomía femenina, particularmente cuando la mujer comienza a tener injerencia en las decisiones económicas (Rosas, 2005b; Ariza, 2000; Oehmichen Bazán, 2000; Szasz, 1999; Zamudio, 1999; Hondagneu Sotelo, 1994; Hugo, 1991; Mummert, 1988). Algunos estudiosos insisten en las libertades obtenidas: "las mujeres casadas que se quedan ganan libertad de movimientos cuando sus maridos se van. *Adiós a la calle,* es la frase con la que reaccionó una de las informantes al enterarse del regreso inminente de su esposo" (Rodríguez y De Keijzer, 2002:233). Sin embargo otras investigaciones muestran que la mujer no siempre logra establecer estas relaciones, y que su vida social puede verse controlada o anulada por el esposo a la distancia o por la familia política (Hondagneu Sotelo, 1994; Melhuus, 1990). Las diferencias encontradas pueden explicarse, en parte, por las características del contexto estudiado (rural-urbano, indígena-no indígena, etc.). Sin embargo, en el mismo contexto también se ha puesto de relieve la existencia de situaciones disímiles (Zamudio Grave, 1999; Rosas, 2004). Aspectos como la etapa del ciclo vital del hogar, la propia dinámica de pareja y la historia personal de cada uno de sus miembros, la antigüedad de la migración y las expectativas diferenciales que se van creando a lo largo del proceso migratorio, dificultan las generalizaciones acerca de las consecuencias de la migración sobre la autonomía femenina.

que escapan de su control, como la aparición de gestos que sugieren mayor autonomía femenina en la toma de decisiones, la mayor libertad de movimiento, la capacidad para realizar un trabajo extradoméstico, y los emprendimientos propios de las mujeres.[18] La remesa que envía el varón cobra importancia en las nuevas actitudes de algunas mujeres, ya sea porque requiere de una participación activa para ser invertida, o porque opera como base económica para los emprendimientos. Pero la disponibilidad de dinero no explica por sí sola las nuevas actitudes; también la ausencia del esposo permite su emergencia (véase Marroni, 2000). En otras palabras, si se tiene dinero pero el esposo está cerca para controlarlo, o si el esposo está lejos pero no se tiene dinero, las posibilidades de cambio no parecen ser tan importantes. Considero que la ecuación formada por "dinero disponible" más "ausencia del esposo" crea un escenario propicio para que aparezcan pequeños o grandes "desmandes" femeninos.

Sin embargo, como ya he mencionado, son limitados los gestos de autonomía y los desafíos al mandato masculino de control. Ahora bien, que sean limitados no significa que sean poco importantes. La importancia de los gestos que sugieren procesos de autonomía femenina debe considerarse de forma relativa y contextualizada en el marco de las construcciones de género que operan en cada sociedad.

Para Karen Oppenheim Mason (1995) la autonomía de las mujeres constituye un aspecto del poder, que se refiere a la libertad de la mujer para actuar como ella quiera, más que como otras hubieran actuado. Sin embargo, según dice Cecilia Tacoli (1999), aun cuando la distancia espacial y la independencia financiera puedan ser estratégicamente usadas para resistir ciertas "obligaciones" de género, la negociación de las normativas de género pocas veces traspasa los límites de lo socialmente aceptable y de las ideologías de género de

---

[18] Mummert (1992) observa en su estudio realizado en una comunidad de Michoacán, México, que los hombres intentaron retener a sus esposas en el ámbito doméstico. Pero las mujeres alcanzaron con el tiempo más participación en las decisiones familiares. Algunos varones interpretan esta situación como falta de respeto. También en comunidades michoacanas Margarita Zárate Vidal (2000), al igual que Mummert (1992), encuentra que la ausencia del esposo posibilita la realización de deseos y prácticas femeninos que antes estaban limitados.

una sociedad. Puede comprenderse, así, que los cambios en las actitudes de las mujeres difícilmente sean espectaculares, precisamente porque se dan en el marco de un sistema de género que impone límites y castigos precisos y rigurosos. En este marco debe ser evaluada la importancia de los gestos de autonomía femenina detallados en esta investigación. Actos que por sí mismos podrían considerarse pequeños o limitados (vender dulces, conducir un carro o viajar sola a Xalapa), bien pueden ser concebidos como importantes expresiones de incipientes procesos de autonomía cuando se los comprende en el contexto de los grandes condicionamientos que operan sobre las mujeres.

El análisis de la dinámica de las remesas desde una perspectiva de género conforma un campo que se encuentra en una etapa embrionaria (Martínez Pizarro, 2006; Orozco, 2006; Rosas, 2004 y 2005b). Lo presentado aquí constituye un aporte a dicho campo al mostrar algunas de las experiencias subjetivas de las cónyuges receptoras de remesas y de los varones adultos emisores.

El fantasma de la infidelidad femenina

Más allá de los desacuerdos que aparecen a raíz del uso de la remesa o de las actividades económicas femeninas, uno de los aspectos que ocasionan más angustia a unos y a otras es la posibilidad de que les sean infieles. Ésta es la primera vez que la mayoría se separa de su cónyuge por tanto tiempo. Pero no sólo se están separando físicamente; cada uno está perdiendo la posibilidad de estar al tanto del tipo de vida que el otro lleva a la distancia.

La virilidad de un hombre, expresada en su desempeño sexual, está ampliamente relacionada con el control de la capacidad de procrear de las mujeres. Para asegurarse un control efectivo sobre la reproducción, es necesario actuar sobre la sexualidad. Para De Barbieri (1992) controlar la reproducción de manera que los varones puedan reclamar derechos sobre el producto de las mujeres, requiere regular el acceso al cuerpo femenino (saber que ese hijo es mío). Y para eso hay que crear mecanismos que aseguren la exclusividad.

Los migrantes adultos esperan, en todos los casos, que su cónyuge les observe fidelidad.

Si es casada, respetar a su marido. En todo respetarlo. Uno está por allá y respetar aquí. Hacerse respetar ella, eso es lo que tiene que hacer [...] Algunas sí valoran mucho el trabajo de uno (Emilio).

Los otros ya eran más grandes y nomás iban platicando. Uno se acababa de casar y dejó a su esposa [Le decían:] ¡No cabrón!, ¡te casas y la dejas! ¡No!, vas a ver cuando llegues, ahí otro va a estar ahí. Y así platican. Y por el relajillo el chavo se iba con nosotros (Hugo).

La fidelidad forma parte del respeto que una mujer debe observar a su cónyuge. Las críticas que una mujer unida recibe por su conducta acarrean críticas al hombre (De Barbieri, 1992), por lo que se considera que es uno de los aspectos de la masculinidad más sensibles; uno de los talones de Aquiles que comúnmente utilizan los varones para bromear y rebajar a otros. Como tal, el tratamiento del tema les incomoda profundamente.[19]

No, ése es un tema que malamente. Porque yo soy muy celoso y siempre ando preguntando, ando preguntando. Es que si ella se diera a hacer eso, yo no sé qué hago (Gabo).

El trabajo te hace quitar todo el tiempo de malos pensamientos. Y de pensar allá y también no cavilar acá [...] [Si me engaña], ¿para qué sirvió todo el sacrificio? Vea, yo voy a regresar para atrás bien decepcionado. ¿Se imagina? ¿Para qué? Entonces sí, ya haría mi vida, venirme o no sé. ¿Quién sabe? No quiero pensar esa cosa (Beto).

Las reflexiones acerca del tema fueron acotadas y acompañadas con gestos de pudor e irritación. En la mayoría de los casos se evitó decir palabras específicas como infidelidad o engaño. "No sé qué hago" es una respuesta que podría generalizarse entre los adultos ante la posible infidelidad de la mujer.

Por otra parte, es interesante que las alusiones a la fidelidad femenina aparezcan asociadas al trabajo masculino. En primer lugar se expresa que el trabajo del hombre carecería de sentido si la cónyuge fuera infiel; el esfuerzo y el sacrificio valen porque hay una

---

[19] Mi condición de mujer debe haber influido en el pudor que algunos varones mostraron ante temas relacionados con el ejercicio de la sexualidad.

esposa que respeta y se hace respetar. En segundo lugar se menciona que el trabajo masculino funciona como la principal "distracción" que evita pensar demasiado en la posible infidelidad de la mujer.[20] Dicha asociación emana de uno de los principales pactos implícitos de la pareja: el buen desempeño económico del varón y la impecabilidad moral de la mujer (véase Melhuus, 1990).

Ahora bien, aun cuando la migración no inaugura el control de la sexualidad femenina ni las estrategias para asegurar su exclusividad, sí exacerba la desconfianza e impone mayores dificultades para establecer mecanismos de verificación. Si bien durante el trabajo de campo no documenté alguna situación de infidelidad femenina entre las cónyuges de migrantes, los hombres se mostraron muy preocupados.

> ¿Sabes lo que pasa con él? Digo, yo me estoy poniendo más vieja, entre más tiempo más vieja, más fea y más todo. Y le digo, también a mi suegra le digo, porque también a ella le he dicho de que él no era celoso y ahorita me cela. Luego le digo que fui a alguna parte y me dice: no hubieras ido, ahí te hubieras estado […] A mí que no me salga ahorita con cositas. Porque ahorita ya está uno en una edad que si antes no lo hizo uno, y tiene uno los hijos (Alicia).

> Él les pregunta a mis suegros y a los hermanos qué hago, a dónde voy, él sabe todo. Y yo no sé por qué. Siempre he sido buena […] Él siempre ha sido muy celoso, y ahora pregunta y pregunta (Lorna).

Comportarse "apropiadamente" y haberlo hecho siempre, no garantiza la confianza de los esposos. La mayoría de las mujeres manifestó sentirse acosadas por las estrategias de control desplegadas por los hombres a la distancia. El llamado telefónico inesperado es la estrategia directa más utilizada.

> —¿Y si llama y no te encuentra, qué sucede?
> —Se enoja. Como ahorita que me habló antier en la tarde. A veces me habla hasta dos veces al día, o tres (diálogo entre Cora y la entrevistadora).

---

[20] Harvey Deutschendorf (1996) menciona que el trabajo puede operar como medio de escape ante los pensamientos y emociones que ponen incómodos o hacen sufrir a los hombres y sobre los cuales no tienen control.

La llamada telefónica no sólo sirve para interrogar a la mujer acerca de la inversión de la remesa, también acerca de sus movimientos. Que la mujer no esté disponible para atender la llamada es, por sí misma, una señal de que está fuera de la casa. Ellas saben que deben estar disponibles cuando el hombre telefonea, por lo cual tratan siempre de prever cuándo llamarán: si el domingo pasado no llamó, lo hará este fin de semana; si mandó dinero ayer, pasado mañana llamará para saber si lo pude cobrar; si le dije que su hijo tenía fiebre, llamará mañana. De acuerdo con las previsiones planearán el momento oportuno para visitar a la amiga, ir a un cumpleaños o viajar de compras a Xalapa. Es decir, el llamado, además de la importancia afectiva que contiene, constituye el examen periódico que deben aprobar lo mejor posible para evitar preguntas o la aparición de sospechas.

Pero los hombres no se conforman con lo que las mujeres les dicen directamente. Las noticias van más rápido de El Cardal a Chicago que en el sentido contrario; los varones cuentan con más canales de información porque hay más actores que pueden intervenir como informantes.[21] Así, los varones se ponen al corriente acerca de la conducta de las cónyuges y les advierten sobre las consecuencias de que no se conduzcan fielmente.

A veces pienso: ¿Qué no andará mucho tiempo?, ¿no andará con alguien o eso? [...] Que le digo: cuídate allá porque si me entero que me engañas. Cuídate allá, porque uno por acá y para que nomás llegue haber algo y que yo llegue a saber algo o que descubra algo, pues va a estar cabrón (Beto).

Él, cada vez que me habla, siempre que acabamos de hablar me dice: cuídate, porque yo con mi puto orgullo que tengo, dice, te quito a mis hijos y no sé qué cosa hago. Le digo: si yo siempre te he respetado y yo quiero a mis hijos. Le digo: Que si voy a estar perdiendo a mis

---

[21] En contextos migratorios de mayor antigüedad se ha documentado que las mujeres que permanecen en el lugar de origen tienen más posibilidades de recibir información acerca de la conducta de sus esposos, ya que más paisanos se encuentran en los lugares de destino y pueden operar como informadores. Tal es el caso de la migración jalisciense (del municipio de Huejuquilla) que fue analizada por Zamudio Grave (1999) y de la poblana (de San Mario Acuexcomac) que visitó Antonella Faguetti (2000), entre otras.

hijos por hacer pendejadas.[22] Y dice: es que acá hablan cada cosa de
cada mujer […] Y él vino y él dice: yo también investigué, que esto y lo
otro. Le digo: pero no tienes por qué andar investigando ni nada; yo
te doy a saber todo (Alicia).

A veces él me decía: vete a ver a tu familia. Pero yo sé que me lo decía en
juego. Porque siempre ha sido muy celoso y no le gustaba que yo anduviera solita. A mi casa siempre cada quince días, y no está lejos. Ahorita voy seguido porque estoy solita y no me puede decir nada. A veces le
pregunta a la niña si hemos salido, pero como [él] está lejos no le hago
caso [risas] (Lorna).

En algunos casos las advertencias acerca de las consecuencias
de los engaños suenan amenazantes. Cuanto más temor sientan los
hombres —en este caso el temor de ser engañados— más necesita-
rán ejercer el poder —en la versión negativa— que les confiere su
posición dominante en el sistema de género (véase Kaufman, 1997).
Mencionar la posibilidad de quitarle a la mujer los hijos es un recurso utilizado por algunos para exigir la sumisión. El recurso a los hijos no es fortuito, pues se trata del mayor afecto de ellas, el lugar
más vulnerable de la feminidad. Así como las mujeres "atacan" las
zonas vulnerables del hombre (la prohibición del trabajo femenino,
por ejemplo), algunos de los varones también hacen uso de lo que
es más querido por ellas. Sin embargo, la situación dominante de
los varones en las relaciones de género les permite mayor radicali-
dad discursiva; asimismo los efectos del potencial castigo son mayores que los que pueden esgrimir las mujeres.[23]

Pero el lugar dominante no sólo les confiere este tipo de atribu-
ciones, sino que les demanda actualizarse constantemente; por eso
las advertencias no siempre se quedan en las palabras.

La dominación no persiste por su propia inercia. Sostenerla requiere de constantes esfuerzos de consolidación, perpetuación y adaptación. Buena parte del trabajo de sometimiento consiste en simbolizar

---

[22] Pendejadas: tonterías.
[23] Los "ataques" que las cardaleñas hacen a los lugares vulnerables de los hombres, en términos generales no pueden ser considerados castigos hacia sus cónyuges.
Se trata, más bien, de intentos por mejorar su propia situación antes que de dañar
la del otro.

la dominación con manifestaciones y demostraciones de poder, para reforzar el orden jerárquico (Scott, 2000:71).

El regreso al rancho puede ser la oportunidad para verificar la conducta de la mujer y, además, para evaluar si las advertencias dieron los resultados esperados. Entre los pocos hombres que han regresado a El Cardal, Beto sobresale por su radicalismo. Otros entrevistados, aunque menos radicales en su discurso, también manifestaron que habían averiguado acerca de la vida que llevaron sus esposas durante sus ausencias. Con tales averiguaciones los varones hacen pública su preocupación por las acciones de la mujer. En esa demostración pública interpreto dos propósitos que dan lugar a la actualización del lugar masculino en el mandato del control, adaptándolo a las circunstancias migratorias.

En primer lugar se actúa como dominante frente a la mujer haciéndole ver que se es consecuente con lo dicho y, por lo tanto, que así será si ella no cumple; además, se le demuestra que se cuenta con canales de información. Si con tales acciones se logra que la mujer confirme, una vez más, el dominio del varón y se conduzca en consecuencia, puede suponerse que eso mismo contribuirá a la realización de los deseos masculinos.

En segundo lugar se actúa el papel de "hombre guardián y alerta" frente a otros miembros de la comunidad. En ello se advierte la intención de difundir que, a pesar de haber estado ausente, su lugar de cónyuge no ha perdido vigencia, alejando a posibles contendientes. Además puede suponerse que es también una forma de demostrar que no se desconoce la posibilidad de ser engañado; de manera que si la mujer efectivamente fuera infiel, las palabras del varón difundidas en la comunidad habrían expresado una profecía que finalmente se cumpliría y, aunque engañado, al menos le cabría la calificación de "profeta".

Para la misma dinámica de inversión de las remesas, impuesta en gran parte por los hombres, se requiere mayor movilidad femenina. Esa mayor movilidad, que en algunos casos se asocia a la aparición de mayor autonomía en las mujeres, acrecienta la preocupación de los hombres por la infidelidad. Se trata, en suma, de una concatenación de situaciones y eventos difíciles de controlar; en cierta medida ellos son "víctimas" de las propias condiciones que generan al migrar. Pero no sólo la "real" fidelidad femenina es importante para el hombre, sino su apariencia.

[Lo peor que podría sucederme es] que calumniaran a mi esposa. Sí. De mí no me importa [que hablaran mal] porque yo sé cómo estoy [...] Yo creo mucho en la sinceridad y en el amor que Ana siente por mí. Luego tengo sueños que en los cuales sueño que está con otro. Y a veces me pone triste y amanecí una vez llorando, porque soñé que me estaba traicionando. Y luego le hablo a ella: ¿sabes qué?, tuve un sueño malo, ¡por favor Ana!, no le des motivo a la gente de que hable de ti, ¡por favor! Tú hazme cualquier [cosa] o peléate conmigo, pero nunca [me engañes]. Ahí sí, me darías en mi orgullo, fíjate. Ése es el orgullo que yo tengo, de Ana (Silvio).

Más allá de la concreción de la infidelidad, las habladurías pueden dañar tanto la masculinidad como la feminidad: ambas requieren un gran cuidado de las apariencias. Así como los hombres deben actuar en el ámbito público su lugar de controladores, las mujeres tienen que actuar su buen comportamiento y su papel de controladas.

La gente aquí, aquí en mi rancho, como yo le digo a Gabo, aquí no somos libres. Somos libres aparentemente, pero aquí la gente te cuida. O sea, tú, porque la gente no hable de ti o porque la gente no piense mal, siempre andas bien derechita (Lorna).

Pero controlar las habladurías puede ser más difícil que controlar las acciones de la cónyuge.

También las mujeres sufren aquí habladas de la gente y muchas cosas. Porque aquí en El Cardal hay muy buena gente, pero también es muy chismosa. Una cosita la platica usted ahorita y allá la platicaron ya más grande y el otro platica más y ya al último ya no sabe ni qué. Y hay gente que toma aguardiente y luego ve pasar las mujeres [y dice]: ya estuve con ella. Nada más por quedar bien con la gente y hacerlas reír. Eso es lo que hacen. En una cantina así lo hay; hablan cosas que no son y ya después les reclaman y dicen que no y que, dispénsame; se hacen para atrás [Diego].

En ocasiones las cónyuges de migrantes han sido víctimas de las habladurías de otros hombres que exageran sus propias capacidades de seducción y virilidad. El alcohol se menciona en forma recurrente como el ingrediente clave en este tipo de situaciones. Por él los hombres "sueltan la lengua", y por él también pueden justificar sus exabruptos. Pero no sólo los varones son generadores de "chismes". También hay mujeres que infunden sospechas.

> Y, entonces, como mi hijo se me enfermaba, el señor siempre estaba al pendiente de él o venía. Haz de cuenta que a mi hijo lo veía como su hijo. Y, entonces, nosotros [teníamos] una amistad. Pero, se confundió esta señora [...] A mí nomás me ofendió pero no me dijo con quién. Y a la señora con la que fui a demandar, a ella sí le dijo quién era y que salía él de aquí, o sea, de esta casa [...] Aparte de eso, fue a casa de mi suegra. Donde que yo llegaba y me veían con odio. Han de decir: bueno, mi hijo se fue y está sufriendo y ya ella viene aquí, a andar de loca, ¿no? Yo le digo a Alberto, yo para tu familia soy peor que una puta (Clara).

El problema de Clara se originó por un "malentendido" cuando una vecina vio entrar y salir frecuentemente de su casa a un hombre. Esto muestra la gran vigilancia a la cual están expuestas las cónyuges de migrantes. La vigilancia no se ejerce, necesariamente, con una mirada dirigida constantemente sobre ellas; es común que las cónyuges no dejen entrar hombres a su casa porque cualquiera puede comenzar a difamarlas al ver, circunstancialmente, a un varón ingresando. Muchas son las que instruyen a sus hijos para que se acerquen de inmediato cuando un hombre se dirige a la casa; todas las precauciones son buenas para ahuyentar los comentarios.

Cuando la sospechosa de infidelidad es la mujer, no sólo el hombre se consterna; ellas consideran que cualquier comentario de este tipo perjudica su reputación. La opinión de la familia política y la influencia de ésta sobre el esposo es motivo de especial preocupación. El caso de Clara ilustra que para la familia política, la nuera difamada pone en ridículo al hombre, a la vez que no está cumpliendo con su parte del trato implícito: la fidelidad de la mujer a cambio del trabajo del varón. Nuevamente aparece en los discursos el equivalente fidelidad-trabajo. El "sufrimiento" y el "esfuerzo" masculinos no se recompensan con una conducta "de puta".

Ellos, al hablar con mi esposo, le comentan eso, y él no lo creyó, o sea, hasta ahorita él no cree, porque tiene eso como un año. Como un año que empecé con problemas tan fuertes que yo pensé que él se iba a venir. Ellos le dicen una cosa, yo se la niego. Porque, no es cierto. Y así estábamos. O sea, que yo lloraba con él. Allá se quejaban con él. O sea que él también ya estaba. Dice: es que yo ya estoy hasta la madre,[24] dice, es que yo si tan sólo estuviera allá. Entonces, yo pensé que sí se va a venir. Con todo lo que le han dicho y con todo lo que él sabe, se va a venir (Clara).

Las calumnias dirigidas a Clara pusieron en alerta a su esposo, quien se enteró de ellas vía telefónica. En la expresión del cónyuge: "si tan sólo estuviera allá" se transparenta la impotencia, dada la lejanía. Más allá de lo que él hubiera podido hacer al estar presente (quizás, enfrentarse con el supuesto amante), esas palabras no hacen más que mostrar algo obvio: la distancia impide la participación activa de los hombres en el manejo y control de estas situaciones.

La impotencia de los varones no sólo surge ante rumores que sugieren un ejercicio sexual activo de su cónyuge, sino cuando otros hombres atentan contra la "virtud" de sus mujeres. Tal es el caso de Alicia: un hombre ingresó a su casa y, si bien no la forzó, trató de convencerla de tener relaciones sexuales. En esos casos la distancia que impone la migración no sólo dificulta el control, sino también el cuidado de la mujer. Aun cuando los varones están muy preocupados por cuidar su orgullo viril, hay que resaltar que las actitudes preventivas y las averiguaciones también pueden estar orientadas por la procuración de cuidado.

Y ahí está, hable y hable. ¿Será para saber si estoy aquí o será porque de verás sienta algo por uno o ¿Quién sabe? (Cora).

Yo me sentí bien de que su mamá se viniera a la casita de atrás [...] Era para que en las noches, por algo que vinieran a tocarme a mi puerta. No porque me vigilara por celoso, sino para que su mamá estuviera al pendiente de nosotros (Silvana).

---

[24] Estoy hasta la madre: estoy harto.

Por ello son tan importantes las intervenciones de otros actores para ahuyentar o poner en su lugar a algún hombre que intente propasarse con una mujer sola.

A veces siento que hace falta que ya estén aquí, que se vinieran ya. Digo, si van a estar otro tiempo, que se estén. Pero si se vienen y después quieren irse otra vez, pues ya hablamos: si te vas a ir, ahí están sus mujeres, háganse cargo ustedes. Sí, digo. Ya dos años de estar de esclavo ahí. Estoy como esclavo. Nomás salgo de trabajar y pun para allá. Aquí hay veces que tiene uno que estar pendiente de su casa, pues no falta quien se arrime borracho y les falte al respeto. Y así ya no. Ya saben que estoy ahí (Diego).

Cuando se trata de hacer frente a posibles agresores o difamadores de las mujeres, comúnmente son otros hombres los encargados de hacerlo; en general son los padres de las cónyuges quienes cumplen esta misión, enfrentando al agresor o hablador, pidiéndole que dé explicaciones y defendiendo a la hija. En los dos casos en que los padres han tenido que interceder, fue el migrante quien pidió expresamente por teléfono dicha intervención.

Sin embargo, así como otros actores son importantes para el cuidado de la mujer, también lo son para el control.

Él me dice: yo confío en ti. Yo te dejé con tu papá y desde el momento en que yo te dejé con tu papá es porque yo tengo confianza primero en ti y en tu papá. Porque yo sé que tu papá no va a permitir algo así (Ana).

A mí me dicen mis hermanos, cómo va ella. Ahorita no me han dicho nada. O sea, ella anda bien. Ella anda bien, con la niña, en la casa. Sale, sí, pero no mucho. Eso me dicen (Gabo).

Estos actores asumen un gran compromiso y hacen todo lo posible por cumplirlo a cabalidad. En el caso de los familiares del migrante, se trata principalmente de cuidar el honor del mismo y no dejar que su esfuerzo sea burlado; en el caso de los padres de las cónyuges, interpreto que su accionar está menos relacionado con la reputación del yerno y más inclinado a asegurar el bienestar y la reputación de sus hijas, así como su propia reputación. Faltarles a los yernos al ser incapaces de controlar la conducta de las hijas, sería un fracaso propio como hombres. Y no sólo eso: posiblemente sería el padre quien tendría que responsabilizarse y mantener económicamente a la hija en caso de que fuera abandonada. Entonces, los suegros tienen mucho que perder si no satisfacen las expectativas de los yernos.[25]

En síntesis, la dificultad de supervisar personalmente la conducta sexual de la esposa y la posibilidad de que otros se aprovechen de su condición de mujer sola, dan lugar a sentimientos de impotencia y susceptibilidades que difícilmente alcanzarían, en otras circunstancias, la magnificación que adquieren con la migración.

Ante la posibilidad de ser engañados o de que las mujeres den lugar a tal conjetura, los hombres advierten y averiguan personalmente o por vía telefónica; lo hacen tanto en el ámbito privado como en el público. El despliegue de tales acciones y discursos forma parte de la afirmación de la masculinidad en relación con el control de la sexualidad femenina, pero también pone en evidencia la necesidad de la masculinidad de ser actualizada constantemente y los acomodamientos que ha debido realizar en función de las condiciones impuestas por la participación en la migración.

Otros actores operan como intermediarios del control o como informantes, de manera que la dificultad del ejercicio del mandato del control se vea relativamente aminorada. Los intermediarios del control y los informantes pueden operar de manera formal o informal. En el primer caso me refiero particularmente a los padres de las cónyuges y a los familiares del migrante, a quienes éste ha encargado la responsabilidad de supervisar a la mujer. En cambio, quienes informan al migrante pese a no estar explícitamente encargados de tal tarea pueden ser calificados como recursos informales del control masculino.

Es también tarea de otros actores cuidar a la mujer. En los estudios de género frecuentemente se soslaya el aspecto del cuidado y se subraya el del control, la vigilancia y el unilateralismo masculino. Este entendimiento equivale a quitar a los varones la capacidad de

---

[25] Algunos de los migrantes trataron de convencer a sus esposas de que se trasladaran a vivir con la familia política, pero sólo en un caso la mujer se vio obligada por el esposo a cambiar su lugar de residencia. Es decir, esta situación es poco común en El Cardal.

amar y de proteger; equivale a no reconocer en ellos manifestaciones positivas del poder (Connell, 1997) y a no comprender que los sentimientos que orientan sus acciones no son puramente altruistas o puramente egoístas (Héller, 1985).

Para terminar este apartado referiré a un tema que no es motivo de este estudio: el de la violencia física contra la mujer o entre la pareja. Dos mujeres mencionaron que habían sido ocasionalmente golpeadas por sus esposos, y uno de los entrevistados en Chicago reconoció haber tenido actitudes violentas para con su esposa. Aunque esta investigación busca ahondar en los efectos de la migración, todavía no es posible determinar de qué manera afecta este tipo de situaciones y actitudes. Quizás pueda establecerse en una etapa más avanzada del proceso migratorio cardaleño, cuando las parejas tengan oportunidad de volver a convivir.

CONTROL DE LA MIGRACIÓN DE LA CÓNYUGE

El último aspecto que analizaré en relación con el mandato del control sobre la mujer se refiere a la migración femenina. Si bien no adquiere la importancia del control económico y del sexual, se presenta como otro ámbito que los varones controlan y cuidan.

Cuando estaban planeando la migración, varios hombres dicen haber pensado en la posibilidad de que su cónyuge se reuniera con ellos en Estados Unidos una vez que estuvieran establecidos y con trabajo. Sin embargo las experiencias adquiridas los llevaron a cambiar de opinión.

Si bien casi todas las cónyuges refieren que mencionaron a sus esposos deseos de que "las llevaran" a Estados Unidos, reconocen que no han insistido porque comparten las justificaciones de ellos.[26] De todas las entrevistadas, Clara fue la que más insistió en su migración.

---

[26] Hasta el momento en que di por finalizado el trabajo de campo documenté que 11 mujeres cardaleñas estaban en Estados Unidos. Se trataba de solteras con y sin hijos, una viuda, dos separadas y sólo una unida que había migrado con el esposo y los dos hijos adolescentes.

[Me quisiera ir a Estados Unidos] por estar juntos, y que mi hijo pueda estar con su papá y estamos los tres juntos, sufriendo como dice él, pero estaríamos los tres. Y ya conoceríamos otros lugares. Pero, como él dice: yo vivo con puro hombre; al llegar tú, nos tendríamos que apartar y el gasto entonces aquí sería como si yo estuviera allá, y ya ni ahorraríamos, ni nada. O tendrías que trabajar tú también y entonces también tendrías que desentenderte del niño. Y, no, dice, mejor así [...] Yo pensé, cuando eso me dijo, si estás con tus amigos, y tus amigos tienen que hacer comida, entonces, yo al llegar haría comida para todos; yo los pudiera atender. Entonces, ya ellos me pagarían a mí, y ya sería una ganancia. Porque ya no llegarían cansados a hacer comida, sino que está la comida hecha, ya está la cama, todo aseado. Y entonces podríamos ayudarnos unos con otros. Pero, dice mi esposo: no, yo no te quiero aquí y que estén los demás. O sea que, el chiste es que nosotros debemos estar solos, no con ellos (Clara).

¿Estar trabajando nosotros dos, y los hijos en la escuela? No. Sale muy cara la escuela allá. ¿Y pagar departamento nomás para uno solo? Son muy caros (Emilio).

Antes de poner su negocio de venta de ropa, Clara se empeñó en que su esposo la ayudara a irse a Estados Unidos; pero él argumentó una serie de razones ventajosas para que permaneciera en El Cardal. El aumento de los gastos económicos que supone la llegada de la mujer y los hijos, así como la disminución consecuente de la capacidad de ahorro son algunos de los argumentos que más esgrimen los varones para oponerse a la migración de la mujer. Así, los primeros y principales argumentos de los varones están relacionados con aspectos económicos.

En el caso de Clara, cuando ella sugiere su participación laboral en Estados Unidos para ayudar a la economía de la familia, el esposo responde que eso dificultaría el cuidado del hijo. Y ante la posibilidad de que ella trabaje dentro de la casa, lo cual no supondría separarse del niño, su esposo habla de la incomodidad de compartir el mismo espacio con otros hombres; los gastos derivados de la renta y los servicios son altos y dificultan que las parejas puedan establecerse solas (véase Zamudio Grave, 1999). En pocas palabras, cuando las justificaciones económicas para desalentar a las mujeres no alcanzan, cobran importancia las relacionadas con la familia.

Precisamente una de las razones que los varones esgrimen se relaciona con el tipo de vida que los hijos llevarían en Estados Unidos.

> Ella me dijo, al principio, me dijo [que quería ir a Estados Unidos]. Pero, es muy difícil. O sea, es que allá tienen que trabajar todos. Si llega uno ahí y tiene hijos grandes y también si toman, ¿a qué los va uno a llevar?, ¡a que se pierdan allá en la droga! No tiene caso (Emilio).

Estados Unidos suele asociarse con una vida muy diferente de la de El Cardal. En el caso de los más jóvenes, la posibilidad de involucrarse en el consumo de drogas o en alguna pandilla, son otros de los argumentos más fuertes para oponerse a la migración de la esposa y de la familia en general.[27]

Pero no sólo las experiencias vividas en Estados Unidos se mencionan para desalentar a las mujeres, también las vividas durante el cruce de la frontera.

> Antes de venirme le platicaba yo [a mi esposa]. Le digo: yo me voy a ir. Decía: no, tú estás loco, ¿qué vas a hacer allá? Le digo: no sé. Quiero hacer lo que yo quiero rápido, ¿qué piensas? Dice: con irte para allá, a nosotros nos vas a dejar aquí. Le digo: si me llega a ir bien y puedo pasarlos a ustedes, los paso. Pero ya ahorita pienso diferente, ahorita ya no. Digo: no, mejor que estén allá. Le digo: Dios no lo quiera, les llega a pasar algo, y no me la voy a perdonar nunca (Gabo).

> No estaría bien eso, que yo que me llevara a mi esposa a que corriera los mismos riesgos que yo corrí. Porque son riesgos que yo corrí. Ya que yo los pasé, no querría que ellos los pasaran (Pedro).

La mujer y los hijos menores de edad se consideran más vulnerables y con menor capacidad física para soportar largas horas de caminata. La migración está asociada con un esfuerzo corporal excepcional.

---

[27] Cabe recordar que la mayor parte de los cardaleños migrantes se encuentra en Chicago, y que las condiciones de vida en esa gran urbe afectan las percepciones, y generalmente los discursos acerca de "la vida en Estados Unidos" son negativos. Es posible que este tipo de percepciones no sean semejantes en destinos con otras características.

Este tipo de argumentos, como varios de los que refiero en este apartado, no son exageraciones masculinas, sino que son parte de la "realidad" migratoria. Ejemplo de eso son las mayores dificultades que experimentan las mujeres en el cruce. Aun cuando muchas de ellas realizan los mismos recorridos que los hombres, el género y la biología imponen diferencias en las destrezas y fortalezas físicas.

Por otra parte, aunque pocos lo reconozcan abiertamente, subyace la preocupación acerca de cómo controlar a la mujer una vez que se encuentra en Estados Unidos.

Me han tocado casos de amigos que llegan [las mujeres] y nomás llegan para dejarse del marido o que ellas buscan otro en el trabajo. Porque allá, en los trabajos, no puede trabajarse junto con la mujer; y en la fábrica no puedes decir yo voy a trabajar en esa fábrica y voy a meter a mi esposa. Mucha suerte que te toque trabajar junto a tu esposa. Y, por lo mismo, el hombre dice: qué voy a ir a perder a mi mujer, si es lo que tengo (Sebastián).

Dado que la necesidad económica probablemente empujaría a la mujer a trabajar fuera de su hogar, la posibilidad de que sea infiel acarrea preocupación. El lugar de trabajo, como ya he mencionado, es el más citado entre los ámbitos en los cuales los varones temen ser engañados más fácilmente.

En los apartados anteriores he mostrado los obstáculos que deben sortear los hombres para controlar las acciones femeninas a la distancia. Sin embargo les parece más difícil hacerlo en Estados Unidos; en primer lugar, porque las estrategias de vigilancia se despliegan más eficientemente en un espacio pequeño como El Cardal; en segundo, porque perciben que en Estados Unidos se reduce la posibilidad de observar o contar con canales de información. En un estadio más avanzado del fenómeno migratorio, con la maduración de las redes y cuando más paisanos migren, el control de la mujer en Estados Unidos podrá facilitarse o los hombres se acostumbrarán a ejercer menos control. Pero en el contexto de cambio y reacomodo impuesto por la migración reciente aumentan los temores relativos al control de la moralidad y de la sexualidad de las mujeres (Oehmichen Bazán, 1999).

Además de la argumentación de los hombres en cuanto a que es innecesaria e inconveniente la migración de la mujer, hay intervenciones de terceros en el mismo sentido. De igual manera que en las estrategias de control esgrimidas en torno del uso de las remesas y de la fidelidad de la mujer, los varones cuentan con "apoyo extra" para controlar la migración femenina.

> Dice mi papá: si él te dice que te vas, te vas. Porque él es tu esposo y tú tienes que obedecerle. Él trabaja mucho, tú obedece [...] Cuando le dije a papá que quería irme a Chicago, no me dijo nada. Pero luego me preguntó qué había dicho mi esposo. Le digo que no quiso. Y dice: tú hazle caso (Clara).

Siempre hay alguien que le recuerda a la mujer que el trabajo del hombre merece respeto y obediencia. En el caso de Clara, su padre se hace eco del yerno, al explicitar que el deseo del hombre trabajador debe primar ante el de la mujer. Es interesante notar que el padre no desestima a priori la migración de su hija, sino que espera a conocer la voluntad del yerno para pronunciarse; lo cual puede apreciarse como cierta complicidad entre hombres, pero también puede ser interpretado como cuidado hacia la hija, ya que la obediencia a los deseos del esposo es importante para mantener el vínculo conyugal.

Y si es muy poco probable que se apruebe la migración de la mujer después de la del esposo, más difícil es aceptar que ella vaya antes.

> Le digo: ¿cómo su marido la dejó que usted se viniera sola? O ¿por qué la decisión de que usted se viniera y él se quedara? Dice: es que no vivíamos bien y según él, está muy ocupado en su trabajo. Pero [dirigiéndose a la entrevistadora], ¿sabes qué?, lo que le entendí es que estaban muy mal y era una forma de separarse sin pelear, ¿verdad?, una forma tan fácil de salirse de allí. Yo creo que los dos estaban igual. Porque, por ejemplo, si me dice Ana: ¿sabes qué?, yo me voy 'pal otro lado. ¡Puta!, ¡'tás loca!, ¿cuándo te voy a dejar irte? Me voy yo, tú no. Tú aquí te quedas, yo me voy. Si quieres vivir más bien, pues yo voy y trabajo. Pero eso de que dejara venir primero a la mujer, ¡no! [...] Yo no la dejo que se venga. Y si la dejo, le doy el tiro de gracia. Si te vas ya nunca vuelvas [...] Porque, porque ella es mi pareja. Yo no

puedo hacer, no puedo dejar. En la familia siempre el hombre tiene la responsabilidad de llevar la cabeza del grupo, no la mujer. Porque por eso Dios lo hizo hombre; para que tomara las decisiones. Porque para mí no era posible. Por una sola cuestión de que no se puede (Silvio).

Para la mayoría de los hombres entrevistados sólo es comprensible que una mujer unida se vaya a Estados Unidos antes que el esposo si la relación de pareja está atravesando grandes dificultades o ya ha llegado a su fin. La naturalización de los lugares que varón y mujer tienen en una pareja impide entender y justificar que el hombre desempeñe un papel secundario: "es en el plano de la cultura subjetivada, internalizada, en el que también pueden ser analizados los factores de contención más importantes que impiden o limitan la emigración femenina" (Oehmichen Bazán, 1999:126).

La migración de una mujer sin el consentimiento del cónyuge sería un acto de discontinuidad y ruptura excepcional respecto de las normativas de género cardaleñas. Si migran antes que el esposo a fin de trabajar en Estados Unidos se pueden convertir en principales proveedoras, anulando de esa manera dicho mandato masculino; además, por la distancia, anularían el ejercicio del control masculino.

Retomando algunos elementos desplegados en este apartado he de subrayar que en la gran mayoría de los discursos de los hombres cardaleños no se distingue entre la migración de la esposa y la migración familiar. En diferentes estudios se ha encontrado que las mujeres migran dejando a los hijos en el lugar de origen al cuidado de algún familiar (Hondagneu Sotelo, 1994; Tacoli, 1999, entre otros). Sin embargo, para los cardaleños la migración de la esposa parece ser equivalente a la migración de toda la familia.

> Hace poco me dijo que por qué no la traía. Pero en mi forma de ver, pocas mujeres de mi pueblo han salido para acá. De otro pueblo tengo entendido que sí [...] Cuando un pueblo saca muchas mujeres es porque son pueblos que se empieza a quedar la gente. Como si yo me quedara ya aquí, hiciera ya vida, traería a mi esposa y mis hijos y una hija que tengo, y ya (Beto).

Para comprender lo anterior hay que tener en cuenta varios factores. En primer lugar hay que considerar el propio sistema de género según el cual la mujer se encuentra muy ligada al ámbito del hogar y al cuidado de los hijos. En segundo, la migración cardaleña hacia Estados Unidos es muy joven, de ahí que la ausencia masculina no sea todavía tan prolongada y las mujeres la sobrelleven sin mayores reclamos.[28] Si bien la propia juventud de la migración dificulta generalizar si se trata de una migración temporal, ninguno de los entrevistados cardaleños manifestó que tuviera planes de establecerse definitivamente en Estados Unidos. En tercer lugar, los hombres conciben la migración de la mujer sólo si ellos deciden establecerse en Estados Unidos, es decir, en una etapa más avanzada del proceso migratorio.

Estos tres aspectos en conjunto —los lugares simbólicos adjudicados a cada sexo por el sistema de género, el carácter "joven" de la migración cardaleña y la concepción de que la migración femenina está asociada con la migración permanente o irreversible— pueden ayudar a explicar la escasa insistencia de las mujeres para migrar, así como la concepción de los cardaleños de que la migración femenina implica una migración familiar.

Para finalizar este apartado mencionaré que la selectividad de la migración en favor de los varones y la relativa facilidad que ellos encuentran para desalentar la migración de sus cónyuges se encuentran asociadas no sólo con los aspectos mencionados, sino también con las características del mercado de trabajo de destino, entre otros. Estados Unidos continúa ofreciendo posibilidades de inserción a los hombres, aunque han crecido significativamente las oportunidades laborales para las mujeres en labores menos calificadas y con menores salarios: servicio doméstico, servicios de cuidado o *healthcare*, y otros (Pessar, 2005). En otros casos, como el de las peruanas en Chile y Argentina o el de las filipinas en Italia, las características de los mercados de trabajo de destino ofrecen más posibilidades a las mujeres, de ahí que se promueva la selectividad de la migración en favor de ellas. Además, las redes construidas y reforzadas por las mujeres también contribuyen al mantenimiento o incremento de la feminización de ciertos flujos (véase Tacoli, 1999; Salazar Parreñas, 2000;

[28] Las cardaleñas todavía no han experimentado el abandono o el olvido de los esposos del que habla Antonella Faguetti (2000) en San Mario Acuexcomac, Puebla, por ejemplo.

Lan, 2003; Labrador Fernández, 2001; Stefoni y Núñez, 2003; entre otros). La investigación sobre este tipo de migraciones se ha enfocado principalmente en la situación de las mujeres en el lugar de destino; son casi inexistentes los análisis acerca de la situación de los cónyuges; ¿qué sucede con la masculinidad cuando son las mujeres las que se mueven?, ¿cuáles son los reacomodos que la masculinidad debe realizar?: se trata de preguntas por demás sugerentes que pueden motivar futuras investigaciones.

CONTROLADORES, ¿CONTROLADOS?

Para mayor comprensión de las limitaciones de los varones en el mandato del control sobre la mujer, en esta sección analizo la situación inversa, aunque asociada, a la expuesta en los anteriores apartados: las posibilidades de las mujeres de intervenir en cuestiones masculinas, y cómo en algunos casos esas intervenciones pueden ser entendidas como ejercicios de control de la mujer hacia el hombre. Más específicamente me refiero a la injerencia de las mujeres en el mandato de proveedor, en la competencia, la migración y el ejercicio de la sexualidad masculina.

El papel de las mujeres en el trabajo masculino

La intervención de las mujeres cardaleñas en la capacidad de proveer de sus esposos no es una conducta que haya inaugurado la migración. En el capítulo anterior mostré que algunas mujeres presionaban a los esposos cuando faltaba dinero para sostener la familia, o que proponían su propia participación laboral para ayudar en la economía familiar. Sin embargo, la migración acarreó posibilidades antes vedadas de mejoramiento económico, y con ello no sólo los hombres se sintieron atraídos.

> Mira que fulano ya está haciendo su casa bonita y que tú aquí cuándo vas hacer algo […] Así me contó un amigo. Dijo: no hallo qué hacer. Dice: fíjate que yo no tengo de qué pagar diez mil pesos, ¿y para conseguir?, ¿quién nos va a prestar? Y esta mujer nomás me está friegue y

friegue.[29] La voy a tener que dejar. Es una cosa que a la hora de almorzar, a la hora de comer, y voy a cenar y lo mismo. Nomás le digo: tú tienes que hablar con ella. Dice: ¡Nooo, ya no entiende razón! [...] Su hermano que estaba por allá le prestó y se fue; y nomás le habló como tres veces o cuatro veces, y ya no volvió a saber de él, ya no le habló. Se casó allá (Diego).

Algunas esposas le dicen a sus maridos: oye tú, ¿por qué no te vas? Mira qué casa tiene ella y que no sé qué, tienen dinero, todo le compra, la saca a pasear y todo. Las mujeres siempre piensan en eso (Joselo).

Hay mujeres que están enfermas de la cabeza. No sé. Yo creo pinche envidia de que a una se van y le mandan dinero y hacen su casa o les mandan carros. Y piensan que si empujan a su marido para allá, les va hacer su casa y les va a mandar su carro, pero no es lo mismo. Nadie lleva la misma suerte. A lo mejor, aquél se fue y encontró un buen trabajo, y ésta manda a su esposo por allá y nomás va a sufrir, que no tenga trabajo, que lo anden por allá mandando [...] A lo mejor él piense: me voy para ver si ya puedo hacer mi casita, tener mejor mis cosas para mis hijos. Pero si no está muy mal y puede vivir aquí bien, y nada más irse porque la esposa le dice. ¡Aaaah! Yo siento que [le diría:] ¡Cállate!, ¡Vete tú si quieres!, ¡Yo qué voy a hacer! O igual ya le chocó, ¿no? y tiene un queridín por ahí y quiere que se vaya (Rogelio).

En la mayoría de las entrevistas se hacen referencias a algunas mujeres que presionan a sus cónyuges para que se vayan a Estados Unidos. Los relatos coinciden en describir a algunas como envidiosas de lo que otras han logrado gracias a la migración de los esposos, así como a hombres cansados del acoso.

El estereotipo de mujer materialista, así como la idea de la mujer competitiva, aparecen recurrentemente. En algunos casos se representa a la mujer como indiferente ante el esfuerzo y los peligros que encierra la migración. En otros, se insinúa la posibilidad de que tenga un amante, razón por la cual quiere alejar al esposo. Es decir, hay una serie de epítetos "negativos" adheridos a las mujeres que intervienen activamente en la migración del cónyuge.

Es interesante que muchos sientan molestia ante las presiones de las mujeres, pero no ante las de otros hombres. Como se verá en

[29] Fregar: molestar.

el capítulo siguiente, los amigos y vecinos alientan y también presionan a los varones a irse; pero ellos perciben estas presiones como usuales entre hombres. Eso sugiere que no es la presión en sí misma lo que molesta, sino que dicha presión sea ejercida por las mujeres.

Por el contrario, se describe a los varones como agobiados y cansados de las presiones de sus mujeres; hombres que se van a Estados Unidos sin desearlo, sólo porque la mujer quiere igualar o superar a la vecina. En dichas descripciones la sumisión parece ser la característica de algunos varones, quienes aparecen caracterizados cuasi femeninamente.

En El Cardal, como en otros contextos mexicanos, cuando la conducta de un varón es sumisa se utilizan las expresiones "lo curaron" o "le dieron toloache" para explicarla. Para los cardaleños el toloache es un brebaje que prepara una especialista y cuyo elemento principal es la menstruación o los fluidos vaginales de la mujer.[30] Si bien la expresión "le dieron toloache" se usa con ligereza y no necesariamente implica la creencia de que el aludido fue "embrujado", se debe advertir la asociación entre la "voluntad quebrada" de un hombre y el accionar femenino; como si esa conducta no se pudiera justificar *motu proprio*. Más bien sobresale el carácter eufemístico del toloache como ocultamiento de "control femenino".

—Es que no es planta. Es algo que preparan ellas. No, la verdad es que no es ninguna hoja. Es un brebaje que le dicen.
—¿Cómo se nota? ¿Cuáles son los síntomas?
—Se nota fácil. Pues que casi puede entrar el sancho[31] por sobre del esposo y estar con la mujer, ¡y el esposo no hace nada! Lo que hace a veces es enojarse, pero en un principio, después él se amansa, se amensa [risas][32] (diálogo entre Manolo y la entrevistadora).

Pero los comentarios no sólo hablan de la influencia de las mujeres como motivadoras de la migración; apuntan también que ellas

---

[30] Los cardaleños desconocen que el toloache es una planta herbácea que deprime los impulsos de las terminales nerviosas o, si la dosis ha sido elevada, se estimulan y posteriormente se deprimen.
[31] Sancho: amante
[32] Amensa: atonta.

continúan interfiriendo una vez que los varones están en Estados Unidos.

A mi amigo, el que vive conmigo, su mujer le pide más y más dinero, nunca le alcanza. Y él trabaje y trabaje. Hasta se consiguió otro trabajo en domingo. No descansa. Yo le digo que no, que su cuerpo necesita dormir bien, tener su descanso. Pero, con eso que le dice la mujer, no puede [...] Es que la mujer no entiende. Si uno se viene aquí por ellos, y ella está reclame y reclame y no lo alienta a uno, pues no tiene sentido estar aquí, si no te reconocen (Gabo).

Ésa de la competencia es allá entre las mujeres, que se dicen. O que te hablan y te dicen: que no has mandado y a aquélla le mandan cada ocho días. Ella misma también a veces te presiona. Mas también no sabe que aquí las rentas son caras, uno tiene que ver. Hay veces sí se puede mandar, veces no (Mario).

Pero hay casos en que tú las oyes y pellizcan al niño para que llore; quiere decir que si lo pellizcan es que estaba jugando. Entonces quiere decir que estaba muy contento, ¿no? Pero ellas igual lo hacen llorar, para que al padre le dé sentimiento (Carlos).

Algunos entrevistados expresaron que los reclamos de ciertas mujeres, descritas como indiferentes y desconocedoras de la situación de los migrantes en el norte, son dirigidos directamente a los esposos. En ciertos casos refieren estrategias conscientes de manipulación afectiva a distancia, como recurrir al llanto del hijo para sensibilizar al padre. La mayoría, sin embargo, dice que hay reclamos "encubiertos" o indirectos en el señalamiento de lo que otros han logrado en Estados Unidos y en las comparaciones que las mujeres frecuentemente realizan entre su situación y la de otras.

Yo veo aquí la vecina, hizo un montón de cosas a su casa, le cambió piso, hizo unos clósets, compró su juego de sala, pintó toda la casa y todo. Y aquí nada. Yo no pude hacer nada porque el dinero no me alcanza [...] Porque un vecino de aquí junto, se fue. Él estuvo allá en Chicago como dos años y trajo bastante dinero. Y su esposa tenía, digamos, tuvo suficiente para irla pasando más bien que uno, ¿verdad? [...] Y eso me da pena; me da pena que vean que no hago (Cora).

Comparaciones como las realizadas por Cora constituyen la base a partir de la cual los varones argumentan que la competencia se produce en El Cardal. Aunque los hombres preguntan recurrentemente acerca de lo que se dice de sus logros —lo cual indica que ellos no están ausentes en la producción de la competencia—, describen a las esposas como quienes transmiten, sin haber sido indagadas, tanto lo positivo como lo negativo que se dice sobre ellos. Así, las presentan como barómetros que captan hacia dónde van la crítica o el elogio, y como productoras y lubricantes de la competencia masculina.

No es la función de informadora la que se cuestiona, porque ésa es una pieza fundamental para que los hombres puedan evaluar su situación frente a la de otros, sino que en la transmisión de la información subyazcan "intereses femeninos". Tal es la lógica de interpretación que produce tantos rechazos.

Pocos son los que se preguntan acerca de la excesiva obediencia de algunos varones ante los deseos femeninos.

Comentan que fulano se fue para Estados Unidos y que ya le va bien, está construyendo su casa, se compró terreno. Como que habemos hombres que si te empiezan a decir, como que dices: sí, tiene razón y yo aquí estoy trabajando mucho y no hago nada. Como que ya ellas mismas a la mejor, indirectamente, sin decírtelo así bien para que te vayas, pero el hombre así lo toma luego. Es por eso que muchos deciden venirse (Hugo).

A diferencia de los demás entrevistados, Hugo da el beneficio de la duda a las mujeres y pone el acento en la susceptibilidad masculina. Los señalamientos de las mujeres acerca de las mejoras que realizan otros a partir de la migración no necesariamen e pretenden estimular la migración o la competencia masculinas, pero así suelen interpretarlos los hombres. Por eso, las palabras de la mujer pueden, en ocasiones, orientar las acciones masculinas con la eficiencia de una orden, más allá de que ése sea o no el fin buscado; y la acción de alentar al esposo a migrar o a conseguir más trabajo para satisfacer las necesidades económicas del hogar puede ser interpretada como coacción.

Dicen que la esposa de este muchacho le decía: ya no tienes trabajo ahí, busca en otro lado, porque sabes la necesidad. Busca en otro lado, pero no te vengas, no te vayas a venir. Ya cuando hagas una bolsita, entonces ya. O sea, lo animaba, pero, ¿por qué?, por la necesidad. No porque no lo quisiera tener aquí, ¡no! (Andrea).

Más allá de la existencia de mujeres que "manipulan" a sus esposos, considero que las interpretaciones que generalizan y dan lugar a exageraciones se basan en la sobreestimación de las acciones e intereses femeninos. Lo expresado en el capítulo y apartados anteriores aleja la posibilidad de generalizar conductas de manipulación de las mujeres, así como la de ver a los hombres como "mansos corderitos" que se ven obligados a trabajar sin descanso para satisfacer las ambiciones de sus cónyuges.

En pocas palabras, las mujeres se mueven en un terreno difícil de transitar equilibradamente, fértil para el crecimiento de suspicacias. Analíticamente, no es fácil establecer límites entre el papel de informantes y el de productoras de la competencia, entre el de alentadoras de la migración del esposo y el de presionadoras que buscan su propio beneficio. Algunas estimulan la migración masculina a la vez que sufren la ausencia del esposo; otras, lubrican los engranajes de la competencia al mismo tiempo que defienden a sus hombres y curan las heridas de la masculinidad ante las críticas. Múltiples intereses y necesidades orientan las acciones de las mujeres, en el mismo sentido que he referido acerca de los varones, y todos deben ser incluidos en el análisis a fin de no sobrestimar alguno de ellos.

Tampoco se puede suponer que sin las presiones femeninas, los hombres no enviarían dinero desde Estados Unidos. Ya he mostrado los compromisos afectivos que la mayoría de ellos tiene para con su familia, así como la importancia de enviar dinero para ser validado públicamente.

Pero también forma parte del análisis el procurar mayor comprensión acerca de la sanción social que pesa sobre algunas acciones de las mujeres. En sentido estricto, la mayoría de las injerencias femeninas en el ámbito económico laboral es socialmente sancionada. A lo largo del capítulo anterior mostré las objeciones ante el trabajo extradoméstico femenino. En éste me he referido al control del que es objeto el uso que las mujeres hacen de la remesa, así como las dificultades que ellas enfrentan para realizar sus propios emprendimientos.

Sin embargo, algunas actitudes femeninas relativas al ámbito económico laboral suelen sancionarse más que otras; especialmente la ambición femenina y la competencia entre mujeres. Ahora bien, si esa competencia busca realizarse mediante la inversión en bienes inusuales, y estos mismos bienes son los que validan a los hombres en el rol de proveedores, ¿por qué se sanciona a las mujeres si, finalmente, la competencia entre ellas trae como consecuencia una mejor posición del varón en la competencia masculina? Lo que se sanciona no es el fin de la competencia o la ambición (la obtención de más o mejores bienes), sino que las mujeres tengan intereses económicos propios, es decir, que excedan los del bienestar de la familia. Por otro lado se sanciona la posibilidad de que la acción de la mujer dirija al hombre. Entonces, la ofensa radica en que la ambición femenina y la competencia entre mujeres puedan invertir los lugares genéricamente asignados a varones y mujeres, al promover una mayor injerencia de ellas en el ámbito económico y propiciar cierto control sobre los hombres.

Aun así, para entender el carácter socialmente "escandaloso" del ejercicio de cierto control por las mujeres no sólo hay que atender los contenidos de la dominación masculina puestos en cuestión, sino la forma en que ellas lo llevan a cabo.

En principio se debe tener en cuenta que no son las ganancias que obtienen las mujeres las que permiten satisfacer la "ambición" femenina, sino las que obtienen los esposos. En otras palabras, las mujeres se ven obligadas a involucrar a los cónyuges cuando no están conformes con el dinero del que disponen.

La participación del varón se logra, generalmente, apelando a lugares "vulnerables" de la masculinidad, ya sea señalando que el dinero no alcanza, lo cual apunta a una ineficiencia en el desempeño de proveedor, realizando comparaciones, o comunicando las críticas o elogios de los vecinos o parientes, a fin de estimular la competencia masculina.

Entonces, el primer elemento escandaloso es que algunas mujeres utilicen los símbolos de la dominación masculina como recursos estratégicos para obtener cierto control sobre las acciones de los hombres.[33]

---

[33] Cuando digo "utilización" no necesariamente me refiero a estrategias conscientes o deliberadas.

Además, si dicha utilización de los símbolos masculinos se despliega en el escenario público, aparece un segundo elemento escandaloso, porque se coloca públicamente al hombre en el lugar de la sumisión. Ahora bien, la necesaria participación del esposo para cumplir con sus deseos limita las posibilidades de las mujeres. Es decir, no es ilimitada la utilización de los símbolos de la masculinidad para obtener mayores remesas. Hay cotas autoimpuestas por el afecto hacia el esposo e impuestas por las posibilidades y deseos de los hombres. Además, los varones pueden utilizar la "ambición" de la mujer y sus presiones para justificar el abandono.

En síntesis, las mujeres tienen injerencia y algunas despliegan estrategias de control sobre el trabajo masculino; aunque son limitadas y no las ejerce la mayoría, muestran su papel activo a pesar de la distancia que impone la migración.

Las mujeres y la infidelidad masculina

Siguiendo el interés que guió el apartado anterior, en éste indagaré acerca de las posibilidades que tienen las mujeres de informarse e intervenir en la vida sexual y afectiva de los varones que se encuentran en el norte.

Las cardaleñas viven inmersas en una constante circulación de rumores acerca de supuestos romances de sus hombres en Estados Unidos. Soportan una doble desventaja. Por un lado, ellos gozan de un anonimato mayor, pues allá hay pocos paisanos para informarlas. Por otro, están convencidas de que la "naturaleza masculina" no permite aguantar la falta de relaciones sexuales, ya que hay una asociación casi necesaria entre el ser varón y el requerir una satisfacción urgente del deseo sexual (véase Valdés y Olavarría, 1998). La expresión "ellos son hombres" marca una gran diferencia en cuanto al mayor deseo y permisividad sexual masculinos frente a los femeninos; entonces, aunque nadie les informe, ellas "saben" que casi necesariamente los varones mantendrán relaciones con otras mujeres.

> Allá, quién me va a decir a mí, quién lo va a ver y me va a hablar por teléfono o se va a tomar la amabilidad de hablarme y decirme: yo vi a su esposo acá (Lorna).

Digo ¿yo qué voy a saber si a ciertas horas te duermes o que esto y lo otro?, ¿verdad? Y es que siempre ellos son hombres […] Cuando al principio me decían que andaba con una o con otra. Le digo: acá ya dicen que allá todos están casados. Dice: tú que te pones a hacer caso, porque tú eres bien creída, todo lo que te dicen crees. Le digo: no estoy viendo, yo nomás te platico, para que sepas qué dicen. Pues uno siente, le digo. Uno porque tiene la responsabilidad de los hijos y la rutina que lleva, le digo, pero ustedes hombres. Son hombres, le digo, y tienen tiempo de que si trabajan o no trabajan. Sabrá Dios qué hagan porque ustedes son hombres y no faltan mujeres. Dice mi esposo que allá las mujeres hasta los van a buscar a las casas. ¿Quién sabe cómo será eso? Las mujeres van a buscar a los hombres o los hombres van a buscar a las mujeres […] Porque dice mi esposo de otros. Le digo: tú me platicas de aquéllos, puede que a los otros les platiquen de ti (Alicia).

A los casados les empiezan a decir que se casan acá. O sea, que tienen sus mujeres aparte. Lo primero que dices: ¡pues te vas a ir y te vas a casar por allá! […] Lo que veo mal, o sea, es que está mal porque ellos lo dicen y muchas veces no es cierto […] Que tienen mujeres aquí, que van las mujeres a buscarte a tu casa; es lo que dicen. Es lo único que yo, que veo que está mal, o sea, que dicen de más. Porque, muchos sí, muchos sí, pero eso no nomás es aquí, también allá lo hacen. Pero mucha gente de la que se dice, como de Silvio, dicen que estaba casado. Y los otros dos que viven con nosotros, para la gente de allá tienen otras mujeres aquí. Y, sin embargo, desde que llegué, a Silvio nunca le he conocido que tenga una mujer con la que conviva (Hugo).

Las dudas emergen más potentes durante la noche. ¿A qué hora se dormirá? Esta delimitación temporal no es azarosa, sino demostrativa de lo que les preocupa: la noche, la fiesta, la tentación, la hora de conocer otras mujeres, la hora de las relaciones sexuales.

Siempre hay filtraciones de información. Existen dos rumores que sobresalen: que en Estados Unidos las mujeres van a buscar a los hombres a sus casas, y que los migrantes forman pareja rápidamente. Estas dos ideas están generalizadas entre los entrevistados en El Cardal. Tan es así que Hugo ironiza al decir que irse a Estados Unidos era, para él, casi sinónimo de casarse.[34]

---

[34] Cabe aclarar que cuando los cardaleños y yo usamos la palabra "casarse" no

Conviene mencionar que la única forma que tienen las mujeres —y los cardaleños, en general— de enterarse sobre la vida en Estados Unidos es a través de las propias versiones de los migrantes. Aunque nunca hablen en primera persona, sino que se refieran a terceros, ellos mismos crean a su alrededor una esfera de misterio y posibilidades de seducción; son ellos los que dan elementos para mantener celosas a sus mujeres, aunque luego tengan que pagar el costo de las quejas y reclamos vía telefónica. Claro que, más allá de que los reclamos de las mujeres puedan ser más o menos molestos, encierran varios beneficios para la masculinidad.

En primer lugar, las quejas (celos) de las mujeres indican que reconocen su capacidad de seducir o ser infiel; es decir, encierran el reconocimiento de la virilidad masculina. En segundo lugar, las amplias posibilidades de seducción de las que supuestamente disponen los migrantes debilitan la expectativa de controlarlos y refuerzan su carácter autónomo. En tercer lugar, mediante la publicidad de las oportunidades sexuales y la actuación de la inasibilidad —pueden ser infieles en cualquier momento, imprevistamente— refuerzan el control sobre las cónyuges. Es decir, si para ellos es tan fácil encontrar mujer en Estados Unidos, las cónyuges deben comportarse de la mejor manera en El Cardal, ya que podrían ser remplazadas rápidamente por mujeres "bellas" y "lujuriosas". En cuarto lugar, estos rumores también validan la virilidad del migrante frente a la de otros hombres, los no migrantes.

Las cónyuges agregan a la lujuria femenina que "victimiza" a sus hombres en Estados Unidos la posibilidad inversa: que ellos sean los que buscan mujeres. Creen en la "naturaleza libertina" de los varones desde mucho antes de que la migración llegara a El Cardal. Como observa Hugo: no sólo algunos se "casan" o mantienen relaciones con otras mujeres en Estados Unidos, sino que eso también ocurre en El Cardal e independientemente de la migración.

Aun así, la migración impone condiciones para que las dudas de las mujeres se magnifiquen: por un lado, por el mayor anonimato que promueve y, por otro, a través de la distancia espacial y temporal con quien se "debería" satisfacer el deseo sexual.

---

necesariamente nos referimos a un tipo de unión en particular, sino que se usa genéricamente para designar cualquier unión.

En las entrevistas realizadas en Chicago no fue fácil lograr que los varones hablaran conmigo acerca de este tema, posiblemente por mi condición de mujer. Sólo dos de los entrevistados mencionaron sus encuentros sexuales con otras mujeres, pero los justificaron como una necesidad.

Y aquí el sexo viene siendo... como que casi lo agarras como una necesidad; donde tú dices: mi cuerpo lo necesita [...] Lo que tú necesitas es sacar tu necesidad [...] O sea, sí, uno tiene debilidades va, de hecho. Pero te acostumbras a vivir la vida que hace del trabajo lo más indispensable, que no se te pasen los pagos, la renta y mandar dinero. Tú dices voy a mandar cada ocho días, cada quince días. Y así te la llevas (Beto).

Tanto las mujeres como los hombres usan eufemismos para referirse a las relaciones sexuales extramatrimoniales de los varones. El recurso a la necesidad física es el más frecuente. Con ello se le quita el elemento afectivo y se hace énfasis en el genital. Aun así, para las mujeres tal recurso no merma el carácter ofensivo de la infidelidad masculina. Aunque también los hombres reconozcan esa acción como ofensiva hacia sus mujeres, muestran un rostro relativamente más inocuo del ejercicio de su virilidad extramatrimonial.

Discursivamente, la lucha contra la "tentación" se opera valiéndose del trabajo. De la misma manera que el trabajo se invoca para no pensar en las infidelidades de la mujer, se invoca para conjurar las propias. Como si la energía física que se gasta en el trabajo disminuyera la necesidad de aplicarla en las relaciones sexuales.

Sólo un entrevistado negó rotundamente haber siquiera pensado en mantener relaciones sexuales extramatrimoniales en Estados Unidos.

Los de allá, todos dicen que el que se viene para acá es para venir a casarse acá, venir a buscar mujeres acá [...] Te sientes triste cuando no te animan porque si estás aquí y allá piensan que estás en Estados Unidos, que lo hay todo. Pues sí lo hay todo yo no digo que no, lo hay todo [...] Mira, por eso me molesto con ella, porque si supiera. Yo no he pensado en eso, nunca (Mario).

Mario afirmó rotundamente que en los dos años que lleva en Estados Unidos nunca ha pensado en estar con otra mujer. En términos generales se encuentra bastante alejado del estereotipo de hombre migrante "libertino"; frecuentemente es blanco de chistes y burlas por su conducta solitaria, "casera" y apegada a la familia. El no ejercer relaciones extramatrimoniales coloca a Mario en una situación difícil, porque no sólo lo critican otros hombres, sino que su mujer no cree en su fidelidad.

Sin embargo la mayoría de las respuestas que dieron los varones sobre su vida íntima en Estados Unidos muestra cierta ambigüedad: afirman que sus esposas merecen respeto, pero también aseguran que es difícil aguantarse.

> Yo llego a tales horas de la noche y dice: ¡tú andas acá y tú andas allá! Digo, ¡nooo! Y hay veces que ni siquiera salgo por una semana. A veces salgo porque ya estoy ¡hasta la madre! de estar encerrado. Dice: nomás han de estar cusquiando a las viejas[35] y que esto y que el otro. Le digo: ¿sabes qué?, alguna vez te sientes solo. Porque, ¡chingao!, no le voy a decir no. Pero le digo: es que uno ve la forma y uno valora lo que tiene uno allá. Y es que también, si tú te metes a pensar que el matrimonio, que tú estás solo, pues te dan ganas de ir a buscar (Silvio).

Las mujeres, entonces, cuentan con menos posibilidades de controlar la vida sexual de los esposos a la distancia, que la que tenían en la premigración. Quizás el aliento al trabajo y la estimulación de la competencia masculina puedan ser los recursos que tengan en sus manos para "robarle" tiempo a la "necesidad" sexual de sus hombres; pedirles que inviertan más energías en el trabajo es una forma de pedirles que gasten energías en ellas y no en otras mujeres. Más allá de que ese recurso sea efectivo, es el que conocen, porque es el que los hombres se encargan de promocionar.

> Es que si ellos trabajan duro no van a tener tiempo para otras cositas. Entonces, a las mujeres se les hace fácil decirles que no les alcanza, ésa es mi opinión (Carlos).

---

[35] Cusquiando a las viejas: coqueteándole a las mujeres.

Si la fidelidad masculina es casi imposible, una actitud más "realista" parece radicar en pedir a los varones que se cuiden de no contraer enfermedades de trasmisión sexual o de encontrarse envueltos en algún embarazo (véase Hirsch, 1999). Varias mujeres, esposas y novias, pidieron a sus hombres que se cuidaran al tener relaciones sexuales en Estados Unidos; sus solicitudes se hicieron en nombre de la salud de ellas y del bienestar de los hijos. Finalmente, las mujeres aprenden que el tiempo es largo y que no pueden estar siempre en una actitud lastimosa y pendientes de lo que la gente dice. Pero ese cambio no se logra rápidamente, sino que llega luego de reiteradas discusiones telefónicas, al percibir su esterilidad.

Antes sí. Ahí me ponía a llorar. Digo: ¡ay!, yo ahorita les he de demostrar a la gente que aunque me digan cosas de él o eso, me hago como si no sintiera. Para qué les da uno aire por su lado. Pues sí. Yo cuando me dicen que todos los que están allá están casados, les digo: allá es problema de ellos que quieran mantener dos mujeres. Ya nada más les contesto así, porque ya uno se acaba. O sea, la gente, nomás por molestar (Yeni).

A medida que el tiempo transcurre algunas se van acostumbrando a los rumores, a la vez que reconocen que es preferible presentarse ante otros calmadas e indiferentes. Su consternación, además, puede ser motivo de regocijo para otros, especialmente para quienes difunden el rumor con intención de atacar al migrante o a su familia.

En síntesis, los elementos que he desplegado en este apartado sugieren que, a diferencia de la relativamente mayor intervención que las mujeres tienen en el ámbito económico masculino, cuentan con escasos o nulos recursos de control sobre la vida sexual de sus esposos migrantes. Para la mayoría de los varones es vergonzoso un mal desempeño en el mandato de proveedor, así como ser superados en la competencia económica. Sin embargo la infidelidad no es un atributo negativo para la masculinidad, y coloca a las mujeres en una situación vulnerable por la posibilidad del remplazo.

SÍNTESIS DEL CAPÍTULO

Este capítulo fue dedicado al análisis de los efectos de la migración sobre el mandato masculino del control sobre la mujer. A diferencia del mandato de proveedor, el del control queda relativamente "debilitado" por la migración. Es decir, la migración impone dificultades a los varones para ejercer control sobre la administración y la inversión de las remesas, así como sobre la fidelidad de sus cónyuges. Específicamente, se encontró que la migración quita a la gran mayoría de los varones cardaleños la posibilidad de ocuparse directamente del uso del dinero que envían, y que las mujeres comienzan a tener mayor injerencia en las decisiones acerca de su inversión. Respecto de la fidelidad femenina, se mostró que con la distancia que impone entre el hombre y su mujer, la migración afecta el control directo y facilita la aparición de sospechas de infidelidad. Finalmente, para minimizar la dificultad de ejercer el control a la distancia los hombres recurren a otras formas de supervisión de las mujeres, tales como encargar su vigilancia a algún pariente o amigo.

Tres son los puntos que abordaré a continuación. El primero se dirige a los factores que explican el relativo "debilitamiento" del mandato del control; el segundo apunta hacia los factores que explican los límites de dicho debilitamiento, y el tercero a las consecuencias que las dificultades para ejercer el mandato del control pueden acarrear sobre las posibilidades de legitimarse masculinamente en la migración.

La distancia que la migración impone entre el hombre y la mujer no alcanza a explicar por sí sola las mayores dificultades en el ejercicio del mandato masculino del control. Si las mujeres hicieran exactamente lo que los varones desean, la distancia no supondría mayores cambios. Precisamente lo que amplifica la dificultad de ejercer el mandato luego de la migración es la aparición de "gestos" de relativa autonomía femenina relacionados principalmente con la intervención casi obligada de la mujer en el ámbito económico y, más ampliamente, en el ámbito público.

En lo que respecta al uso de las remesas, la mayoría de las mujeres ha mostrado que aun cuando respeta y es generalmente consecuente con las directrices ordenadas por el hombre, en mayor o menor grado impone modificaciones en el curso de las inversiones;

algunas también se han permitido cuestionar la división sexual del trabajo, al emprender sus propios negocios o trabajar extradomésticamente.

Pero las mujeres no sólo se permiten a sí mismas realizar ciertas acciones, sino que tienen alguna posibilidad de orientar las del hombre, aun a la distancia. El estímulo de la competencia masculina puede ser utilizado para posicionarse mejor en la competencia femenina, es decir, las mujeres pueden hacer uso de los símbolos de la masculinidad para su propio beneficio. La sospecha de ser manipulados produce gran irritación en los hombres porque eso invierte el orden "natural" de la masculinidad y la feminidad al poner al varón en el lugar de la sumisión y a la mujer en el del control.

La mayor movilidad espacial de las mujeres derivada de su intervención en la inversión de la remesa demanda una mayor exposición en el ámbito público y un contacto más frecuente con otros actores. Esto acarrea no sólo la adquisición de una relativamente mayor independencia, sino más suspicacias acerca de la actividad sexual. La posibilidad de que las mujeres ejerzan su sexualidad extramaritalmente trae más preocupación a los hombres que los desajustes en las inversiones económicas. Esta preocupación no es inaugurada por la migración, pero los sentimientos de impotencia y las susceptibilidades que se advierten difícilmente alcanzarían la magnificación que adquieren a la distancia.

No obstante, el control masculino sobre la sexualidad de las mujeres no enfrenta escollos semejantes a los del ámbito económico, ya que las mujeres se esmeran por no dar lugar a conjeturas que pongan en entredicho su conducta sexual; ellas mismas se cuidan de no crear suspicacias.

Otro ámbito que tampoco presenta muchos escollos es el de la migración femenina, porque las cónyuges cardaleñas no insisten en partir. En el apartado correspondiente argumenté que la juventud de la migración y el propio sistema de género son dos factores que explican gran parte de esta situación.

Sin embargo, que los escollos sean menores no significa que los varones no se esfuercen por controlar la sexualidad de las mujeres o en argumentar contra la posibilidad de que migren. En pocas palabras, la masculinidad debe estar atenta para controlar los "desmandes" concretos, pero también los potenciales.

Ahora bien, aunque las dificultades para ejercer el mandato del control estén dadas por la flexibilización que los actores, particularmente las mujeres, introducen en algunas esferas del deber ser de la masculinidad y de la feminidad, dicha flexibilización tiene límites. La mayor participación femenina en la toma de decisiones no implica un cuestionamiento a la autoridad masculina ni una anulación al mandato del control. En pocas palabras, el debilitamiento del mandato del control no debe magnificarse.

Entonces, ¿cuáles son los recursos con que cuentan los migrantes para no perder el control? Considero que conviene atender dos tipos de recursos que, por simplificación narrativa, llamaré estructurales y coyunturales, ampliamente asociados entre sí. Con estructurales me refiero a las construcciones de género imperantes en las que han sido socializados los cardaleños y las cardaleñas. Denomino coyunturales a las estrategias desplegadas a partir de la migración para minimizar el debilitamiento del control.

El sistema de género impone límites precisos. Como mencioné en el capítulo anterior, aun cuando la distancia espacial y la relativa mayor independencia financiera pueden ser estratégicamente usadas por las mujeres para resistir ciertas "obligaciones" femeninas (Tacoli, 1999), ello casi nunca traspasa los límites de lo socialmente aceptable y de las ideologías de género. Traspasar los límites puede significar la deslegitimación de la feminidad. Precisamente, la eficacia del sistema de género se expresa claramente en el autocontrol que las mujeres se imponen a fin de no ser objeto de una sanción social.

Pero no sólo cuidan su imagen, pues una actitud socialmente sancionada puede repercutir en perjuicio de su familia y del hombre en particular. Las mujeres cuidan la imagen de su cónyuge porque es también una forma de cuidarse a sí mismas. Recordemos que el sistema de género condiciona tanto a las mujeres como a los varones. Ellos están condicionados a limitar las flexibilidades que las mujeres buscan incorporar, ya que pueden ser socialmente criticados si permiten que sus esposas muestren demasiada independencia en sus decisiones o tengan una participación muy activa en el ámbito público.

En la discusión acerca de los condicionamientos de género, frecuentemente se soslaya el papel de los afectos. Corresponde a los afectos un papel fundamental como limitantes de ciertas conductas que podrían dañar o como aliento de las que brindan beneficios.

Si bien la mirada social y los afectos limitan la aparición de acciones que atentan contra los lugares masculinos o femeninos y la estabilidad de la familia, ello no elimina la disposición de recursos coyunturales de control sobre la mujer. Si bien la mayoría de estos recursos no son inaugurados por la migración, su carácter coyuntural proviene de la forma que con ella adquieren. Las actividades de la mujer siempre han sido vigiladas. El comunitario no es un nuevo recurso de control, pero se refuerza cuando el jefe y guardián del hogar está ausente. El reforzamiento se despliega en dos sentidos. Por un lado es espontáneo, y en él participa la comunidad sin solicitud alguna del migrante. Con la migración no sólo los hombres consiguen fama; también sus cónyuges. Todos saben cuáles y cuántas mujeres están solas.

Por otro lado, hay un reforzamiento de la vigilancia que demanda el migrante. Los familiares directos del hombre y los parientes políticos, entre los cuales destacan los suegros, son los más socorridos cuando un varón se va para Estados Unidos. Tres parecen ser los objetivos perseguidos al acudir a los parientes: en primer lugar salvaguardar al hombre de no ser burlado en su esfuerzo laboral y en su virilidad; en segundo, cuidar la integridad de la mujer cuando otro hombre intenta propasarse, y en tercer lugar preservar el carácter y la forma del vínculo familiar (Ariza, 2002).[36]

Un recurso que sí comienza con la migración es la idea colectivamente difundida de que en Estados Unidos los hombres tienen posibilidades más frecuentes de ejercer su virilidad y ni siquiera deben esforzarse para conseguirlo. Éste es un recurso masculino de control que opera directamente sobre la cónyuge sin necesidad de parientes o vecinos intermediarios. Es decir, el control de la mujer puede ser reforzado mediante su opuesto: el descontrol del varón.

---

[36] "La tendencia a la fragmentación multiplica los espacios de referencia familiares y residenciales; también, requiere de una considerable inversión humana (de parte de sus integrantes) que logre mantener, en el espacio transterritorial, la integridad del ethos familiar. En ese contexto, es donde se acrecienta la magnitud del llamado *trabajo de parentesco* requerido para preservar los vínculos familiares en las condiciones de excepción impuestas por la migración internacional" (Ariza, 2002: 65).

Si el hombre tiene "por naturaleza" una virilidad casi errante, no hay que dar motivos que justifiquen un nomadismo a ultranza que conduzca al abandono. La cónyuge tiene, al menos, que ser la "residencia base" de la virilidad masculina, y una de las formas de procurarlo es observando una conducta acorde con los cánones femeninos.

El fin de estos dispositivos de control es la actualización pública y privada de la masculinidad. Dicha actualización se realiza constante e independientemente de la migración, para disipar cualquier duda acerca de quién es el dominante, pero las circunstancias migratorias demandan más esfuerzo.

Dependiendo de la etapa migratoria que el hombre esté atravesando, algunos recursos para actualizar la masculinidad adquieren mayor importancia que otros, aunque todos estén presentes a lo largo del proceso. Antes de salir rumbo al norte, los hombres no sólo dicen a la mujer lo que esperan de ella, sino que comprometen a alguien más en el cuidado y control. En esa etapa la anticipación cobra gran importancia. Durante la estadía en Estados Unidos actualizan discursivamente su masculinidad vía telefónica ante la mujer —valiéndose de advertencias y posibilidades de castigo— y ante otros actores a los cuales indagan acerca de la cónyuge. Ésa es, quizás, la etapa más difícil de transitar, ya que se trata de mantener la presencia a pesar de la ausencia. Una vez que regresan a El Cardal, las averiguaciones en el ámbito comunitario cobran gran importancia. En esta etapa se trata principalmente de confirmar la actuación de la cónyuge y, por lo tanto, observar si las anticipaciones y la procuración de presencia a pesar de la ausencia dieron el resultado esperado; se trata de evaluar si los acomodamientos anteriores fueron satisfactorios. Asimismo las actuaciones desplegadas en el regreso cumplen un papel importante ante la posibilidad de un nuevo movimiento migratorio, tanto por la experiencia comprobada como por la "enseñanza" que dejan a la mujer: el esposo no se queda en el decir, sino que actúa en consecuencia.

Para finalizar abordaré el último punto de discusión: las consecuencias que las dificultades en el ejercicio del control de la mujer pueden acarrear sobre la validación masculina. En términos generales el control de la conducta de la mujer acorde a los cánones de género otorga validación a la masculinidad. Sin embargo no todos los ámbitos en que se ejerce el control ocasionan validaciones o desprestigios similares.

El control puede ser relativamente más flexible en algunos ámbitos. Tal es el caso del económico, donde las mujeres gozan de ciertas libertades o se las toman. Pero no es sencillo calificar esta dificultad del control como validación o desprestigio masculino porque las posibilidades son muchas. Por un lado, la mayor injerencia de las mujeres se cuestiona socialmente y a algunos hombres se les tacha de sumisos ante el accionar femenino, lo cual les acarrea desprestigio. Por otro lado, esa misma injerencia femenina que promueve el esfuerzo y estimula la competencia entre varones puede reflejarse en la adquisición de bienes inusuales que posicionen mejor al hombre en el mandato de proveedor. También es posible que no se logre validación en ninguno de los dos mandatos o que se logre validación en ambos. Las alternativas mencionadas no agotan la gama de posibilidades, pero advierten que la validación en el mandato masculino del control no es sencilla, entre otros factores, porque está estrechamente ligada al mandato de proveedor.

Aún así, la mayor injerencia de la mujer parece no afectar la imagen del varón, siempre y cuando ella no anule la validación en el rol de proveedor. Es decir, si se logra validación en el mandato de proveedor es porque hay una cónyuge que actúa conforme a las directrices del esposo o porque los intereses de ambos coinciden, aunque la mujer pueda ejecutar decisiones o acciones relativamente independientes. Este tipo de argumentos pone de relieve la inconveniencia de asociar directamente la autonomía femenina con el desprestigio masculino (véase Zamudio Grave, 1999).

La dificultad de validar o adjudicar desprestigio se hace más compleja cuando se involucra el control de la sexualidad femenina. Las posibilidades de ser validado en unos aspectos y desprestigiado en otros se amplían. Sin embargo, considero que lo complejo tiende a desaparecer cuando se trata de la infidelidad femenina. Aunque no haya documentado caso alguno de infidelidad femenina, es posible suponer que es el descontrol femenino que más cuestionamientos acarrearía a la masculinidad. Diversos trabajos realizados en otros contextos migratorios han documentado que las acciones de los hombres pueden ser violentas ante un engaño (véase Faguetti, 2000, entre otros). Además, las previsiones que expresaron los varones cardaleños sugieren que su ocurrencia dañaría no sólo el orgullo viril, sino que desvirtuaría el esfuerzo laboral. Es decir, la infidelidad de la cónyuge anula aspectos clave de la masculinidad relacionados tanto con el mandato del control o la virilidad, como con el de proveedor. También es posible extender los efectos de una infidelidad al ámbito migratorio, ya que algunos hombres expresaron que ante una infidelidad pensarían en establecerse definitivamente en Estados Unidos.

En otras palabras, la dificultad de establecer grados de validación masculina asociados al mandato del control no impide reconocer que hay descontroles femeninos que afectan en mayor o menor medida la masculinidad. Las mujeres son actores fundamentales que median las posibilidades de la masculinidad para validarse públicamente. Que la competencia se realice principalmente entre hombres y que sus acciones se condicionen por la mirada masculina no significa que se ignoren la mirada y la acción femeninas. Así como hay evidencia a favor de no sobrestimar el papel de las mujeres, también la hay para no subestimarlo.

V. NUEVOS OBSTÁCULOS PARA LA VALENTÍA

*El ejecutor de una empresa atroz debe imaginar que ya
la ha cumplido, debe imponerse un porvenir que sea irre-
vocable como el pasado.*

Jorge Luis Borges[1]

El análisis que presenté en el tercer capítulo mostró la importancia
del fenómeno migratorio en la validación de los hombres adultos
como proveedores, así como en las expectativas de conocimiento
de los jóvenes. En el cuarto capítulo se evidenciaron las dificultades
que la migración plantea a los varones adultos para controlar las acciones de las cónyuges, así como las estrategias que suelen ponerse
en marcha a fin de minimizar tales dificultades. En este capítulo, finalmente, analizaré los efectos de la migración sobre el mandato
masculino de la valentía.[2]

Aunque a lo largo de estas páginas se complejizarán los contenidos de la valentía, se parte de entenderla como un sentimiento orientador de las acciones masculinas que se demuestra cuando una situación o sentimiento requiere ser resuelto o controlado. La hipótesis
general que guía este capítulo es que la migración presenta un escenario propicio para que los varones pongan a prueba su hombría. Por
ello se analiza la valentía masculina en relación con las situaciones y
dificultades que se presentan durante el trance migratorio.

Los primeros apartados de este capítulo tienen como fin resaltar
la importancia de la valentía como mandato masculino que orienta,

---

[1] Jorge Luis Borges, "El jardín de los senderos que se bifurcan", 1972.
[2] Debe tenerse en cuenta que usaré los términos valor y hombría como sinónimos de valentía.

junto a otros, las acciones de los migrantes cardaleños. Se analizan las cualidades socialmente adjudicadas en El Cardal al "hombre valiente" para luego especificarlas en torno de la migración; además se describen las dificultades suscitadas durante el trance migratorio a fin de dar elementos que permitan comprender que la migración juega un papel relevante en la validación de la hombría. Finalmente, en los últimos apartados se presenta el análisis de un caso que podría estereotiparse como el opuesto de la valentía: la situación de los varones que abortaron sus planes migratorios a raíz del temor que les suscitó el accidente en que murieron cuatro de sus parientes y vecinos.

LA DECISIÓN, EL MANTENER LA PALABRA Y LA VALENTÍA: UNA TRÍADA INSEPARABLE

Entre las cualidades positivas que un hombre cardaleño debe reunir sobresale la decisión. Un hombre decidido es aquel que no titubea, que tiene determinación suficiente para mantener una opinión o proyecto más allá de los obstáculos que se le presenten (véase Gilmore, 1994).

Hasta ahorita siempre lo que he decidido [lo he realizado]. Si me propongo hacer algo, siempre lo he logrado. O sea, lo cumplo. Si me va bien, ni modo. Si me va mal, también. Pero siempre lo hago o lo intento hacer. Porque hay cosas que las haces, te salen mal, y cosas que las haces, te salen bien. Pero, hacerlas pues, no simplemente decir (Hugo).

Un hombre siempre tiene que estar decidido, en lo que sea, pero decidido. No puede temerle a nada. Pasar muchas etapas por sobre todo, cualquier obstáculo. Enfrentarse a todo lo difícil y bueno que venga mientras trascurre el tiempo (Pedro).

Uno debe de ponerse metas y hasta no lograrlas no pasar a otra. Porque hay gente que vive trazándose metas y no logra llegar a una y se mete a otra y al último no hace nada. Se la pasa intentando siempre […] Cobarde es un hombre inseguro, inseguro de sí mismo. La peor cobardía es no tenerse fe en uno mismo. Tú no puedes hacer nada si no [crees en ti]. Si no crees en ti, ¡nadie va a creerlo! Tienes primero que creer en ti. Tener decisión (Silvio).

En términos ideales "ser decidido" no sólo es proponerse un objetivo, sino vencer obstáculos confiando en sí mismo. En otras palabras, la decisión no se limita a disponerse a lograr un propósito, sino que acompaña todo el proceso que le sigue. Decidirse es decir y hacer.

Lo contrario a un hombre decidido es uno inseguro. Un varón inseguro no podrá llevar adelante lo que se propone; se quedará en el decir. Pero, además, no logrará que los demás crean en él.

Para que otros puedan evaluar el carácter decidido de un hombre cobra gran importancia el ámbito público, ya que una de las principales formas en que la decisión puede ser socialmente evaluada es cuando alcanza dicho ámbito; es decir, cuando se puede verificar la coherencia entre la intención manifestada y las acciones.

La gente tiene una manía. Por ejemplo de que si uno está decidido a hacer algo y no lo hace [dicen:] ¡oye! pero cómo me voy a presentar frente a esa gente, ¿no?, que a la mejor no lo hice o lo hice mal y ahora me van a criticar, ¿no? Siempre hay, por decir, una costumbre aquí tan arraigada que siempre nos sentimos culpables por algo que pensamos hacer y no nos sale bien; con la gente; que uno es culpable de haber quedado mal. O nos sentimos mal porque nos vayan a reprochar algo, cosa que a veces ni pasa. Lo que pasa es que uno ya tiene esa idea en la cabeza, de que a la mejor eso no funcionó. Y que yo tomé la determinación equivocada y ahora le quedé mal a mi gente [...] Y lo que lo hace cumplir es eso, de que la sociedad no lo burle, no lo critique [...] Por eso la gente cumple, a veces, con algún compromiso que se echa encima por no estar al margen de los demás, ¿no? Que si han quedado, y que la gente me va a criticar a mí y a aquéllos no. Es como una competencia, ¿no? En ese momento yo me propongo algo, pero si no funciona, no puedo regresar con ellos y tengo que hacerlo. Aunque me salga chueco, tengo que hacerlo. Es una competencia más que nada (Ismael).

—Aquí tendemos mucho a burlarnos de alguien, ¿no? O de que no lo ha podido hacer y nos burlamos rápido, ¿no?
—Y ¿cómo se siente un hombre burlado?

—Pues mal, demasiadamente. Como derrotado. Aunque sea que lo que te haya pasado sea por tu conveniencia, como que te sientes derrotado, ¿no? Aunque sepas que la llevas de ganar; como que dices: fracasé (diálogo entre la entrevistadora y Ruperto).

Si entre la intención y la acción hay incoherencia, puesta en evidencia por la falta de consecución de lo que se manifestó públicamente, el sujeto experimenta malestar. Uno de los entrevistados lo califica como "manía", lo cual, lejos del significado psicoanalítico, denota un comportamiento socialmente extendido, una conducta que se repite en el entorno. En otras palabras, los varones se sienten culpables cuando no cumplen con lo que creen que debieran haber realizado o con lo que suponen que otros esperan de ellos (véase Valdés y Olavarría, 1997; Kimmel, 1997).

El sentimiento de culpa se nutre de dos temores: uno, de "quedar al margen de los demás", de ser menos que otros, lo cual remite a una pérdida en la valoración de sí mismo; otro se asocia a la agudización del sentimiento cuando la pérdida excede al individuo, es decir, cuando la falta de consecución de determinado objetivo ocasiona la privación de un beneficio para un grupo o la comunidad: "le quedé mal a mi gente" (véase Gilmore, 1997).

Ahora bien, el sentimiento de culpa emerge a raíz de otra conducta, que también podría denominarse "manía": la de criticar y burlarse de un hombre que no pudo o no quiso seguir adelante con una determinada acción. La (alta) posibilidad de ser burlado da lugar a una tercera "manía": la búsqueda constante de salir airoso de los compromisos que se creen asumidos.

Ya sea que la sanción sea efectiva o imaginada, su posibilidad funciona haciendo que los hombres traten de actuar en consecuencia. Es decir, más allá de la ocurrencia de la sanción, debe subrayarse que los varones creen que ocurrirá (véase Bonino, 2000).

Ahora bien, no es necesario que exista un pacto explícito entre un hombre y otro u otros actores para que emerja el sentimiento de compromiso. Pero cuando el pacto es explícito, el compromiso es mayor. Gilmore (1994) menciona que en la costa mediterránea se usa la expresión "palabra de bigote" para denominar un compromiso que se realiza entre hombres. Salvando todas las distancias, en El Cardal también se emplea esa expresión para designar lo mismo.

Cuando uno dice: no, es que esto [se toca arriba de la boca] ¡Ay, hijo
puta! Van a decir que me eché para atrás. Van a decir que me rajé.
Van a decir que soy cobarde, que no cumplo. Y por eso es por lo que
se respeta tanto la palabra del campesino. Fíjate que a veces hacemos
un documento cualquiera, digamos de un préstamo al bigote. Y quizás sí pese más que la firma. Ya para el asunto legal no vale nada, ¿no?
Pero el asunto es que alguien me lo diga frente a ti y que tú estés de
testigo de que dijo: de bigote. O sea, de palabra de hombre, ¿no? Y si
no cumple, pues, está a máquina, ¿no? Es lo que duele. Duele mucho
eso: ya di mi palabra, y aunque no quiera (Lucas).

Cuando un hombre "da su palabra" y alega que "es de bigote"
está haciendo un compromiso sumamente importante, del cual sólo
podrá salir airoso al cumplirlo cabalmente.[3] Y aunque luego haya motivos para arrepentirse, la retractación seguramente tendrá
el precio de ser vilipendiado por quienes se sientan incumplidos.
Quien perdió la decisión y quiere deshacerse de un compromiso
"de bigote", se preocupa porque su palabra de hombre será puesta
en entredicho y porque conoce la dinámica de sanciones que se
pondrá en marcha.

Ahora bien, no siempre se alega explícitamente que un pacto
"es de bigote". Algunos argumentan que es una costumbre de los
ancianos, que ya no se usa frecuentemente. Pero, se pronuncien
esas palabras o no, su impronta aparece cada vez que un hombre
realiza un acuerdo con otros.

Tales elementos llevan a entender que los varones cardaleños
están condicionados por el mandato masculino objeto de este capítulo: la valentía u hombría, definida como el sentimiento orientador de las acciones masculinas que se manifiesta en la actitud decidida para lograr un fin y sobreponerse a los obstáculos. La valentía
es necesaria para aguantar los deseos de desdecirse, de retractarse.
La decisión y el mantenimiento de la palabra requieren de una fuerte
dosis de aguante.[4]

[3] En otros contextos, tal como en la ciudad de Santiago de Chile, se encuentran formas de compromiso masculino similares: "el hombre empeña su palabra, la
palabra de hombre, y para demostrar que es de fiar debe sostener su palabra" (Olavarría, 2001:15).
    [4] "La ideología del aguante representa un principio aglutinador de la experien-
cia, definido como el arte de no escapar, de soportar lo que venga [...] Cual vocación

He de reiterar la importancia de lo público en el engranaje de compromisos masculinos. Al igual que el rol de proveedor y el control sobre la mujer, la hombría puede ser demostrada y evaluada cuando otros actores conocen las acciones, particularmente otros hombres. Si nadie conoce las intenciones, nadie podrá argumentar que hubo indecisión, inseguridad o cobardía cuando no se llevan hasta último término. Las formas de la masculinidad relacionadas con la valentía encuentran asidero en el proceso migratorio.

Hay personas que no tienen la decisión de decir me voy a ir y me voy a ir. Hay gentes que te dicen: me voy a ir. Pero nomás te lo dicen así. Pero ya lo analizan a fondo y no tienen decisión y no se quieren ir. No es gente decidida [...] Cuando uno dice algo que ya tiene planeado, es porque lo va a hacer. O tenerlo en mente de que ya nomás tal día, tal día, tal día (Mario).

Pues yo sí me sentía orgulloso. Porque yo sabía que me venía y que todo lo había hecho yo, que nadie me había facilitado, que nadie me había dicho: ¡vámonos, vámonos! ¡yo te voy a prestar, que yo te llevo, que esto! O sea, yo todo lo hice, y yo siempre estuve viéndolo. O sea, como que lo estuve estudiando y planificando. Pero lo hacía yo mismo, sin andar contando a todos [...] También yo no podía andar diciendo, porque digo, a la mejor y no puedo, no consigo el dinero y no me voy, o pasa algo y no me voy. Y que después digan: que tal día se va a ir fulano. ¡Y que te vean al otro día! (Hugo).

La migración da oportunidad de evaluar la decisión de un hombre y el mantenimiento de su palabra desde mucho antes de que llegue a Estados Unidos. A quienes dicen que se van y luego no lo hacen se les tacha de indecisos.[5] Quizás la posibilidad de sufrir una

---

religiosa, el aguante se pone a prueba en la adversidad o en la *tentación de afloje*" (Abarca, 2001:115). Las características que Abarca adhiere a lo que llama "la ideología del aguante" son las que, en el contexto cardaleño, distinguen una actitud valiente.

[5] Cuando los entrevistados hablan de "personas" se están refiriendo básicamente a los hombres. En la generalización las mujeres no están presentes. Esto lo puedo afirmar porque en cada caso pedí aclaraciones. El valor y la migración no suelen asociarse con las mujeres, en gran parte por la baja proporción de las cardaleñas que han migrado. Sin embargo cabe preguntarse qué sucede con el mandato de la

contrariedad en el cruce de la frontera sea motivo para desistir, pero quien ha adelantado públicamente sus intenciones de irse debe saber que la migración conlleva diferentes tipos de dificultades. Entonces, detrás de la retractación no sólo se traslucirá su indecisión, sino su falta de análisis de la situación. Idealmente el mandato masculino de la valentía demanda no sólo decisión, sino prudencia y un mínimo de conocimiento acerca de lo que se pretende hacer.[6]

Si se expresó la intención migratoria y no se es consecuente, se puede pasar de valiente a "rajado" en un instante;[7] en el instante en que se comprueba que quien dijo que se iba está sentado enfrente o pasa caminando al lado se disparan y arremeten las habladurías.

Mi amigo dice: yo ya dije que me voy a ir. Pero ya después no quería venirse. Y ya así como que le daba pena que todo el pueblo sabía que se iba a venir y no se vino. Así me dio a entender [...] Existe mucho eso ahí en El Cardal. Ahí sí te burlan. Si tú dices que te vienes como que te quemas... Si ya todo mundo sabe que te vas a venir y no te vienes, sí te burlan: que te rajaste, tuviste miedo (Coqui).

Hay muchos que dicen: me voy. Pero se vienen sin querer. Ahora sí, sin querer queriendo se vienen; por el temor de qué va la gente a hablar de ellos. Y yo no. A mí me vale sombrilla. Y, es más, si llego a oír que alguien habla de mí, ¡puta!, ¡no se la acaba! No, a mí me remolesta que hablen a mi espalda (Gabo).

---

valentía en contextos en donde las mujeres adquieren un mayor peso en el flujo. Convendría analizarlo en futuras investigaciones.

[6] Olavarría argumenta acerca de la racionalidad en las decisiones: "el varón debe ser fuerte, racional; debe orientar su accionar de manera similar a la que tiene la racionalidad económica. Sus obligaciones le obligan a tener clara la finalidad de sus acciones; debe adecuar los medios para responder responsablemente a lo que se espera de él. No se debe amilanar ante los problemas que enfrenta" (Olavarría, 2001:15). Se trata de una versión ideal; en la práctica las decisiones de los hombres cardaleños distan de orientarse sólo en función de análisis racionales acerca de costos, beneficios y medios para alcanzar el fin; toman las decisiones en medio de una gran incertidumbre y de informaciones inciertas y contradictorias.

[7] Cobarde y rajado son calificativos que en el discurso cotidiano se emplean como sinónimos, ya que ambos apuntan al hombre que no cumple. Pero pueden establecerse diferencias entre ellos, ya que rajado se usa más frecuentemente, y quizás por eso mismo no es tan ofensivo como cobarde.

Están bien güeyes[8] porque dicen: me voy a ir, me voy a ir. Y ahí están diciéndole a todos, y a la mera hora dicen: no me voy. Pues yo creo les da penilla al otro día salir. No manches, ya me despedí de la gente, ahora me tengo que ir, porque ya me despedí. O sea, también son locos ésos (Rogelio).

Y es que es mucho relajo, ¿no? Si no se va Chelo, ya a la mera hora, pues, como dicen aquí, válgase la vulgar expresión: se le arrugaron (Lucas).

No sólo se critica a los que se retractan, también a los que dicen haberse ido ante la presunción de que serían criticados. En el primer caso, se les tacha de indecisos y cobardes; en el segundo, de poco autónomos. Sin embargo se sanciona más la falta de valentía que la de autonomía. Los que se fueron por las presiones impuestas o autoimpuestas al menos habrán mostrado valentía al enfrentar el trance migratorio. En cambio argumentar autonomía en la decisión de quedarse no parece ser un recurso válido para minimizar la crítica. Como ya expresé, el razonamiento que subyace es: si no estaban seguros, ¿para qué difundieron sus planes migratorios?

El chiste y la burla son recursos fáciles (De Barbieri, 1992). Una de las burlas más frecuentes asocia el achicamiento de los órganos genitales de los varones con una reducción de la valentía. Como si el valor estuviera alojado allí y como si el tamaño de los testículos hablara del tamaño de la hombría. La valentía testicular reducida es estéril; no engendra acciones que puedan llamarse "masculinas". En el extremo de la metáfora del achicamiento de los testículos se encuentra su inexistencia. Y qué es eso, sino una mujer. Entonces, parece que un varón sin valentía se asemeja a una mujer, y "la peor humillación para un hombre consiste en verse convertido en mujer" (Bourdieu, 2000:36). En este marco de calificaciones y sanciones se debe entender la importancia que los varones adjudican a las habladurías acerca de su hombría, así como las molestias y temores que experimentan por no cumplir con ese mandato masculino.

Ahora bien, si todos saben que pueden ser muy criticados por anunciar prematuramente su migración, ¿por qué lo hacen? Hay que tener en cuenta que en El Cardal es difícil mantener en el ámbi-

---

[8] Güey: tonto.

to privado el plan migratorio debido al tamaño de la localidad. Aunque algunos efectivamente logran que su plan no se difunda, los arreglos que deben realizar, como conseguir dinero para pagar el traslado o las consultas a los polleros,[9] ocasionan que sea difícil ocultar la planificación de la migración.[10]

En otras ocasiones el compromiso es casi inevitable e inocultable, porque son otros varones los que públicamente invitan a migrar (véase Hondagneu Sotelo, 1994).

Luego, lo que pasa es que se juntan así, un grupito de gente y se empieza a comentar: oye y que es que por aquí hay trabajo y que esto y que el otro, ¿no?, y que está fácil, ¿no? Y ¡si quieres vámonos! Y uno para no quedar mal, dice: parece ser que está bueno eso, si quieres vámonos. Luego dicen: ¡no va quien se raje! No, ¡órale vámonos! Luego hay mucha gente [que se arrepiente]. Tan es así, que la gente se compromete sin conocer (Leandro).

O sea, ya teníamos una fecha para irnos y unos amigos me dicen: ¿qué, no que te ibas a ir? Dice: que todavía te voy a ganar yo en irme. Le digo: no, es que... Y yo todavía explicándole por qué, ¿no? O sea, y ya y les digo: es que ya no se pudo, mi hermano no me pudo mandar el dinero. O sea, les invento equis cosa, con tal de que ya no me estén fregando [...] Pues me decían el, ya sabes, rajado (Joselo).

Una forma de comprometerse en la migración se encuentra en la presión ejercida por las llamadas "mancuernas".[11] La expresión "no va quien se raje" apunta a la cohesión del grupo. Y no es fácil contradecir al grupo de pares, ésos con los cuales se convive y a los

---

[9] Pollero: persona que se encarga de hacer los arreglos necesarios para trasladar a los migrantes desde la localidad de origen hasta el destino deseado en Estados Unidos. Los cardaleños diferencian al pollero del coyote, ya que a este último sólo lo contrata el pollero para realizar el cruce de la frontera. Es decir, el pollero se encarga de todo el proceso migratorio y el coyote sólo de una parte.

[10] Sin embargo, a mí me resultó particularmente difícil conseguir entrevistas con hombres que estuvieran planeando migrar, no porque no los hubiera, sino porque no me enteraba. Cuando preguntaba a la familia o a conocidos del migrante por qué no me habían avisado, no daban mayores explicaciones. Esto sugiere que se protege a quien está planeando la migración y que la entrevista puede haber sido percibida como una exposición a preguntas poco convenientes.

[11] Mancuernas: amigos o personas con los cuales alguien se trata asiduamente.

cuales se pretende agradar (véase Gilmore, 1997). En el capítulo anterior mostré las molestias que se suscitan ante las presiones de las mujeres; sin embargo, la presión ejercida por otro hombre no se percibe como algo negativo, sino como algo que ocurre así, que así es.

Para los varones que fueron invitados a migrar es embarazoso retractarse. Para retractarse es importante seleccionar un buen motivo, una excusa que exceda sus posibilidades y así no se les vea como indecisos, ni como hombres que se dejaron vencer por el miedo o los afectos.[12] El motivo por el cual Joselo no cumplió con sus amigos fue la oposición de sus padres, quienes argumentaron que lo consideraban inmaduro para semejante empresa y no le prestaron dinero. Como no era una excusa elegante para justificarse ante los amigos, le resultó necesario inventar otra.

Ya sea que la intención de migrar es difícil de ocultar o el compromiso se realice sin desearlo, algunos hablan de sus planes más que otros. Éstos suelen ser calificados como promocionadores de su valentía.

> Porque eso de decir: yo sí me voy, yo sí me voy. Y andas como queriendo que alguien escuche: que yo sí tengo valor, no como otros. Y a la mera hora te haces para atrás, te rajas, y quedas en boca de toda la gente: cabrón, ¿no que te ibas, no que te ibas? (Mario).

> Los que lo dicen es para que sepan que son mejores porque se van a ir. O sea, para mi pensar eso es. Que todos andan diciendo: me voy tal día, me quiero ir para allá. Y le cuentan a todos ahí. Ya todos andan diciendo: ¡no, que fulano se va ir para el otro lado! O sea, es para sentirse mejores (Hugo).

Quien hace público su proyecto de irse para Estados Unidos se gana la consideración positiva de quienes lo saben. El beneficio de difundir los planes migratorios radica, principalmente, en recibir elogios por el valor de decidirse a enfrentar el trance migratorio; es

---

[12] La importancia de la selección de un buen motivo para retractarse se podrá apreciar con mayor profundidad en la última parte de este capítulo, cuando se analicen los cuestionamientos que recibieron los hombres que abortaron sus planes migratorios a raíz del accidente.

como vivir el éxito antes de haberlo alcanzado. Entonces, aun cuando una actitud premigratoria mesurada parece ser más adecuada para la hombría, los varones no siempre pueden o quieren comportarse de esa manera. Pero como la valentía no se demuestra diciendo, sino siendo consecuente con lo dicho, quienes llegan al destino reciben muchos elogios.

> Luego dice la gente: ¡ése bien que se animó a irse! (Karina).

> Ahí sí está la decisión que tenga uno. O sea, si quiere uno progresar, si tiene uno decisión, si es o no tan aventado. Porque no cualquiera hace esto (Tony).

> Me dio gusto. Digo, este cabrón tiene [agallas] a pesar de tan vacilador, de tan rajadillo que se ve. O sea, yo pensé que le faltaba valor. Digo: es cabrón; sí tiene decisión. Digo: este cabrón nomás de un momento a otro dijo: me voy. Al otro día ya se había venido (Gabo).

Los cardaleños perciben la migración como una acción que requiere mucho valor. Ocasionalmente puede hacer que alguien ascienda en la escala de la hombría de forma extrema: de "rajado" a "cabrón", de vacilante a decidido. Estos elementos sugieren que la participación en la migración efectivamente valida a los varones en este mandato, pero también sugieren que el trance migratorio se asocia con situaciones peculiares que demandan a la masculinidad una alta dosis de valentía.

> Lo que más les motivó fue que yo llevara carro para allá. Dijeron: pues no es tan difícil Estados Unidos. La gente ve y dice: éste ya se fue y sí la hizo. Pues si la hizo él, ¿por qué no yo? Digo que eso es, porque así cuando ven a alguien que hizo las cosas, dicen: ¿por qué yo no voy a poder? [...] Se vienen bien valientes, pero acá en la frontera topa uno con algo que es más duro que el valor (Beto).

Los migrantes y retornados son los que insisten más en cierto carácter excepcional de la migración que haría necesaria más valentía que la requerida cotidianamente, o que pudiera hacer doblegar "al más valiente".

La migración brinda un buen ejemplo para establecer niveles de importancia entre los elementos de la valentía que se han desglosado. Considérense dos situaciones: una en la cual un hombre publicita su migración y otra en que no lo hace. En el primer caso la valentía puede ser socialmente evaluada paso a paso, conforme avanza el proceso entre la expectativa de migrar (el decir) y los hechos que confirman la migración (el hacer). En el segundo la valentía sólo puede ser socialmente evaluada y asignada a posteriori, cuando los hechos evidencian la realización de la migración (el hacer). En este sentido, si bien la coherencia entre el decir y el hacer es un aspecto fundamental en el que se basa el ideal de la hombría, lo que finalmente otorga validación es el hacer. Es decir, más allá de cómo se haya transitado hasta la realización de determinada acción (publicitada o reservadamente), lo socialmente elogiado es la concreción de ésta.

Ahora bien, la concreción de acciones no es un aspecto que por sí mismo adjudique el calificativo de valiente a quien las realice. Cotidianamente se concluyen múltiples acciones y no todas son demandantes de valentía. Lo que otorga tal calificativo es el tipo de acción que se desarrolla. El tipo de acción puede establecerse en función de los obstáculos que demande o haya demandado enfrentar: cuanto mayores sean, mayor será la valentía que se asigna. El análisis de este apartado avala ubicar a la migración entre las acciones conocidas por los cardaleños que demandan la superación de mayores obstáculos y, por lo tanto, demanda más valentía.

¿Qué sucede con la hombría de los no migrantes?

Casi a todos nos mueve un poquito, ¿no?, incluso a profesionistas. Y tenemos un sueldo modesto como maestro y lo que hemos hecho con el ahorro. Pero que sí tendría ansias de una vida más holgada. Entonces, cuando oyes que se va un grupo, como que se te antoja. Por aventura en este caso mío. Hay quienes se van obligados por la necesidad y se arriesgan […] Y cuando no hay esa necesidad, ahí te quedas, no te arriesgas (Franco).

Quienes no manifiestan tener planes migratorios, como es el caso de Franco, no son objeto de críticas; su valentía no se cuestiona. El entrevistado, director de una de las escuelas primarias de El Cardal, refiere que aun teniendo deseos de hacer más holgada su situación económica, no se siente con la necesidad de "arriesgarse" (migrar). Si bien podría asumirse que no se le critica debido a que su situación económica no lo impera a arriesgarse, tampoco se critica a quienes tienen "necesidad" y no migran.

Para comprender lo anterior hay que tener en cuenta las relaciones entre el mandato de proveedor y el de la hombría, sin olvidar la injerencia de los recursos materiales con los que se cuenta, así como la juventud del proceso migratorio cardaleño.

Ambos mandatos parecen estar fuertemente asociados en el grupo de los migrantes adultos: requieren de valentía para asumir riesgos y así cumplir con el objetivo de proveer. Cabe recordar que en el capítulo III se planteó el conflicto entre la necesidad de migrar para proveer y los temores por la integridad física. O sea, la tensión entre el mandato de proveedor y el de la hombría tiene vigencia desde los primeros momentos en que los varones piensan en su migración.

Pero la situación es diferente para quienes no migran. Primero hay que considerar a quienes no tienen apremios económicos, pues su relativo éxito en el mandato de proveedor los libra de la necesidad de migrar y, por lo tanto, de arriesgarse. Al no tener apremios económicos, no se cuestiona su hombría. Aquí se pone de relieve la importancia del mandato de proveedor por sobre el de la valentía, ya que a un buen proveedor no se le cuestiona su capacidad de riesgo en la migración.

Segundo, hay que considerar a quienes tienen necesidad económica y no migran ni se exponen a los riesgos migratorios. En este caso no es el éxito en el mandato de proveedor lo que los libra de ser criticados, sino la falta de recursos para enfrentar el movimiento.

De lo anterior se desprende que los recursos económicos median la relación entre el mandato de proveedor y el de la valentía. Si se cuenta con recursos que faciliten un papel de proveedor relativamente exitoso y que eximan de la necesidad de migrar, así como si no se tienen para ser un buen proveedor ni para costear los gastos de la migración, la valentía no parece ponerse en cuestión. En cambio, cuando no se logra éxito como proveedor, pero se cuenta con los recursos mínimos para costear los gastos del movimiento, la situación puede transformase y cuestionarse la hombría.

La juventud del proceso migratorio también debe tomarse en cuenta. Que la gran mayoría de los varones cardaleños no haya migrado ni haya proclamado intenciones de hacerlo contribuye a explicar por qué no se cuestiona la hombría de quien no migra ni dice tener planes de hacerlo: si se le calificara de cobarde, la gran mayoría de los cardaleños entraría en esa categoría.

En síntesis, esta investigación permite proponer que el mandato de la valentía se actualiza entre los involucrados directamente en la migración; es decir, entre los migrantes y entre quienes tenían planes migratorios pero se retractaron. Al menos en sus primeras etapas de desarrollo, la migración no parece haber afectado la validación de la hombría de otros varones.

Ahora bien, ¿cuáles son los elementos que ponen en tan alta estima a la valentía en la migración? Para responder esta pregunta es necesario dar cuenta de las dificultades que deben enfrentar los migrantes durante el trance migratorio. A ello me referiré a continuación.

LOS OBSTÁCULOS DE LA MIGRACIÓN

En las secciones siguientes describiré las dificultades a las que se enfrentan los hombres cardaleños durante la travesía migratoria. Estos aspectos son fundamentales para comprender la importancia de la migración en tanto fenómeno que afecta el mandato que analizo en este capítulo. Más específicamente, a continuación describo la travesía migratoria que comienza al salir de El Cardal y concluye al llegar al primer destino en Estados Unidos, que en la gran mayoría de los casos es la ciudad de Phoenix, Arizona. Esta delimitación no desconoce que luego del primer destino internacional continúan apareciendo innumerables obstáculos para los migrantes. Sin embargo, para los fines de este capítulo considero que lo que experimentaron los entrevistados entre esos dos puntos geográficos brinda suficientes elementos para el análisis.

Saliendo de El Cardal y camino a la frontera

La salida del rancho y la despedida de familiares, amigos y vecinos conforman los momentos más tristes del trance migratorio (véase

Zamudio Grave, 2001). Los sentimientos que afloran en estos momentos son la primera prueba que la valentía debe sortear.

Se siente un vacío que no lo llenas con nada. Dije: ya se llegó el día y
la hora que tenemos que irnos. Como que tú dices: un día, te queda el
consuelo de decir, es hasta mañana. Y ya a medio día te va quedando
el consuelo, pero ya cuando llega dices, ¡hijo la hora! [...] Luego fui a
despedirme de mi familia y le dije a mi mamá, que es la más chillona,
dije: ¡ah! ¡No vayas a llorar!, le dije. No me la hagas más dura, le dije.
Yo no lloro, dije, no quiero que ustedes lloren. Ya cuando salimos sí es
duro, pero uno tiene que sacar fuerza de donde uno pueda para que
no vean que uno llora, para que también ellos no lloren. Ya que salimos y me despedí de mi esposa. Sí, recuerda uno a pesar de los años;
se recuerda la primera vez que salió de allá. Ves la carilla de tristeza
y uno por acá tragando con el llanto en el estómago; pero no lo suelta
uno, se lo aguanta uno (Beto).

Fue rápida, sí, mi salida fue rápida. Sí porque todavía me tomé una fo-
to con mi esposa, y me despedí. Le dije, ¿sabes qué?, yo aquí me despi-
do de ti. Me dejas en la esquina. No me acompañes. [Se le quiebra la
voz y solloza] Ya me despedí de ella. Nombre sea de Dios me voy y algún día volveré. Y ya me salí (Mario).

Cuando me fui, yo aquí no lloré; bueno, creo no lloré. Y mi esposa y
mi mamá y mis hijos llorando y todos. Pues, yo sentía feo. Pero no lloré. Me la aguanté. Digo, si me pongo a llorar también, no me voy, me
arrepiento (Sebastián).

A mí me tocó fácil. A lo mejor porque fue muy temprano... Si hubiese
sido más tarde, yo sé que iban a estar allí y que me iba a sentir ¡ay, ay,
ay! ¿Cómo no? ¡Sí! Nadie estuvo ahí, más que mi mamá y mi hermani-
ta, pero la más chica. Y si hubiese sido más tarde, si viene más gente a
lo mejor y sí me ando quedando (Hugo).

Es al día siguiente, es a la tarde, es en un par de horas, es ahora. El tiempo es implacable y cuando la camioneta que los recoge
"pita", no se puede discernir muy bien si llegó la hora esperada o la
hora temida; en sentido estricto, llegaron ambas.

Todos tratan de no dejarse vencer por el llanto. Aguantar el
llanto es un acto de valentía masculina, a la vez que de cuidado ha-

cia los demás, ya que como jefes de familia sienten que deben procurar entristecer lo menos posible a los que se quedan. Sin embargo, lo más temido de la partida es que el llanto ajeno les quite decisión. Para evitar esas escenas los hombres suelen valerse de la estrategia de salir muy temprano, cuando el pueblo está somnoliento y hay pocas miradas curiosas y pocas palabras impertinentes que exacerben la tristeza. Pero no siempre es posible evadir la tristeza ajena. En lugar de encontrar palabras de aliento, al salir muchos encuentran escenas lastimeras.

Imagínate cuando se fueron mis dos hermanos, toda la gente ahí, o sea, los hacían llorar. O sea, yo tengo una familia que es muy chillona, mamá, mis tías. Llegaban a despedirse pero todos llorando, y ellos también, ¿cómo crees que se iban a sentir? O sea, tenían razón al ya no quererse ir. Y a mí no me gustan esas escenas. Luego dice mi hermano: si no me voy a morir, yo me voy pero voy a regresar pronto; dice: nada más voy a conocer. Pero llorando decía. Yo también sentía muy feo. Por eso, cuando me vaya, yo no quiero decirle a nadie porque yo no quiero ver todo eso; es muy feo. Y fíjate, es para que le dijeran: ojalá y te vaya bien y cuídate mucho por allá, háblame cuando llegues. No sé, ser fuertes, ¿no? Pues sí, te pones a llorar y en el camino imagínate cómo van a ir, deprimidos. A tal grado que puede llegar a enfermarse por el camino (Joselo).

La figura femenina cobra relevancia en la despedida. Para los jóvenes es la madre y para los adultos, la esposa. Ellas saben que pasará mucho tiempo hasta que vuelvan a ver a sus hombres y han oído acerca de los riesgos a los que se expondrán.

Lo cierto es que en El Cardal sólo se ha visto un caso en que un varón cambió de parecer en el momento de la salida.

Uno de aquí arriba se iba a ir. Entonces estaba toda la gente, o sea al momento de que los familiares lo fueron a despedir. Y a último se arrepintió, cuando estaba toda la gente allí. O sea, la gente comenzó a llorar; y yo creo se sintió mal. Entonces, como era un señor que había pedido el dinero con trabajo, o sea era un señor humilde... Ya no se fue el muchacho y mandó a su hermano... Y su hermano, no sé si tenía ganas o no, pero su hermano se fue. En el mismo momento hicieron el cambio (Joselo).

Una de las anécdotas más famosas sobre el momento de la despedida en El Cardal es la referida por Joselo. Trata de un hombre que, en el preciso momento en que tenía que subirse a la camioneta del pollero, decidió quedarse y puso a su hermano en su lugar. Según afirman, tenía grandes necesidades económicas y deudas, por lo que no puede decirse que se quedó porque no tenía "necesidad". Los entrevistados explican su retractación por el ambiente de tristeza que se formó al momento en que se iba y por las consecuencias que ello trajo en su estado anímico.

Cuanto menos personas conozcan los planes migratorios de un hombre, menos serán los que se reúnan el día de la salida. El no publicitar los planes migratorios brinda mayor libertad de decisión y posibilidades de retractarse sin ser cuestionado —como mencioné en el apartado anterior— y además puede otorgar beneficios en el momento de la salida.

Luego de la despedida comienza el viaje hasta la frontera. Excepto en un caso, todos los entrevistados realizaron el trayecto en transporte terrestre (ómnibus). La diferencia más notoria entre el ómnibus y el avión es la duración del viaje. En ómnibus pueden tardar hasta tres días, mientras que el avión los deja en el lugar de cruce en unas pocas horas. Casi no hay dudas acerca de que los que viajan en avión arriban a la frontera en mejor estado físico para enfrentar el cruce del desierto; llegan con menos cansancio, sin las piernas hinchadas ni la espalda dolorida, padecimientos que comúnmente mencionan quienes pasan dos o más días sentados en el ómnibus.

> Pasa que también se sufre menos; es más rápido. Si se viene uno en autobús; a mí me duelen mucho los riñones, la espalda. Hasta de venir sentado se choca uno. Y por ese lado, aunque sale un poquito más caro, pero es más rápido [...] Ya, lo que vaya a sonar que suene [...] Le decía yo a mi esposa, le digo: a ver si no me muero en el avión [risas]. Y no se siente nada. Se siente suave el avión [risas]. Y luego te llevan tus copitas o tu comida: dame una copa, una cerveza para levantar el ánimo. Y, de veras, cuando me subí al avión, ya me sentía más tranquilo, ya estaba más animado, ya me sentía más bien (Gabo).

Los beneficios del avión no se limitan a lo físico; incluyen además lo anímico. Si bien el avión provoca algo de temor, sobre todo a quien nunca ha viajado en él, agrega cierta cuota de curiosidad que mejora el ánimo. El corto viaje, sumado a todos los servicios que les brindan, deja poco tiempo para pensar y entristecerse. Claro está que todo depende del dinero que se tiene o se pudo conseguir, ya que este tipo de viajes es más costoso; por eso la mayoría viaja en transporte terrestre. En términos generales es posible decir que al emprender el viaje hasta la frontera llega el momento para desahogar el llanto que se ha controlado con tanto esfuerzo durante la despedida de la familia.

Ya salimos a Xalapa y ahí nos juntamos todos y ya se ambienta uno. No se ambienta uno, sino que te consuela porque ves que todos venimos igual [...] Cuando pasamos por Banderilla dije: ya voy dejando mi pueblo atrás. Fue cuando ya no me pude aguantar. Traía una gorra ahí afuera, la bajé y me puse a llorar. Sí, era llorar ya solo en el carro que nos traía a México. Ya dije: allá se quedan aquéllos (Beto).

Cuando pusieron una canción, la de Leo Dan ¡Adiós, adiós mi México querido, mañana, mañana me iré! Ésa fue la parte más triste. Todos se pusieron casi a llorar, otros a gritar y era un escándalo con esa canción (Silvio).

La principal característica del viaje hasta la frontera es que brinda a los hombres con responsabilidades familiares la oportunidad de pensar. El viaje hasta la frontera es el tiempo de pensar.

Yo pensaba en llegar allá rápido para trabajar [...] Se hace largo, se hace muy largo. Quiere uno llegar y pasan días y días. Salimos sábado como a las tres de la tarde y llegamos lunes como a las cuatro de la mañana [...] Siente uno miedillo por el viaje que está lejos, todo el viaje, tantas horas (Emilio).

[Me preocupaba] por mi familia. Si se fueran a enfermar o no sé. Pues, no tanto en uno. O sea, en mí no tanto. O sea, se fueran a enfermar o a pasar algo, no sé, de tristeza (Mario).

Me quedé pensando mucho porque antes de venirme Ana y yo no pudimos estar íntimamente, y eso como que me dio un poco de tristeza. No tuvimos tiempo. Entonces eso es lo que pasó, en eso venía yo pensando. Digo, hubiera sido una noche bonita (Silvio).

Los pensamientos que ocupan más tiempo están relacionados con lo que es importante para los varones adultos. Aparecen pensamientos asociados a las expectativas que motivaron la migración; a medida que Estados Unidos se va convirtiendo en una posibilidad cada vez más cercana, las reflexiones se dirigen hacia las dificultades o facilidades que se encontrarán para conseguir trabajo. En el viaje también afloran las preocupaciones por dejar solos a los seres queridos y por no estar presente para velar por su bienestar. Algunos recuerdan las cuentas que dejaron pendientes. En los días previos a la partida deben ejecutarse innumerables actividades. Todo se sucede rápidamente y en ocasiones no hay tiempo o la disposición emocional no es la adecuada para llevar adelante alguna acción, como las relaciones sexuales con la esposa.

Además de este tipo de pensamientos, durante el viaje hasta la frontera tienen lugar encuentros con los primeros de una lista de actores a quienes se ve con recelo: los militares mexicanos. Si bien los polleros informan a los migrantes que en territorio mexicano nadie puede prohibirles el libre tránsito, cuando los militares detienen los ómnibus para revisarlos, muchos titubean y no saben qué responder ante los interrogatorios.[13]

El viaje hasta la frontera no tiene las mismas características para un adulto que para un joven. Estos últimos generalmente muestran mayor ánimo y alegría durante el trayecto.

Los que estamos casados somos los que más sufrimos. Los que vienen solteros, ellos vienen bien contentos y ellos también te dan ánimos (Beto).

El que se fue conmigo, que iba casado, me decía: ¿como cuánto tiempo vas a estar allí? Que le digo: pues yo hasta que me choque.[14] Le digo: estoy hasta la chingada del Cardal. Me dice: ¡cabrón, pero chido[15] que tú estás soltero y tienes tu mamá y tu familia, pero yo tengo a mis hijas! (Leandro).

---

[13] La mayoría aduce que en cada parada les quitan dinero y los tratan con prepotencia, máxime si a alguien lo confunden con un centroamericano.

[14] Hasta que me choque: hasta que me aburra, me canse.

[15] Chido: muy bueno, bonito.

Si bien los jóvenes comparten con los adultos la desazón al salir del pueblo, la tristeza de la salida pronto se ve diluida por la avidez de conocer tierras lejanas. Los jóvenes van a conocer, a realizar la gran experiencia, y el viaje forma parte de la aventura. Nuevos pueblos, comidas y paisajes atraen su atención, desviándola de la tristeza y la nostalgia.

Cuando iba saliendo de aquí de Xalapa, cuando iba por Banderilla, abría la ventana y volteaba para acá y veía la carretera que agarra para acá. Sí, sí te daba mucha tristeza. ¿Qué, estoy loco? Ya cerraba yo la cortina y cerraba yo los ojos; ya no duermes, nomás vas pensando y por allá otros atrás echando desmadre y cantando. Y dije: van bien contentos y yo bien triste […] Pero ya te digo que yo, como poco subo para allá, me entretuve viendo las desviaciones, que San Lucas, que Zacatecas; todos pinches pueblos hay para allá. Y yo decía: mira, ya venimos por aquí, mira bien que se ve el pueblo. Y ya para allá vi la famosa birria que yo nunca la había comido. Vamos a la birria. Y todos bien contentos echando desmadre. Y ya te subes, te acuestas un rato, te duermes, te cansas, te bajas, te pones a caminar en el pasillo. Yo iba conociendo y conociendo y conociendo y casi como que vamos a conocer más, vamos a ver qué hay para allá. Iban unos batillos por aquí del pueblo que está aquí enfrente, y sí iban tristes. Nomás se iban ahí echando desmadre de sus esposas: no que cuando vengas ya no va a estar tu esposa, ya va a estar casada con otro. Vaya, ahí te va dando risa (Rogelio).

Los migrantes jóvenes cardaleños no tienen dependientes económicos, no van a Estados Unidos con obligación de proveer, como ya se mencionó, y la madre, el padre y los hermanos no parecen ser tan entrañables como los hijos y la esposa. Pero los proveedores, además de extrañar a sus hijos, tienen que lograr forzosamente ciertos objetivos económicos. Estas diferencias provocan una vivencia distinta del viaje hasta la frontera.

En síntesis, dos aspectos merecen destacarse en este apartado: que los primeros obstáculos que debe superar la valentía masculina son de tipo afectivo, y que los adultos y los jóvenes viven estas etapas migratorias de forma relativamente diferente. Ambos serán retomados y analizados en profundidad en las próximas secciones.

Una vez en el desierto

En la mayoría de los casos documentados el viaje entre El Cardal y la frontera norte mexicana termina en la ciudad de Agua Prieta, en el estado de Sonora. En Agua Prieta los futuros migrantes son instalados en alguna casa u hotel; allí tienen que esperar que un coyote les avise cuándo se internarán en territorio estadounidense. En Agua Prieta se mezclan los contingentes provenientes, principalmente, de diferentes estados mexicanos y de Centroamérica.[16] En las casas u hoteles se les alberga en condiciones de hacinamiento y con una limitada movilidad; no pueden salir por su cuenta y si requieren alguna compra deben darle dinero a alguien que se encarga de hacerlo. Las principales dificultades que relatan los cardaleños durante la estadía en Agua Prieta se asocian con engaños acerca de los montos de las compras, la incomodidad para descansar y asearse luego del largo viaje, los robos por parte de otros migrantes, y el maltrato verbal de quienes regentean los lugares de hospedaje.[17] La duración de la estadía en Agua Prieta no puede estimarse *a priori*, pues depende de la disponibilidad de un coyote. Por lo mismo, el tiempo de espera no es de relajación; es un tiempo expectante, de ansiedad y temor, donde hay que estar atentos para no ser robados, no separarse del grupo, no desoír cuando el coyote les advierte que se preparen, entre otras cosas.[18]

[16] Los cardaleños no dieron referencias acerca de migrantes de otros países. En sentido estricto, sólo en un caso se habló de un argentino que participó en el cruce.

[17] Cabe mencionar que los cardaleños, en términos generales, pagan la mitad del costo total de su migración antes de salir de El Cardal. Esa primera mitad del pago es dirigida, en parte, a la compra de los boletos de ómnibus o avión y a los gastos de hotel en Agua Prieta; la otra mitad la pagan los familiares del migrante en El Cardal una vez que éste se comunica telefónicamente y les informa que ya se encuentra en Phoenix. Ésta es, quizás, una de las pocas posibilidades que tienen de ejercer algún tipo de control sobre las acciones de quienes se encargan del movimiento, ya que si el pollero fallara en la empresa no recibiría la segunda parte del pago y los familiares estarían alertas y comenzarían a indagar y presionar. Por otra parte, al no llevar el dinero del pago consigo los migrantes no se exponen a que les roben.

[18] Cada grupo tiene un nombre ("tomates podridos", por ejemplo). Habrá un momento en que un coyote ingresará al hotel o la casa en donde se encuentren alojados y dirá que los "tomates podridos" se preparen para salir. Es una forma de no

Por los intereses de este capítulo no me explayaré en lo que concierne a la estadía en Agua Prieta, sino que describiré directamente los obstáculos que se enfrentan en el cruce del desierto. Así como el viaje desde El Cardal hasta la frontera fue el tiempo de pensar y de relativa pasividad física, el cruce del desierto es lo contrario: allí se piensa poco en la familia que se dejó o en el trabajo que se espera desempeñar en Estados Unidos.

> Cuando va uno caminando, al menos ya uno no piensa tanto. Simplemente pensé en ir entre el grupo, en seguir al grupo y caminar y caminar y no quedarme. Y de una forma, distribuir el agua (Leandro).

> Pero todo el camino fue de puro caminar y no pensar en nada. Ir viendo a dónde ibas y ponerte abusado que no te fueran a dejar. No piensas en nada. Ya piensas acá, cuando se acabó todo. Y te pones a pensar: ¿cómo pudimos pasar por todo ese desierto y sin ver nada? (Silvio).

Las preocupaciones por no perderse del grupo, por mantenerse alerta y controlar que el agua y los alimentos no se terminen, por ejemplo, se convierten en los únicos actos importantes. Cualquier cuestión que los evada de lo que necesariamente tienen que hacer para llegar al cargadero puede tornarse en su contra.[19]

Las dificultades durante el cruce del desierto son comunes en la mayoría de los relatos. Entre las principales destacan: ser atrapados por la patrulla fronteriza y tener que intentar el cruce una o más veces; correr en la noche por caminos quebrados, lo cual se traduce en golpes y, en algunos casos, en torceduras de tobillos; correr en la oscuridad entre arbustos espinosos que dañan la vestimenta, rasguñan los cuerpos y pueden dificultar la visión cuando afectan

---

perderse del grupo. Sin embargo, uno de los entrevistados manifestó que se había equivocado e hizo el cruce con otro grupo. Según explicó, la ansiedad que tenía mientras esperaba, sumada a la falta de iluminación que reinaba en el hotel (lo cual no le permitía distinguir los rostros de sus compañeros), lo llevó a equivocarse y a salir con el primer coyote que se presentó.

[19] El cargadero es un lugar que nadie sabe localizar geográficamente, pero que se encuentra en el desierto cerca de alguna carretera. El coyote debe llevar a su grupo a dicho lugar para que lo recoja una Van a fin de transportarlo hasta Phoenix.

los ojos; toparse con alambrados, verse enredados en ellos y resultar lastimados por las púas; maltrato verbal del coyote; tirarse al suelo rápidamente cuando el coyote así lo ordena, sin tiempo para observar las características del terreno en donde caerán; sensación de ahogo cuando se les transporta en la Van. Todas estas dificultades las magnifica el nerviosismo propio de lo que se está haciendo por primera vez. No hay que olvidar que con excepción del pionero, los cardaleños entrevistados habían tenido una única experiencia de cruce.

> Uno cuando sale, que ya vas a salir, te persignas y dices: ¡Ya voy para los Estados Unidos! Y tú dices: ya la vamos a hacer. Pero luego, un miedo. Bastante miedo a algo que se siente bien diferente. Que hasta te entorpece. Que hay que correr y como si fueras niño chiquito, por los mismos nervios hasta te andas cayendo. ¡Golpe que se da uno! (Beto).

Aunque comunes, las dificultades mencionadas no dejan de tener cierta excepcionalidad en cuanto a la historia de vida de los entrevistados. Basta recordar que en El Cardal también hay terrenos quebrados y arbustos espinosos, pero los hombres no corren por allí una noche entera, preocupados por no perderse y asustados por saberse perseguidos. Pero la excepcionalidad no se limita a los eventos o a los objetos, sino involucra los sentimientos adheridos a "lo nuevo", eso que se percibe diferente de todo lo conocido, como menciona Beto.

Cinco de los trece entrevistados relataron experiencias que exceden las dificultades comunes. En éstas la sensación de estar exponiendo la vida es el rasgo común. A continuación describiré algunas de ellas.

En primer lugar, cuando los polleros organizan los grupos en los lugares de origen afirman que el cruce del desierto lleva alrededor de ocho horas. En algunos casos esto se cumplió; en otros no. Emilio fue quien pasó más días en el desierto. Debió soportar casi seis días de caminata hasta arribar a Phoenix. El coyote explicaba la tardanza arguyendo que los guiaba por lugares muy alejados para asegurarse de que la patrulla fronteriza no los atrapara. Cuando pasa más tiempo del supuestamente necesario para llegar al cargadero arrecian las dudas acerca de la pericia del coyote y surge la desesperación.

No sé por qué nos tardamos tanto. Caminamos mucho [...] El desierto es bonito, a mí sí me gustó. Pero tanto caminar y caminar, acaba uno rendido. Que no llevábamos ni comida ni nada, nada; pura agua nomás; eso sí, pura agua. Encontrábamos mucha agua. Encontrábamos lagunitas así chiquitas [...] Es una parte muy sólida,[20] muy lejos yo creo. Porque me imagino que poca gente cruza por allí [...] Vi un señor que estaba muerto en una laguna que pasamos [...] Había momentos que desesperaba uno, no sabía uno ni qué pasaba, por qué no llegábamos (Emilio).

Caminatas extenuantes por lugares donde no había casas ni carreteras, pocos momentos de descanso, falta de alimentos, agua sucia extraída de pequeñas lagunas y el avistamiento de un muerto, conforman una serie de situaciones poco alentadoras que no son exclusivas del relato de Emilio, sino que aparecen en los discursos de varios entrevistados.

En segundo lugar, otro de los grandes temores asociados a esta parte del proceso migratorio es ser abandonado por el coyote. Quien tuvo una experiencia semejante fue el pionero de la migración cardaleña. En el tercer intento de cruce, el coyote que los guiaba corrió al ver la luz de la patrulla fronteriza —supuestamente para despistarla— y nunca regresó con el grupo.

El coyote se perdió. Nunca lo localizamos. Nosotros, un grupo, seguimos; de Veracruz, los que éramos de Veracruz. Luego nos agarró un viento, nos agarró qué miedo [...] Allí sí se enterraba o se botaba uno. Mucha gente ya no quería caminar. Mucha gente se salía a la carretera, que está la zanja, a andar caminando, pisoteando para ver si la migra venía a recogerlos o algo; donde había alambre. Pero no, ya andábamos muy adentro del desierto. Fue en esa partida donde unos muchachos que eran de por acá, de Veracruz, fallecieron. Porque esa partida se dividió, porque mucha gente ya no quiso; mucha gente retrocedió hacia atrás (Beto).

Cuando se está en una situación de abandono y extravío semejante es difícil discernir cuál es la decisión correcta. En este caso los que siguieron adelante encontraron un poblado y salvaron sus vidas. Pero en otros casos los que regresan a la frontera son quienes

---

[20] Sólida: solitaria.

menos sufren, porque los encuentra rápidamente la patrulla fronteriza. Es decir, en una situación así todo puede suceder y cualquier decisión puede ser la correcta, o la incorrecta. Durante el cruce del desierto resulta más evidente la falta de control de los migrantes sobre el proceso migratorio.

En tercer lugar, los obstáculos no sólo son impuestos por las características climáticas, la configuración del terreno y la acción de los coyotes; sino también por otros actores.

> Todos nos metimos al monte. [El coyote] dice: ustedes corran un tramo y se botan al suelo. En eso, íbamos corriendo [...] cuando empezamos a escuchar tiros. ¡Ay! Allí sí fue donde me daba miedo porque me sentía entre los tiros [...] En las ramillas que habían se escuchaba cuando tronchaban y cuando pasaban zumbando las balas [...] Y entonces dice: ¡corran! Y salimos otra vez a la carretera. Agarramos toda la carretera corriendo y me dio miedo porque digo: ahorita alguien se quedó, le han de haber pegado a alguien [...] Para irnos de esos que nos estaban tirando, nos fuimos metiendo, alejándonos de las casas. Después escuchamos motos que andaban dando vueltas ahí. O sea, las escuchamos alrededor de nosotros [...] Oíamos alrededor las motos y las aceleraban así [imita el ruido]. Y decía un chavo: nos van a agarrar, han de ser los de migración [El coyote decía:] no, ustedes de ésos no se preocupen, porque si fueran de migración, luego mandan un helicóptero a buscarnos; ésos son los pinches rancheros [...] Y ahí yo, en serio, que allí yo decía: me voy a regresar. Pero ya no podía regresarme porque sabía que estaba yo lejos, que no podía. Después, todos estábamos bien espantados. Todos bien agitados de que corrimos y aparte el susto. Dice [el coyote]: ¿todos venimos?, ¿estamos todos bien? [...] Dice: vamos a comer para el susto, coman algo, agua. Pero ¡todos tiraron todo! (Hugo).

Ninguno de los entrevistados tuvo encuentros con los llamados "cholos", pero uno fue tiroteado y perseguido por rancheros estadounidenses. Entonces, a la falta de control que generalmente caracteriza el cruce del desierto, en esta ocasión se agrega el accionar directo de un actor que con armas de fuego atentó contra la vida de los migrantes. En una situación así lo único que importa es salvar la vida y no hay quién se preocupe por el agua y los alimentos, tan importantes para el resto del trayecto. Lo único que se puede hacer es seguir las indicaciones del coyote, quien en este caso no abandonó al grupo y tomó, al parecer, decisiones correctas, ya que pudieron evadir a los perseguidores. Ante este tipo de situaciones generalmente emergen deseos de regresar. Pero, como afirma Hugo, una vez que se han internado en territorio estadounidense puede ser más arriesgado abandonar al grupo que seguirlo. En cuarto lugar, otro de los fantasmas asociados al cruce del desierto se relaciona con la resistencia física (véase Zamudio Grave, 2001).

> Antes de salir le dijo el coyote: señora vamos a caminar, ¿sí va a aguantar? Y ella dijo: sí, sí, tengo que aguantar. Y en el trayecto nos empezó a corretear la migra; de diferentes partes que nos veía y corríamos, nos escondíamos [...] Y con la señora, que le dio un ataque de nervio y le subió la presión. Ese día batallamos mucho porque ella gritaba y uno hasta le pegaba bofetadas para sacarla de ese tic. Y mucha gente decía: ¡allí déjenla! Allí que se muera; por su culpa nos va a agarrar la migra (Beto).

> Es que casi no me da para platicar. O sea, no me gusta platicar porque me vienen malos recuerdos de eso. Es un muchacho, el de Xalapa, que no estaba acostumbrado a sufrir nada. Y él sintió desmayarse. Él sí se desmayaba y ya tardaba para volver. Dice: yo ya no aguanto. Y nosotros: ¿cómo te vamos a dejar aquí en el desierto? Y nosotros lo traíamos cargando por ratos, cargando aquí en el hombro y corriendo. Y dice: yo ya me quiero morir. Y le dábamos de comer y todo lo vomitaba. Y el agua que le dábamos era agua fea; y también el agua la tiraba. Y es que la bebía uno con tierra. Y el solazo [...] El guía dijo que ya no iba a aguantar, que ahí se quedara. Pero nosotros todavía, cuando dijo eso, nosotros le decíamos: vamos a ver si todavía vuelve a caminar. O sea le traíamos así abrazado, arrastrándolo casi. Así los pies ya desguanzaos. Y ya al último, ahí lo dejamos. O sea, ya nosotros no podíamos [...] Y el muchacho ése se murió [...] Echó los ojos para atrás [...] Y el guía le quitó la ropa a ese muchacho y las identificaciones. Lo dejamos debajo de un árbol (Tony).

Ninguno de los entrevistados manifestó haber tenido dificultades físicas para soportar las exigencias del cruce. Sólo Silvio dijo que había estado afiebrado y con tos, y que lo recriminó el coyote por el ruido que producía. Pero varios encontraron a algunos muertos durante el trayecto, y hubo quienes ayudaron a otros migrantes, exponiendo su propia resistencia.

Sólo Tony relató que presenció el abandono de un joven debido a que no podía seguir adelante. Al entrevistado le resultó doloroso hablar de este tema. Argumentó que le trae malos recuerdos y que ocasionalmente tiene pesadillas. Aunque Tony dice que el joven murió, eso no puede afirmarse, porque cuando lo dejaron, si bien estaba inconsciente, todavía no había muerto.

En situaciones extremas se plantean disyuntivas acerca de ayudar a algún integrante del grupo. La mayoría no quiere abandonar a otra persona y generalmente triunfa la solidaridad, pero en ocasiones la desesperación y el temor por la vida propia provocan desacuerdos en el grupo. No es fácil cargar con un cuerpo a paso rápido y por terrenos quebrados, máxime si el agua escasea y las temperaturas son extremas.

Según los entrevistados, los cuerpos educados en la urbe, así como los de las mujeres, no siempre están adecuados para una exigencia como la que impone el cruce del desierto. Ellos, en cambio, expresaron que confían en su fortaleza física, la cual atribuyen al tipo de trabajo que han desempeñado durante toda su vida.

Es que hay gente que no está preparada para caminar. Gente que se ha dedicado nomás a estar encerrada. Nosotros somos de monte, y nos vale chicote pasar por donde sea. Pero hay gente que no. Nunca ha salido de sus casas o de la ciudad y se topa con monte (Silvio).

En términos comparativos, tanto los jóvenes como los adultos se enfrentan a dificultades similares durante el cruce del desierto; sin embargo su interpretación de la experiencia no siempre es igual. En el uso del cuerpo radica, precisamente, una de las principales diferencias.

Pasó el coyote y agarró para abajo. Y la migra se fue atrás de él, pero no corriendo, caminando nomás para ver para dónde agarraba. Y ya es que nosotros nos levantamos corriendo y pasamos [...] Yo hasta pasé y le pegué a la camioneta corriendo; y que le hago así [mueve la mano imitando un golpe] Y ya corrimos; y ahí se desapartó la gente; porque hay unos que corremos más y otros que poquito [...] Yo quería que me agarrara la migra para ver cómo era. De veras se lo digo. Yo quería que nos agarrara (Coqui).

Yo iba viendo los conejos, liebres que les dicen. Y luego vi que las empiezan a corretear en las noches. Ya andando correteando a peñazos y a los gritos ahí en medio del desierto. Y el coyote nomás nos iba a callar: no hagan ruido que nos va agarrar la migra que aquí anda ya. Lo mandábamos a la chingada y nos íbamos a andar siguiendo los pinches conejos, a las carreras. Y otros pobres viejitos que no aguantaban, iban malamente, y todavía uno correteando (Rogelio).

Así como los cuerpos masculinos acostumbrados al trabajo de campo parecen estar mejor preparados para enfrentar el cruce que los de la ciudad o los de las mujeres, los de los jóvenes parecen ser los más aptos. A algunos jóvenes les sobran energías para gastarlas en divertimentos extra que desafían las órdenes del coyote; otros incluso pueden estar dispuestos a que los atrape la patrulla fronteriza y a emprender nuevamente el cruce a fin de contar con tal experiencia.

En términos generales, los jóvenes hablan del cruce del desierto menos dolorosamente que los adultos, aun cuando hayan sufrido percances similares. En el tiempo que le dedican y en el detalle que despliegan en sus narraciones se percibe que para ellos el cruce del desierto fue una gran experiencia. En cambio los adultos no se detienen mucho en esta "etapa"; en las entrevistas era necesario preguntar y repreguntar al respecto, porque lo que más les interesaba era hablar de su vida en El Cardal y de su trabajo en Chicago.

Para finalizar este apartado resta dedicar espacio a la última fase del cruce del desierto: entre el cargadero y Phoenix.

La llegada al cargadero debe hacerse a una hora determinada, acordada previamente por el coyote y el conductor de la Van que los recogerá. Si la Van llega al cargadero y el grupo no está, inmediatamente se va, porque no puede permanecer en el desierto y arriesgarse a que la vean los helicópteros de la patrulla fronteriza; es decir, si el grupo arriba una hora tarde tendrá que esperar 23 horas a que la Van llegue nuevamente. Por eso cobra tanta importancia no perder el ritmo. Los que permanecieron mucho tiempo en el cargadero fueron encontrados fácilmente por la patrulla y regresados a la frontera, con lo cual las peripecias del cruce se reiniciaron.

En el cargadero el grupo estará escondido en los matorrales y sólo se levantará cuando la Van llegue, frene rápido y abra sus puertas. Estará detenida allí unos cuantos minutos; por eso los migrantes tienen que estar atentos y listos para introducirse en ella.

Mientras están esperando, el coyote generalmente determina quiénes tienen que subir primero —los de mayor peso— y quiénes después. Los experimentados dicen que hay que esperar y subir al final para quedar encima de los demás; pero los inexpertos, temerosos de quedarse o de no tener lugar, suben presurosos y deben soportar el peso del resto, que se ubica encima. Cuando sube el último, la Van cierra sus puertas y sale raudamente.

El viaje en la Van es otro de los obstáculos que deben enfrentar los migrantes; para algunos es más duro que la caminata por el desierto.

Yo lo que le digo es que sí está duro y sí es difícil, porque se sufre bastante; tan sólo en caminar en terrenos que ni conoce uno, que están feos. Ahora, también una parte de las más duras que yo pasé fue cuando nos levantaron en la Van. Yo no sabía cómo estaba el asunto. Cuando vi la camioneta, corrí como loco a subirme. Y me quedé abajo. Todos encima de mí. Y luego me agarraron con las puntillas de los pies, así doblado. Me daban ganas de aventar a todos [...] No sé si me daban ganas de gritar o de chillar. Y cuando nos bajamos [...] el coyote dijo: bájense de volada; porque estaba una carretera y teníamos que brincar un alambrado. Pero no me podía bajar y ya como pude me bajé. Así, arrastrándome porque no podía caminar. Las tenía entumidas. Y luego mi mochila y una cántara de agua; digo: allí que se quede la cántara; ya no podía caminar. Me dice [el coyote]: ¿qué tienes?, ¿qué te pasa? Le digo: ¿qué no ves? Pues no podía caminar. Ya abajo, todos se esconden como en una ladera. Ahí todos botados. Ya que me voy rodando para abajo. Digo, no puedo caminar. Que me ruedo para abajo (Gabo).

Sobre los pies de uno va más gente encima de uno. Y a ellos no les importa y se mueven. Uno se entume completo, completito. Yo hasta abría la sudadera así porque decía que me iba a vomitar. Yo me quería desmayar para no sentir más dolor. Porque, o sea, sí nos acomodaron, pero ¡treinta y tres! en una Van es mucho (Beto).

A mí se me subió la presión, ¡Como no había comido nada! Nomás se me vino pura agua. Pero había otros dos que se venían vomitando encima de los demás, y no sé qué cosa habían comido. Y se me subió la presión del calor. Es que subes a la *trocka*, y ya ves que tiene calentón;

y el calentón a todo lo que da y yo me estaba congelando. Nomás sentí algo que me fue recorriendo así como un hormigueo y me llegó a la cabeza. Sentía hasta que los pelos se me pararon. Me dieron nauseas (Silvio).

Veníamos treinta, pero así asobronaos.[21] Y me tocó abajo. Y ya de ahí, del cargadero a Phoenix, fueron dos horas. Dos horas así. Yo sentía que la lámina me venía quemando. Y un señor venía llorando. Decía: ¿para qué vine? [...] Yo allí sentía feo. Allí me arrepentía de haber venido (Tony).

En la Van ocurren escenas muy desagradables. Los más jóvenes o delgados pueden quedar acostados detrás del asiento del conductor, pero la mayoría se aloja en la cajuela. En un espacio para catorce llegan a entrar más de treinta personas. De esta manera una puede llevar encima a tres o más y sentir que su cuerpo se paraliza. El motor y el tubo de escape calientan el piso, y quienes van abajo sienten que se queman pero no pueden moverse ni gritar. Algunos desean desmayarse y otros se arrepienten de estar allí. Ese trayecto, que dura aproximadamente dos horas, se hace eterno.

Más allá de que el viaje en Van pueda ser muy duro, no parece tener mayores consecuencias sobre la vida; es decir, el amontonamiento en sí mismo parece no tenerlas. Sin embargo fue en una Van donde perdieron la vida cuatro cardaleños, como mencioné en el capítulo II. Por este accidente el viaje en Van tiene gran relevancia para los cardaleños y les crea tantas suspicacias como las caminatas por el desierto.

En síntesis, se ha mostrado que durante el cruce del desierto prima el miedo a situaciones y actores que ponen en riesgo la vida. Si bien la mayoría de los que intentan cruzar la frontera no muere, la experiencia del cruce ilustra un proceso que, aunque sea exitoso, actualiza constantemente la vulnerabilidad, la falta de control que tiene el migrante, y la posibilidad de un fatal desenlace (véase Zamudio Grave, 2001).

La experiencia subjetiva del cruce ha sido poco documentada, y tampoco lo ha sido la experiencia subjetiva del viaje desde el lugar de origen hasta la frontera. La dificultad que plantea el control de

---

[21] Asobronaos: muy amontonados.

la expresión de los sentimientos en los varones migrantes es un aspecto muy poco explorado en los estudios sobre migración. Los análisis que dan algunas referencias abordan generalmente la etapa en que los migrantes ya están en el destino. Por ejemplo, Rodríguez y De Keijzer anotan: "algunos de los migrantes nos hablaron del gran esfuerzo que han tenido que hacer para no extrañar" (2002:233). Los hallazgos que presenté en este apartado tienen muchos puntos en común con los encontrados por Olivia Ruiz Marrujo (2001a) en el cruce de la frontera entre Guatemala y México. Si bien no es el propósito de esta investigación discutir acerca del concepto de riesgo, los elementos descritos son coherentes con la forma en que Ruiz Marrujo (2001b) lo define en el contexto migratorio; es decir, como la exposición, durante el camino, a una cosa o persona que es potencialmente una amenaza o un peligro, a tal grado que puede perjudicar o dañar el proyecto de migrar o la integridad física del migrante, a veces irreversiblemente.[22]

A continuación retomaré la descripción de los dos últimos apartados a fin de profundizar en los efectos que la migración produce en el mandato masculino de la valentía.

Nuevas formas de asignar y demostrar valentía

En la descripción de las dificultades que enfrentan los migrantes cardaleños desde que se despiden de su familia hasta que arriban a Phoenix se encuentra la respuesta a la pregunta expresada con anterioridad: ¿cuáles son los elementos que ponen en tan alta estima a la valentía en la migración? La hombría de los migrantes es exaltada por las características excepcionales de la empresa, que encuentran su contenido en los obstáculos excepcionales que deben sortearse.

Tales obstáculos pueden agruparse en dos grandes tipos. Durante la salida y en gran parte del viaje hasta la frontera, la tristeza se magnifica porque por primera vez habrá gran distancia espacial y temporal respecto de los afectos más importantes. En esa etapa el

---

[22] Para abundar en los distintos enfoques y perspectivas teóricas acerca de la noción de riesgo y su adecuación al campo de los estudios de migración, véase Ruiz Marrujo, 2001a y 2001b.

principal obstáculo por superar es intrínseco al migrante. Quizás estas escenas ya sean habituales en contextos de mayor antigüedad migratoria y, por eso mismo, relativamente menos conmovedoras. Pero para quienes recién se están insertando en el proceso migratorio la despedida es altamente sensibilizadora. El control de la tristeza es, entonces, una de las formas en las que se expresa la valentía masculina en la migración cardaleña. El obstáculo que prevalece durante el cruce del desierto es también de tipo intrínseco: el sentimiento de miedo. Pero dicho sentimiento surge por la presencia de importantes obstáculos extrínsecos al migrante, tales como la posibilidad de extravío, de abandono o de ser atacado por otros actores.

En términos comparativos, la superación de los obstáculos extrínsecos acarrea más validación a la hombría que el control de los intrínsecos. Los elogios a la valentía que reciben los migrantes se encuentran asociados principalmente a que fueron capaces de emprender una empresa que, por las formas en que se llevó a cabo, alberga más riesgos para la vida que la mayoría de las acciones o situaciones a las que se ven expuestos en el contexto local.

Todo me mortifica; pero me mortifica más el desierto, es lo más peligroso, por las víboras, los animales feroces que hayan. Porque yo pienso que cada parte tiene sus animales peligrosos. Pero aquí casi no hay animal peligroso más que la víbora (Delia).

Para temor, todo, ¿verdad? Tan sólo al decir: ya van a entrar al desierto, ya van a cruzar. Es un temor porque sabe uno que en el desierto van en el peligro. Todo el que se va es el peligro que lleva. Yo le decía a mí hijo: con la vida no se juega, no se desafía, la muerte no se desafía nunca; hay que vivirla (Berta).

Cuando vienes te dicen: si nos agarran, van a decir esto. Ya no son niños, ya saben por qué se vinieron. O sea, ya tienen que venir decididos; si tienen un accidente o los asaltan. El mismo que coordina hace ver. Si van a venir muchachas, o sea, hacerles ver que se topan con gente y corren el riesgo de ser violadas (Mario).

Sabemos que todos nos vamos a morir, pero ¡tú te arriesgas más por acá! o sea, hay más probabilidades de que fallezcas que estando allá en tu casa (Hugo).

Sólo algunos jóvenes solteros manifestaron que habían sentido ocasionalmente que su vida peligraba en El Cardal; tal es el caso de quienes conducen ebrios a altas horas de la noche por caminos quebrados, o participan en competencias automovilísticas.[23] Pero la mayoría de los varones entrevistados, particularmente quienes tienen responsabilidades familiares, no perciben que su vida esté expuesta en El Cardal como durante el cruce de la frontera.[24]

Entre los factores asociados a la migración que validan la valentía de los hombres se deben tener en cuenta los efectos del accidente en el cual murieron cuatro cardaleños. Aunque es difícil establecer si la valentía de los migrantes era tan estimada antes como después del accidente, por el impacto que tuvo entre los cardaleños, debe haber afectado las opiniones acerca del carácter riesgoso de la migración. Así, el accidente, junto al conjunto de peligros asociados al cruce del desierto, contribuyó a que la acción migratoria fuera colocada entre las que mayor valentía requieren.

Cuando una empresa demanda casi necesariamente la aceptación de la exposición al riesgo de muerte (más allá de que ello se concrete), no sólo está en juego la validación simbólica de la decisión o la palabra empeñada, sino también la vida. En otras palabras, la diferencia entre la valentía asociada con lo cotidiano y la asociada con el cruce de la frontera radica en que, en la primera, el "aguan-

---

[23] La exposición de algunos jóvenes cardaleños se puede apreciar en las palabras de Joselo: "Yo soy precavido, soy precavido. No me gusta tentar tanto al peligro. Pero hay veces que sí me ha tocado, o sea, al juntarme con personas que toman o que se drogan que van y manejan… Como que he estado a punto de tener algo feo, un accidente feo y todo, por lo mismo. O sea, yo voy tranquilo y todo, pero ellos no. Y eso es tentar contra mí. Porque, te digo que soy precavido y me subo con personas que yo sé que no lo son. Pero me gusta andar con ellas".

[24] Diversos estudios han encontrado que la exposición al riesgo de muerte es mayor entre los jóvenes varones que entre los adultos. Mayores tasas de mortalidad por causas imprudenciales han sido encontradas entre los jóvenes (Bonino, 1992; Rivas Sánchez, 2004). Los especialistas asocian esta sobremortalidad en los jóvenes con ciertos rituales de masculinización que procuran una emancipación progresiva del cuidado de la madre, la ruptura simbólica con el mundo privado femenino, y la aspiración al mundo público masculino. En cambio, entre los adultos el discurso de la responsabilidad, particularmente hacia la familia, involucra una ética del autogobierno que los lleva, consciente o inconscientemente, a abandonar riesgos gratuitos (Rivas Sánchez, 2004).

te" que preserva la vida puede nunca llegar a requerirse, mientras que en la segunda puede alcanzar el estatus de necesidad. Así, el riesgo de muerte adquiere una importancia que antes no tenía para la valentía y, por eso mismo, los cardaleños magnifican la hombría de quienes han migrado.

Hasta aquí he explicado por qué se asigna socialmente valentía a los migrantes cardaleños y por qué la migración puede ser más estimada que otro tipo de acciones. Pero es necesario preguntarse también acerca de la demostración de valentía durante el cruce del desierto. Aquí se requiere diferenciar analíticamente la valentía como construcción social, de la valentía en la práctica. Respecto de la valentía como construcción social, por el sólo hecho de cruzar el desierto alguien demuestra valentía, en los términos que ya he mencionado. En este punto la asignación y la demostración se basan en parámetros similares.

Pero la demostración de valentía en la práctica migratoria requiere más precisiones. Hay que tener en cuenta que la valentía debe adaptarse a las circunstancias que se están atravesando. La arrogancia con la cual algunos pregonan su migración, y con ello su valentía, se ve casi suspendida durante el cruce del desierto, porque allí cobra gran importancia observar una actitud obediente a las órdenes del coyote. En otro contexto una obediencia semejante podría ser concebida como falta de valentía, pero en la empresa migratoria es un recurso necesario; forma parte de los acomodos y concesiones que la valentía debe hacer para lograr sus expectativas: que el decir sea consecuente con el hacer.

Aun así, la obediencia también fue matizada en cada discurso, de manera que la mayoría, al menos por un instante y a su manera, dijo haber impuesto pequeños o grandes actos de discontinuidad que en ciertos casos pueden ser calificados de "desobedientes": Beto enfrentando a quienes querían abandonar a una mujer; Silvio al ayudar a una joven; Hugo al ser el único que no arrojó los botes de agua cuando llegaron los disparos (gracias a lo cual pudieron seguir su camino); Coqui al atreverse a separarse del grupo para buscar agua cuando el líquido se les acabó, además de burlar a la patrulla fronteriza con un pequeño golpe en el móvil; Tony cargando y tratando de reanimar a un joven; Rogelio correteando a los conejos, entre otros ejemplos. Es decir, en medio de la vulnerabilidad y la

falta de control que caracteriza el cruce del desierto, la mayoría na-
rró haber sido protagonista de un acto que lo hizo sobresalir del
resto del grupo. Siguiendo con la valentía en la práctica migratoria, también debe matizarse su importancia en la no retractación, ya que no sólo la
valentía lleva a los varones a seguir adelante con una empresa que los
entristece y atemoriza como nunca otra. Por momentos, algunos sienten tanto temor que llegan a arrepentirse y desean regresar. Ninguno lo hizo. En ese seguir adelante
se mezclan muchos factores que finalmente hacen que sea preferible seguir que retractarse. En primer lugar, las necesidades económicas o de otro tipo que hayan motivado la migración. Regresar no
sólo significa volver a la situación económica anterior, sino —por haber abandonado el trabajo y por los compromisos económicos que
se asumieron para pagar los gastos del movimiento— a una situación peor que la premigratoria. En segundo lugar, hay que atender
la falta de control y la limitación de las acciones que se sufre durante
el cruce del desierto. De esto último se derivan escasas posibilidades
de regresar aun cuando así se desee, ya que sería poco conveniente
abandonar el grupo e intentar llegar a la frontera sin guía.

> Muchos se regresan. Hubo personas que estuvieron de este lado y se
> regresa arrepentida. Pero yo, en lo personal, no me puedo regresar,
> ¿por qué?, porque para empezar allá perdí mi trabajo, dejé mi familia
> allá preocupada que me vengo acá, ¡y me voy a regresar! Voy a regresar
> a empezar otra vez de abajo. O sea dije: yo ya estoy acá, me voy arries-
> gar (Mario).

> Dije: si me regreso y ellos pasan. Y más a lo que le pensé fue a regre-
> sarme solito de allá para acá. No, mejor intento pasar, dije. Si no, nos
> regresamos todos. O todos o ni uno. Digo que está más peligroso re-
> gresarme yo solito de allá que intentar pasar con ellos otra vez (Se-
> bastián).

Se puede agregar algo más respecto de la no retractación. Como
he dicho, el valor para seguir adelante y no doblegarse frente a las
dificultades que se presenten puede encontrar su principio en el temor a perder la estima o la admiración del grupo de pares o de la
comunidad en general. Retomando a Bourdieu (2000) se podría

sugerir que para llegar a Estados Unidos hay que conjugar valentía, para seguir adelante enfrentando los escollos, y cobardía, para no regresar por temor a ser socialmente criticado. Ahora bien, tanto la asignación como la demostración de hombría no se limitan al cruce del desierto; una vez en Estados Unidos las exigencias a la valentía no se detienen. La hombría, como el éxito en el rol de proveedor y como el control de la mujer, no se demuestra de una vez y para siempre. Haber cruzado el desierto es, por cierto, muy valorado. Pero si se cruzó el desierto y luego se regresó rápido porque se extrañaba a la familia, las críticas a la valentía se concentrarán en la incapacidad de controlar los sentimientos de nostalgia, así como en el fracaso en el rol de proveedor, olvidando el valor de haber realizado el cruce.

> Es el valor. Es que estar aquí no es para cualquier persona. Sí lloramos. Yo lloro, por qué digo que no, si lloro. A cada rato lloro y eso. Pero hay que tener [valor]. No quiere decir que yo no quiera a mi familia; yo sí la quiero; la adoro a mi familia, pero hay que tener decisión [...] Yo digo que es que son, ¿cómo se le podría decir?, menos valientes, así. Porque luego los ve uno y están hablando y llorando. Pues sí, llora uno. Uno habla por teléfono con la familia y en vez de alegrarse, se entristece uno; pero uno sabe que aquí cien dólares es bastante (Beto).

> Me han dicho que me regrese desde que apenas tenía cinco meses de estar aquí. Me decían: ya vente. Principalmente mi novia me decía: ya vente. Y yo le decía: no, ¿sabes qué? mínimo tengo que estar aquí un año para poderme ir. Pero, ¿sabes por qué? Porque si llego allá: ¡te fuiste y no aguantaste! Y eso es lo que tengo. O sea, hasta que yo sienta que ya tenga yo un buen tiempo. Porque sí he visto gente que se van y tardan bien poquito y ya empieza a hablar la gente: que se fue y no sé para qué se fue, si no iba a aguantar. Como el señor que vive junto a mi casa, que te digo que tardó bien poquito, que ni pagó la deuda. Todos decían: cómo se fue, no aguantó y todavía se vino y sin pagar. Y por eso no me quiero ir. Sí tengo ganas de estar allá otra vez, pero [...] para mí es un orgullo. Sea, yo dije un año, y lo hago; aunque esté aquí extrañando y pasando (Hugo).

> Digo, ya si Dios los ayuda a pasar y están trabajando, pues ya aprovechar el tiempo que puedan y eso. Sí, porque también así, mucho sufrimiento y venirse lueguito, pues no (Elsa).

Porque al estar lejos, al estar en Estados Unidos, pues es mi modo de pensar que al lograr pasar con tanto sacrificio y con tanto problema, no se puede llegar por un rato. Pues no, no es posible. O sea, hay que permanecer por un tiempo allá porque se trata de ir a luchar por uno y si se va uno a ir para dar la vuelta luego de que llega uno, pues no (Ismael).

La importancia de controlar la expresión de los sentimientos de tristeza se asocia, en el caso de los adultos, no sólo con la demostración de su valentía, sino con la de las obligaciones de proveedor. Como ya mencioné en el capítulo III, la crítica a los sentimentales que regresan pronto y no cumplen con su papel de proveedores pone el acento en cierta incoherencia entre los riesgos que asumieron para llegar a Estados Unidos y un rápido regreso. La nostalgia y la tristeza se consideran obstáculos menores en comparación con los riesgos del cruce y, por lo tanto, debieran controlarse más fácilmente. Dejarse vencer por un obstáculo menor, cuando se superó el mayor, no cabe en la lógica de la hombría. En el mismo sentido, Burin y Meler (2000) dicen:

> la mayor parte de los hombres que conocemos ha construido su psiquismo sobre la base del repudio de la dependencia y de una afirmación crispada de asertividad. Quienes no lo han hecho así, forman parte de las masculinidades que muchos consideran todavía como fallidas o derrotadas, integrando los estamentos más bajos del escalafón viril (2000:116 y 117).

He de recordar que el reconocimiento de sentimientos como la tristeza, la nostalgia o el miedo, no está reñido con la hombría, pero sí el no lograr controlarlos. También he de mencionar que el reconocimiento de tales sentimientos y su expresión pueden tener lugar en ciertas circunstancias y espacios (Héller, 1985). Por ejemplo, en el ómnibus que los lleva hacia la frontera el llanto no está vedado.[25]

---

[25] En estudios realizados en Chile se menciona que, si bien idealmente el modelo exige un varón "fuerte", que no tiene miedo y no expresa sus emociones ni llora, existen algunas situaciones en que reconocer miedo o llorar no afectan la condición de valiente (Valdés y Olavarría, 1998). Es el caso de situaciones como la despedida de los amigos o responsabilidades ante demandas de la patria.

Otro ejemplo se presenta durante el cruce del desierto. El reconocimiento del miedo no es algo que los hombres entrevistados manifestaran con facilidad, pero aparece espontáneamente, sin disimulos, en los relatos asociados con el cruce del desierto.[26] La facilidad con que se reconoce haber sentido temor deja al descubierto, nuevamente, que en algunos momentos o situaciones dicho reconocimiento no se asocia con la cobardía. Se trataría de situaciones "de hombres" y "entre hombres" en las que los sentimientos pueden aflorar, y no por ello se pone en cuestión la hombría.

El análisis de este apartado se basó en la descripción de los dos anteriores. Los elementos descritos mostraron que la migración inaugura una nueva forma de asignar y demostrar valentía, asociada principalmente con la exposición al riesgo de muerte (obstáculos extrínsecos). También se advirtió que la superación de obstáculos intrínsecos (sentimientos de tristeza y miedo) es un desafío relevante que la migración impone a la valentía masculina.

CUANDO LA VALENTÍA SE CUESTIONA

En los apartados anteriores analicé el engranaje de compromisos masculinos que se arma alrededor de la migración, y la importancia simbólica que tiene para la valentía la participación en dicho proceso. Sin embargo allí privilegié la perspectiva de quienes han cumplido exitosamente con el mandato. A fin de enriquecer el análisis, ahora abordaré el mandato de la valentía atendiendo a quienes no lograron validarse socialmente en él.

A continuación analizaré la cancelación de los planes migratorios a raíz del accidente en el que murieron cuatro cardaleños, ya descrito en el capítulo II. Este accidente brinda una coyuntura adecuada, casi de laboratorio, para indagar con mayor profundidad en las formas que adquiere el mandato masculino de la valentía. El análisis permitirá afirmar lo ya expresado acerca de la importancia de la valentía como mandato masculino, así como el papel relevan-

---

[26] Esto merece otro comentario. Expresaron sus miedos ante alguien externo a la comunidad. El reconocimiento del temor ante mí puede no acarrear los mismos efectos que hacerlo ante un miembro de la comunidad, o ante un varón.

te que se le adjudica en el proceso migratorio. Asimismo ofrecerá la posibilidad de comprender las relaciones que se tejen entre el mandato de la valentía y otros mandatos de la masculinidad, y de evaluar las posibilidades de los sujetos para "autorizarse" a actuar en contra de lo que demandan las construcciones de género.

El gran dilema: irse o quedarse

Los tres varones entrevistados que abortaron su migración a raíz del accidente fueron Norberto, Manolo y Ricardo. Hasta mediados de marzo de 2001 los tres estaban muy motivados y tenían fecha de salida hacia Estados Unidos; habían pedido dinero prestado y adelantado una parte a sus respectivos polleros. Los tres ya tenían dónde llegar y la promesa de encontrar un trabajo rápidamente. En pocas palabras, no se trataba de planes migratorios que se quedaban en el decir.

Pero detrás de tanta determinación y expectativas por el futuro que prometía Estados Unidos subyacían algunos temores.

Pues el temor es normal, ¿no?, ¡Vaya!, siempre tenemos miedo a lo desconocido, ¿no? [...] hay unos que se han ido y regresan y van y le toman confianza a la frontera [...] Pero yo, en mí, no era miedo a sufrir, ¿no?, a no comer dos tres días o a no tomar agua en dos días o qué se yo, a no dormir [...] porque no lo pasa uno solo, lo pasa uno en grupo (Norberto).

Me decían de esos mentaos cholos; dicen que ésos también hasta a uno lo violan. Dicen que cuando lo agarran a uno los cholos, dicen que lo desnudan a uno, le quitan lo ropa y que lo violan también a uno (Ricardo).

Para los tres entrevistados no eran desconocidas las dificultades que se presentan en el cruce del desierto. No obstante, ya se habían comprometido con los polleros y estaban motivados para irse a Estados Unidos.

Semanas antes de la fecha de salida programada, Manolo y Norberto habían anunciado públicamente su partida a parientes, vecinos y amigos. Varias personas habían ido a sus hogares a despedirlos y a desearles buena suerte. Según lo que he presentado en este capítulo, podría adelantarse que no fue una buena idea la de anunciar los planes de irse (ya he mostrado lo que se dice de un hombre que no cumple con lo expresado públicamente). Pero, como también he señalado, tampoco es fácil mantenerlo en privado.

En esos días que yo me iba, venían cantidad. Se despedían de mí. ¿Te vas a ir?, decían. Les digo: sí me voy. Bueno, si te vas, que te vaya bien, dicen. Ojalá y vayas con suerte y luego regreses (Manolo).

Les platicaba yo a mis amigos. Como ayer que vio usted que estaba yo allí con toda la bola de trabajadores. Y platicamos, y me decían ¡suerte! (Norberto).

Cuando se creía que ya estaba todo decidido, llegaron las noticias del accidente. De ahí se sucedieron los hechos descritos en el capítulo II: la espera de los cuerpos, largos velorios, sepelios multitudinarios. De esta manera, quienes estaban prontos a salir se hallaron en un dilema. Por un lado, ya habían empeñado su palabra y puesto muchas expectativas en la migración, y por otro estaban inmersos en una vorágine de tristeza y dudas.

—Entonces viene un compadre y me dice: ¿sabes qué?, ¿cuánto vale el boleto de avión?, yo lo voy a pagar, pero tú no te vas. ¡Nooo!, le digo. Sí tengo que irme. Hice un compromiso y el compromiso es esto de aquí [tocándose arriba de la boca] Digo: es compromiso de bigote […] o sea, de hombres así, algo serio.
Lo que pasa que la familia hizo que mi vida cambiara. Dios me hizo llegar ese mensaje, así tan fuerte […] Porque, como que hubo más acercamiento a la familia, principalmente con mi esposa y mis hijos; como que me hizo muchísimo cambiar todo eso […] Y me rogaban. O sea: por favor no te vayas. Entonces fue cuando, ora sí, me bajaron la guardia, como dice uno, ¿no? Y ya dije: no, pues, no me voy. Pero yo no lo [decidí a la ligera]. No, no, o sea, lo pensé muy bien […] El padrino de mi hijo dice: bueno compadre, ¿qué piensas?, ¿qué vale más, el dinero o tu familia? Dice: porque ya viste estas personas que se fueron con el fin de hacer algo y resulta que los trajeron en su ataúd, ¿qué hicieron?, dejar a la familia más, ahora sí, más fregada.
—¿Qué hubiera pasado si, cuando ocurrió el accidente, sus cuates o su familia no le hubieran insistido tanto en que se quedara?

—Me voy. Sí. Yo estaba decidido completamente. O sea, hasta tenía, tenía una ilusión grande por irme […] Es una de las decisiones
más difíciles que he tomado […] Es que no todos podemos darnos
ese valor y decidir dejar la familia. O sea, ¡cuesta muchísimo!
  —Lo que me llama la atención es que otros hombres, sus compadres, sí se preocuparon y usted no.
  —Sí, sí. O sea, sí me preocupé, ¿no? Pero, pero resulta que, le
vuelvo a repetir, yo sí me iría, pero que no fuera cruzar la frontera
[…] de esa manera. Yo lo que quiero es, no fácil, pero sí poder conseguir un permiso (diálogo entre Manolo y la entrevistadora).

  —Uno está decidido, y ya empiezan que no, y que no. Uno está decidido y ya a uno lo hacen desanimarse a ir […] No fue fácil, nadie de la
casa quería que me fuera, mi mamá lloraba, mi papá decía que me
quedara, que acá malamente pero comemos […] Pues ella [mi espo-
sa] más que la verdad no quería. Hasta vinieron unos compadres y me
hicieron ver.
  La mayor parte me decía que mejor que me quedé. Algunos que:
¿por qué no te fuiste?, que mira fulano sí se fue fácil […] A la vez como que me molestaba y como que yo mismo sentía que me estaban
diciendo tonto o miedoso, porque no le seguí.
  —¿Y quiénes son los que se burlan, cómo está eso?
  —Pues los amigos con los que platica uno [Me decían] miedoso,
que el tradicional rajado, que no quisiste seguirle, que te espantaron
[…] Pues es como, o sea se molesta uno, pero no contesta uno nada.
Porque si ven que se empieza uno a enojar o eso, hasta más le dicen a
uno […] Sí, me burlaban, sí; que préstame dinero del que trajiste de
allá (diálogo entre Ricardo y la entrevistadora).

Pensaba uno un poquito más, ¿no? O sea, irse un poquito más a fondo
de lo que es la problemática de la migración. Vea, porque dice uno:
pues si a ellos les pasó esto, posiblemente a mí me pase lo mismo o a
mí no […] Sí me enfermé yo de mi riñón. Ya no, ya no pude. O sea, ya
tuve miedo, ora sí, ya tuve miedo de irme. Porque yo digo: qué caso
tiene que, por ejemplo, por falta de líquidos y eso; y ahí que no vaya
haber ni agua en la frontera, no sé ni cuántos días me vaya a pasar en
el desierto y eso. Digo: ya sería tener una actitud masoquista (Norberto).

El accidente, a diferencia de las anécdotas sobre el cruce del
desierto, puso de manifiesto un riesgo que era de otros, que le ocu-

rría a otros, convirtiéndolo en algo posible para quienes emprendieran una acción semejante (Rosas, 2006).[27] Entiendo que para quienes estaban en El Cardal apareció una suerte de "potencialidad de la muerte", y con ello me refiero a la posibilidad de que la muerte ocurra y no a la muerte en sí. Ruiz Marrujo (2001) apunta que el estado de susceptibilidad al daño o la condición de inseguridad se asocian a la noción de vulnerabilidad. Fenómenos antes desconocidos, como la migración y el accidente, propician esa anticipación y susceptibilidad, ya que, como propone Ruiz Marrujo (2001), llevan a incertidumbres frente a la vida cotidiana y al mundo circundante.

Para abortar los planes migratorios, Manolo recurrió al rol de proveedor; el mismo argumento que había dado para irse. Mientras que cuando se estaba planeando la migración parecía "normal" dejar a la familia por un año o dos, con el accidente apareció el reconocimiento de que se requiere valor para ello. El uso argumentativo del rol de proveedor fue transformado en función del riesgo de muerte, en el entendido de que un esposo o padre muerto no es un buen proveedor. Al respecto cobran importancia otros varones, parientes o amigos, quienes procuran apelar a la "razón", haciendo ver, reflexivamente, la importancia de preservarse como proveedor.

Pero esa justificación no salva a la hombría de las críticas. Al decidir quedarse perdieron el carácter de hombres decididos, ya que faltaron a la palabra empeñada y anunciada públicamente, y mostraron insuficiente autonomía respecto de los sentimientos de la familia y de los propios. En pocas palabras, al quedarse estaban faltando a los estandartes más importantes de la hombría y brindando elementos para ser muy cuestionados.[28]

---

[27] Tal fue el impacto, que uno de los arrepentidos manifiesta que migraría en el futuro si consiguiera un permiso que hiciera innecesaria la exposición a riesgos. Lo interesante es que esta reflexión surgió tras el accidente; antes no le daba tanta importancia a estos factores y estaba dispuesto a irse sin documentos.

[28] En principio, los tres afirmaron que lo que se dijo de ellos no los inquietó y que les llegaron muchos apoyos para quedarse. Pero las burlas fueron importantes y tanto Ricardo como Norberto mostraron gran incomodidad al hablar de ellas.

Yo de aquí la primeritita vez que yo salí, me fui a Oaxaca, y me acordaba yo hasta de las piedras de la calle [...] de cada piedra me acordaba
yo allá. Me mataba todo eso. Después me voy al D.F. y nace mi sobrino, ¡p'a su mecha! Casi me mataba cuando me acordaba yo del niño,
en la mañana o en la noche. Sí. Y, le digo, no podía estar; que era mi
pueblo y era mi sobrino. Ahorita que tengo a mis hijos siento que hubiera sido más duro (Norberto).

Norberto admite que separarse de la familia hubiera sido afectivamente difícil; es más, hasta parece trasmitir cierto alivio por no
haberse ido. En reiteradas ocasiones expresó que un amigo lo pre-
sionaba a fin de que se fueran juntos a Estados Unidos, y los recelos
que ello le causaba. El accidente, además de resignificar y hacer ver
más cercana la posibilidad de morir, puede haber ayudado a Norberto a salir de un compromiso en el cual ya había ingresado, pero
no estaba seguro de querer cumplirlo.

Precisamente Norberto fue el único que criticó abiertamente
la versión estereotipada de la hombría que circula en El Cardal.
Abiertamente expresó que *motu proprio* había resuelto no migrar y
lo justificó por el temor que le produjo el accidente; a diferencia de
Manolo, no se excusó en otros actores. En sentido estricto, más que
brindar elementos argumentativos que justificaran su retractación,
cuestionó a quienes asumen riesgos.

Me decían mis amigos así en la calle [...] que te rajaste [...] Y sincera-
mente sí, es cierto, es cierto. Si a mí me van a decir que ya tuve miedo
o que me rajé. Pues es cierto, exactamente. Me rajé. Pero yo creo que
me rajé a tiempo. Pero eso no me resta posibilidades de hombre o sea
de hombría [...] Sino que simplemente tuve un poquito de más conciencia de pensar las cosas de otra manera [...] Uno debe de salir y
tratar siempre de tener un poquito de, ¿cómo le diré?, de cuidarse,
¿no?, de cuidarse un poquito. Si pasan los carros por aquí cerquitita,
pues alejarse un poquito, ¿no? Si está un toro por allá bravo, tampoco
le vamos a pasar por enfrente, ¿verdad? Y tener siempre un poco de
miedo, porque siempre el miedo ha salvado vidas (Norberto).

Este tipo de reflexiones críticas y el hecho de aclarar que quedarse no le quita hombría, indican que Norberto sabe que "echar-
se atrás" es considerado una actitud cobarde. Aunque él disienta de

las formas que la valentía prescribe, las mismas constituyen un referente ineludible en su discurso (véase Valdés y Olavarría, 1998). En otras palabras, en su crítica hay un reconocimiento implícito de la importancia que socialmente se le asigna al hombre valiente y de las características que deben observarse para ser considerado como tal. En síntesis, en las narraciones acerca del desarrollo y el desenlace del proceso que llevó a tres varones a abandonar sus planes migratorios se pudo observar el dolor y la tensión por haber incumplido el mandato de la valentía.

En los dos capítulos anteriores he mostrado que cuando los varones saben que incumplieron cierto mandato o procedimiento de la masculinidad, recurren a otros para justificarse o aminorar la crítica. Algunos de los arrepentidos recurrieron al mandato de proveedor a fin de justificar el incumplimiento de la valentía. Si se considera la importancia del mandato de proveedor para los varones adultos puede asumirse que constituyó un recurso argumentativo "honorable" (Olavarría, 2001).

Al respecto cabe preguntarse: si se iban porque El Cardal ya no ofrecía posibilidades de trabajar y proveer, entonces, ¿qué clase de proveedores serán en el futuro? Se puede suponer que continuarán "entre la espada y la pared", frustrados ante los bajos precios del café y el poco dinero que ganan como peones. En la lógica que expresan estos tres varones, lo único que tienen a favor al no migrar es que arriesgan menos a las familias a quedarse sin lo poco que ellos les pueden dar. Entonces, aun cuando la preservación del rol de proveedor es la excusa más elegante, su elegancia es sumamente limitada.

Ahora bien, lo anterior no implica que la justificación puesta en la preservación del papel de proveedor no sea real. El argumento de "hombre proveedor responsable" puede no sólo haber sido un mecanismo de protección y defensa, sino también una elección que desafió algunos mandatos de la masculinidad. Aun sabedores de las críticas que aparecerían, los tres hombres se autorizaron a quedarse[29] y exhibieron argumentos y sentimientos que rara vez manifiestan los varones.

---

[29] Uso la palabra "autorización" en lugar de "autodeterminación" porque considero que esta última desconoce las determinaciones sociales de las que todos somos sujetos.

La mirada de los demás bajo el prisma del género

Una vez mostradas las argumentaciones que brindaron los arrepentidos cabe preguntarse cómo fueron evaluadas por otros miembros de la comunidad. Las críticas o apoyos que otros entrevistados y entrevistadas emitieron sobre estos varones son claves para entender el grado de validación social que se otorga a la decisión de no migrar. Como ya mencioné, la crítica, entendida como el argumento mediante el cual descalificamos aquello con lo que no estamos de acuerdo, y el apoyo, concebido como la argumentación por la cual defendemos aquello con lo que acordamos, muestran al menos dos tipos de interpretaciones sobre lo masculino, según el lugar que ocupan en el sistema de género el emisor y el receptor de los apoyos o las críticas.

Ya ha sido puesto de relieve que el incumplimiento de un compromiso o plan anunciado públicamente es un acto que afecta negativamente la hombría. La crítica que más frecuentemente se dirige a los arrepentidos está asociada, precisamente, a la falta de coherencia entre lo dicho y lo hecho.

> Porque yo lo veía bien decidido. Él nomás andaba y platicaba de eso. Sea, te lo encontrabas y te empezaba a decir: oye que vámonos, que yo me voy a ir tal día. Para que al último no se viniera. Como que digo: ¿para qué tanto estar hablando, para qué tanto echándote a ti, afamándote a ti, si no te vas a venir, si a la mera hora te vas a rajar? ¡Pues no! (Hugo).

> ¡Vamos!, Si yo me voy a ir y ahí se ponen ayudar todos. Después de conseguir al mes toda la lana, hice todo, todos los movimientos y a la mera hora digo no me voy, ¡qué pasa! Pues el razonamiento más elemental dices: ya está previsto [...] Desde el momento en que deciden irse, ya saben a lo que se le tira, ¿no? Y es que todo depende de madurez (Lucas).

Las palabras de Hugo y Lucas pueden resumirse en lo siguiente: hablaron de más, criticaron y se compararon con otros; asumieron compromisos y se afamaron con anticipación para finalmente "rajarse" y mostrar inmadurez e indecisión.

Se considera que la falta de independencia es otra de las principales causas por las que estos hombres se quedaron. Se les percibe como dependientes, y esto los coloca, en palabras de Alicia, en el lugar de los "cobardillos".

> Son personas muy que dependen. Son personas dependientes. O sea, que les falta tener decisión, realmente, y un poco de valor. Y saber lo que quiere uno, también saber qué es lo que quiere (Leandro).

> Es que no todos, no todos tienen el mismo valor, aunque sean hombres. No todos son igual. Y muchos que se acostumbran a que son muy caseros, cobardillos, ¿verdad?, Que conviven mucho con la familia (Alicia).

Alicia es la única mujer, entre todas las entrevistadas, que critica a los varones que se quedaron. Piensa que son hombres muy apegados al ámbito privado, a la familia. Esta crítica toca muy de cerca los argumentos que expusieron para quedarse Norberto, Manolo y Ricardo. En el apartado anterior mostré que los arrepentidos resaltaron su responsabilidad y su amor por la familia; es decir, otorgaron sentido positivo a esos sentimientos como justificantes de la retractación. Sin embargo, los demás pueden percibir eso mismo en términos negativos.

Otros entrevistados cuestionaron la validez de los argumentos de los arrepentidos para no irse, como los problemas físicos que los indisponen para la caminata por el desierto o para soportar la presión del viaje, por ejemplo.

> Pienso yo que ponen pretextos, por decirlo así, de por qué no me quise ir: es que me caí, o me lastimé un brazo, una pierna o equis motivos. Y entonces, me da risa. No es que me ría de una persona, digo. Sino que yo me río de esas personas que me platican: es que ya no me quise ir porque me dolía un brazo o porque no me quisieron llevar así. Yo me le quedo mirando y me da risa. Y me digo yo, que se quedó porque tuvo miedo o qué se yo [...] Yo pienso que cuando uno toma una decisión, aunque esté uno enfermo, se va uno (Pedro).

> A ése le dijo su mamá que no se viniera. Dice: ¿sabes qué?, ya no me voy. Digo, ¿por qué? Dice mi mamá que no. Le digo: ¿dice tu mamá?,

¿qué no tienes pantalones para decir que no me voy? [risas]. Así le dijimos. Ya nomás agachó la cabecilla: no pues, no me voy [risas] Tengo un primo, también que se iba a venir en ese viaje. Bueno, pero él es soltero, tiene a sus papás. Y por ese lado sí, tienen toda la razón, porque tienen sus papás. Él es soltero y todavía se vale a ellos. Y, en cambio, el señor éste, ya de bigote (Gabo).

Cuando los impedimentos de tipo físico, propios o de algún familiar, no se consideran importantes, no constituyen auténticas razones para quedarse. Y no lo son, no porque sean falsos, sino porque un hombre debe irse "a como dé lugar". Lo que se concluye, entonces, es que lo que hay detrás es falta de valor.

Además, la distinción que hace Gabo entre solteros y casados es interesante, porque pone el foco sobre las necesidades económicas de unos y de otros: como los solteros no tienen dependientes puede justificarse que no se arriesguen.

Cabe además mencionar que en las jerarquías en que se colocan las acciones de los varones cardaleños frente a la migración, el intento vale más que haberse quedado sin salir de la comunidad. Entre las muchas "faltas" que cometieron quienes se retractaron está la de no actuar adecuadamente su negativa a migrar.

Imagínate, a eso venían todos, a despedirse de mí. ¡Nooo! No me rajo. No me rajo ni a chingadas. Mejor me regreso de Tijuana [risas]. Llego a un hotel y me estoy unos días y digo que caminé diez horas y que no pude pasar. Pero no me regreso de aquí, no me quedo, ni a madres, no. O en México, ahí me escondo en México, me meto a un hotel y compro un boleto para Tijuana, aunque no sea cierto, ¡vamos! (Lucas).

Los arrepentidos no simularon o actuaron, en el sentido teatral del término, el papel que el libreto de la hombría les exigía. Coincido con Scott cuando dice que "[l]as exigencias teatrales producen un discurso público que corresponde mucho a la apariencia que el grupo dominante quiere dar. Al subordinado le conviene actuar de una manera más o menos verosímil" (Scott, 2000:27). Pero en esas exigencias teatrales necesarias para hacer menos visible la inadecuación al mandato no sólo se hace evidente la importancia de actuar convenientemente la hombría, sino también demuestran que se puede idear una serie de mecanismos para burlar el mandato. Relatos como el de Lucas ponen de relieve la posibilidad de los individuos para trastocar o engañar ciertas normas dominantes. Junto a tanta crítica aparecieron grandes apoyos, principalmente de las mujeres. En principio ellas se apoyaron en el argumento de que cada uno puede hacer lo que quiera y la opinión de los demás no debe importar.

> Para mí, cada quien tiene derecho a demostrar lo que siente. Y si sientes dejar a tu familia [adelante]. Y si no la quieres dejar y quieres estar con ellos, y si eso es lo que quieres, pues adelante (Karen).

> Yo pienso que si yo digo alguna cosa y a la vez, yo reflexiono; me pongo a reflexionar y veo que no me conviene por una parte o por otra. Y a la mera hora digo que no me conviene, pues no lo hago y ya. No lo hago, ¿verdad? Más bien hay que valerse uno por sí mismo. Y uno ver lo que está bien y lo que está mal. Y no hacerle caso a lo que diga la gente (Cora).

Aun cuando para las mujeres no son ajenos los atributos de valentía y decisión que todo "gran hombre" debe poseer, hay otros elementos de la masculinidad que pueden tener mayor importancia en determinados casos. Para la mayoría de las mujeres entrevistadas, la valentía masculina parece perder lugar ante la responsabilidad del hombre para con la familia.

> Ésos que se van así, viendo el peligro, yo digo que son cobardes, los toman cobardes, o los tomamos por cobardes. Porque hay personas que no se resignan a luchar bonito aquí […] Y no nada más es a abajar, es afrentarnos a la situación (Delia).

> Necesitan mucho valor y decidirse a una cosa u otra. Pero también los que se quedaron, pues, también, ¿verdá? Piensan en sus familias. Piensan en que les hacen falta a sus familias (Cora).

Para Delia, cobardes son los que se fueron conociendo el peligro en lugar de quedarse a trabajar al lado de la familia. Su opinión contradice la de Alicia, quien llamó "cobardillos" a los que se quedaron. La posición de cada una tiene que ver con la forma en que se enfrenta al proceso migratorio a través de su cónyuge: Alicia es esposa del primer migrante cardaleño que salió rumbo al norte, en tanto que el compañero de Delia nunca ha pensado en irse. Se puede suponer que al descalificar a quienes hacen lo contrario que sus esposos, cada una está defendiendo la conducta de su pareja.

Así como entre los criticadores hubo sólo una mujer, entre quienes apoyaron a los arrepentidos hay sólo un hombre.

> Es que en ese momento valoraron más su familia. No fue su timidez. Ni que la familia [se lo impidiera]. Por una parte sí fueron, han de haber sido sus esposas: oye, mira lo que pasó, no quiero que me vaya a pasar a mí lo mismo. A nadie le puede pasar lo mismo así. Pero ellos comprendieron a tiempo que no se debían venir, y estar allá con su familia. Seguramente no se vinieron porque no tenían mucha necesidad (Silvio).

Silvio, entrevistado en Chicago, justifica a los arrepentidos diciendo que no deben haber tenido tanta necesidad (económica); además, sus argumentos son muy similares a los de las mujeres, porque centra su discurso en la valoración afectiva que "los arrepentidos" hicieron de sus familias. Aun cuando Silvio reconoce que las esposas pueden haber influido al tratar de retenerlos, no lo dice como crítica, sino como otro elemento que acompañó la decisión de quedarse.

En síntesis, los tres arrepentidos coincidieron en que la probabilidad de morir en el transcurso del viaje les hizo valorar más lo que dejarían, su familia. Les preocupó la posibilidad de dejar desamparados a sus hijos. De alguna manera, dieron para quedarse las mismas razones por las que se iban a ir. Cuando las dieron para irse le parecieron muy apropiadas a todo el mundo, pero cuando las expusieron para quedarse, una parte de ese mundo opinó que una cosa es irse por la familia y otra muy distinta quedarse por la familia. Irse por la familia es cumplir con un papel de hombre (proveer), pero quedarse por la familia es mostrar falta de autonomía. Claro que la otra parte de ese mundo sostuvo que eran razones legítimas para quedarse, porque la familia necesita al hombre cerca. De las dos partes en que se dividieron las opiniones, una está integrada por varones, y la otra por mujeres.

Para unos y otras proveer a la familia y tener valentía son aspectos importantes de la masculinidad, pero ante un evento como el accidente cada sexo los jerarquiza de manera diferente. En otras palabras, la negativa a migrar poniendo como razones el amor y la responsabilidad por la familia ubica los discursos de los tres arrepentidos muy cerca de las mujeres y muy lejos de la mayoría de los varones.

Por otra parte, según varios especialistas (Kimmel, 1997, entre otros) los hombres otorgan más importancia a la opinión de otros varones que a la de las mujeres. En los capítulos anteriores mostré, respecto de la actividad económica y del mandato del control, que los varones conceden mucha importancia a las mujeres. Sin embargo, acerca del mandato de la valentía, el dolor que producen las críticas de otros hombres parece ser mayor que la satisfacción que brindan los apoyos de las mujeres. Esto sugiere que la mayor o menor importancia que otorga la masculinidad a las palabras de varones y mujeres debe ser evaluada en ámbitos específicos; no parece pertinente generalizar al respecto.

Para los demás miembros de la comunidad puede ser fácil decidir si los arrepentidos son unos cobardes que no se atrevieron frente al miedo, o unos valientes que decidieron quedarse, aun sabiendo que iban a ser objeto de burla. Considero que hay que incluir matices que no desconozcan lo uno ni lo otro, enfocados en las posibilidades de los sujetos de transgredir ciertos juegos del poder social o, simplemente, de hacer algo diferente de lo que se esperaría de ellos. Como mencioné en el capítulo I, las personas socializan en un sistema de género que demanda ciertas acciones pero no están totalmente condicionadas por él; pueden interpelar al sistema al tiempo que son interpeladas por él, aun cuando ello implique costos diversos.

SÍNTESIS DEL CAPÍTULO

A los varones que emprenden y llevan a buen término la empresa migratoria se les califica como valientes. Ahora bien, a quien no la emprende —es decir, quien no tiene planes migratorios o no los ha difundido— no se le considera cobarde. En cambio se sanciona socialmente a quien expone sus planes migratorios y no los lleva a término, o no manifiesta argumentos masculinamente "elegantes" que legitimen su retractación. Estos hallazgos sugieren tres derivaciones.

En primer lugar, que la actuación en el mandato de la hombría no es una relación de suma cero en la que el mejoramiento de unos implica el desmejoramiento de otros. Múltiples aspectos —como otros mandatos de la masculinidad, el estatus socioeconómico, la etapa del ciclo vital y familiar que se esté atravesando, así como la antigüedad de la migración— deben ser tenidos en cuenta para comprender que la validación de los migrantes no implica, necesariamente, la invalidación de la hombría de los no migrantes.

En segundo lugar, que la actuación en el espacio público es fundamental para la demostración y el otorgamiento del calificativo de valiente. Quien nada dice de sus intenciones pasa relativamente inadvertido, sin recibir críticas ni elogios. Como ya mencioné, la escasa antigüedad de la migración cardaleña —y, por ello, su poca magnitud— contribuye a explicar por qué pasa inadvertido quien no migra ni dice nada al respecto: porque si se le calificara de cobarde, la mayoría de los cardaleños entraría en esa categoría.

Lo expresado en los dos párrafos anteriores advierte que todo lo subsiguiente trata sobre el conjunto de varones directamente involucrados en la empresa migratoria —los migrantes y quienes han difundido sus planes migratorios— y es propuesto para un contexto de migración de escasa antigüedad.

En tercer lugar, que en la etapa inicial del fenómeno migratorio cardaleño el carácter de valiente o cobarde se asigna —en la empresa migratoria— por las mismas razones que en cualquier otra empresa: por ser o no consecuente entre el decir y el hacer; y por dejarse o no amedrentar por los obstáculos que se presenten. La migración, así, no inaugura el mandato de la valentía ni modifica las condiciones generales que deben cumplirse para lograr tal calificativo.

Sin embargo, el análisis presentado lleva a aprobar la hipótesis general que guió este capítulo, según la cual la aparición del fenómeno migratorio brinda a los cardaleños nuevos criterios para asignar valentía, así como formas para demostrarla. Con la llegada de la migración, la valentía ha incorporado la necesidad de superar nuevos obstáculos. Tanto las dificultades extrínsecas que impone el cruce del desierto (asociadas al riesgo de muerte), como las intrínsecas (relacionadas a importantes sentimientos de tristeza y miedo), promueven la percepción de un mayor requerimiento de valentía que otras empresas antes conocidas. De esta manera dicho mandato de la masculinidad se ha actualizado con la llegada del fenómeno migratorio a El Cardal, al igual que el de proveedor y el de control sobre la mujer. Las condiciones en que se migra a Estados Unidos dan oportunidad de poner a prueba la valentía; de ponerla a prueba como nunca antes. Si la migración aconteciera de otra manera, si no fuera necesario cruzar el desierto o si el cruce se realizara de forma más segura, posiblemente los mayores obstáculos que tendría que vencer la valentía serían la tristeza y la nostalgia. Pero no sólo los riesgos que refieren quienes han vivido la experiencia migratoria condicionan la asociación que los cardaleños hacen entre migración y valentía; el accidente en el cual murieron cuatro habitantes de la localidad contribuyó a magnificar la idea de que la migración es una acción riesgosa.

Al brindar nuevos elementos para validar la hombría, la migración afecta el lugar simbólico de algunos varones, pues quien migra puede pasar rápidamente de "rajado" a "valiente". Además, quien ha logrado una experiencia migratoria exitosa parece adquirir criterios para calificar positiva o negativamente la hombría de otros. En otras palabras, los migrantes han visto validada su hombría, y por la experiencia adquirida muchos se erigen en jueces de la valentía de terceros.

Pero así como la migración brinda posibilidades de validarse positivamente, también da elementos en contrario. El ejemplo más contundente de hombría perjudicada por la migración es el de quienes abortaron sus planes migratorios por el temor que les produjo el accidente. Aunque los arrepentidos recibieron el apoyo de algunos varones afectivamente cercanos y de la mayoría de las mujeres, otros varones consideraron que habían faltado a los estandartes más importantes de la masculinidad. No obstante, pienso que la decisión de no migrar es indicativa de la posibilidad de los actores de resistir a los condicionantes de género. En pocas palabras, el peso condicionante del sistema de género no se puede obviar, ya que produce verdades, disciplina y orden, pero siempre hay un campo de posibilidades de readecuación, obediencia aparente pero desobediencia real, y manipulación (véase De Barbieri, 1992).

Ante un sistema exigente (como el de género) se pueden tomar múltiples decisiones, y es importante tener en cuenta que cada una tendrá su costo, ya sea que vaya de acuerdo con dicho sistema o que lo cuestione; aunque por razones diferentes, tanto los "valientes" migrantes como los arrepentidos han pagado altos costos. Al respecto hay que recordar que junto al orgullo que les produce saberse validados en su masculinidad, los migrantes experimentan sentimientos de tristeza, de nostalgia y de miedo.

Así como la masculinidad exige ciertos comportamientos y veda otros, también ofrece espacios y momentos de relajación. Se trata de espacios que se comparten entre iguales (entre hombres migrantes), en los cuales pueden mostrar su vulnerabilidad sin ser sancionados. Estos momentos funcionan como válvulas de escape, necesarias para seguir adelante con la empresa.

Pero tanto el dolor como el orgullo son pocas veces permanentes. Así como la validación en la hombría no se asegura de una vez y para siempre, sino que requiere ser actualizada constantemente, tampoco la sanción social que pesa sobre los arrepentidos es permanente. Nuevas coyunturas pueden favorecer a los sancionados y desfavorecer a los validados (véase Connell, 1997; Kimmel, 1998).

Respecto del papel que corresponde a la valentía en la definición de la masculinidad, considero que una masculinidad no se define por el tipo de actuación que se realiza en un solo mandato. La pertenencia a un tipo u otro de masculinidad debe definirse en función de un *habitus* de género compartido, que da contenido a los mandatos y procedimientos masculinos y que se relaciona con aspectos externos al sistema de género, como la estructura de clase. El haber demostrado valentía no necesariamente ubica a un hombre en una u otra masculinidad, aunque sí puede colocarlo en un lugar privilegiado dentro de la suya.

Entonces, es conveniente no confundir diferentes tipos de masculinidades con distintas validaciones de la masculinidad. Varones validados de forma diferente pueden formar parte de una misma masculinidad. Por otro lado, hombres validados en su hombría de la misma manera pueden asociarse con diferentes tipos de masculinidades; el ejemplo más cercano es el de los jóvenes y los adultos.

Cabe hacer una distinción entre el papel de la hombría en los jóvenes y en los adultos, particularmente visible en dos momentos: durante el proceso de decisión de la migración y durante la travesía migratoria. Respecto de los varones con responsabilidades familiares, en los capítulos anteriores mostré que la crisis agraria (indisociable del ejercicio del papel masculino de proveedor) es el factor que condiciona más su migración. Así, desde la perspectiva de la masculinidad hay más elementos para sostener que los adultos deciden migrar porque requieren proveer, que porque buscan demostrar su valentía. En todo caso, el reconocimiento y la demostración de valentía son beneficios que obtienen a partir de la necesidad de migrar para proveer, pero no parecen ser beneficios que consideren prioritarios a la hora de decidir la migración. Entonces, aun cuando los varones adultos conocen las "ganancias" que la migración aportará a su hombría —y esa búsqueda puede formar parte de sus expectativas— considero que la valentía no es un condicionante premigratorio principal; al menos no tiene la misma importancia que las expectativas económicas.

Sin embargo, los elementos que he presentado apuntan a que la valentía, junto a otros factores, opera como condicionante durante la travesía migratoria. Es decir, la importancia que suelen conceder a la demostración de valentía, así como el temor a ser considerados cobardes, forman parte de los condicionantes que impulsan a los adultos a no retroceder una vez que han salido de la comunidad.

Los jóvenes merecen especial atención. En los capítulos y apartados anteriores subrayé las diferencias con los adultos en cuanto a las razones de su migración y la vivencia subjetiva de la travesía migratoria. En primer lugar, los jóvenes al migrar se proponían un acto de discontinuidad no asociado con lo económico. Conocer tierras extrañas, tener la experiencia de ser atrapados por la patrulla fronteriza o recorrer mayor distancia que otros, formaban parte de sus expectativas. En segundo lugar, reconocen haber disfrutado de los nuevos conocimientos y experiencias de la travesía, aun cuando también vivieran situaciones de riesgo y sintieran temor. En tercer lugar, realizaron un uso del cuerpo diferente a los adultos, ya que en algunos casos se expusieron voluntariamente a riesgos.[30] Cabe recor-

---

[30] Afirmar que la exposición a riesgos es importante para la masculinidad y que

dar que para algunos de ellos en El Cardal tenían lugar ciertas prácticas que ponían en riesgo la vida y formaban parte de lo que dis-
tinguía su hombría. Los elementos que he sintetizado sugieren que
para los jóvenes la hombría constituye un condicionante de sus expectativas premigratorias y de su decisión de no retroceder durante
el trance.

En otras palabras, la valentía, como condicionante de la decisión
de migrar y del no retroceso durante el trance migratorio, difiere
entre adultos y jóvenes y contribuye a distinguir aun más estos dos tipos de masculinidades.

Para finalizar me referiré a los arrepentidos. ¿Constituyen los
arrepentidos una masculinidad diferente? Los elementos disponibles no permiten dar una respuesta afirmativa, pero tampoco admi-
ten una negativa.

La decisión de quedarse, justificada en el amor por la familia y
el temor a morir, aun sabiendo que habría críticas a su hombría y a
su calidad como proveedores, coloca a los arrepentidos en una situación distinta de todas las descritas en esta investigación. Dicha actitud puede llevar al menos a tres interpretaciones en función de
las prioridades que se consideren. Una en la cual se subraye la falta
de cumplimiento con los mandatos y procedimientos de la masculinidad, lo cual los ubicaría, simbólicamente, en el terreno de la cobardía. Otra en que se enfatice el valor de quedarse junto a la familia,
preservándose como proveedores. Una tercera donde se les perciba
como sujetos que se autorizaron a asumir algo diferente de lo que
supone el sistema de género, y desafiaron el "deber ser" de la masculinidad. Las tres interpretaciones no son mutuamente excluyentes;
en todas sobresale que los arrepentidos se diferenciaron de la mayoría tanto en la práctica como en la forma en que interpretaron su
lugar de varones, lo cual alienta la posibilidad de calificarlos como
una masculinidad diferente.

Ahora bien, no hay que olvidar el contexto donde los arrepentidos fueron entrevistados. ¿Aun cumpliendo con su plan migratorio habrían criticado la exposición a riesgos como elemento validador
de la hombría? Es decir, es difícil establecer si los discursos respon-

---

ello también encuentra lugar en el escenario migratorio no implica proponerla
como una de las causas de las muertes que ocurren durante el cruce de la frontera.

den a la necesidad de argumentar a su favor o si efectivamente se trata de disposiciones duraderas (*habitus*) que trascienden la coyuntura del accidente. Esta dificultad pone en duda la afirmación que aparece en el párrafo anterior, según la cual los arrepentidos podrían encarnar una masculinidad diferente. Por estas razones parece apropiado dejar abierta la pregunta acerca de si los arrepentidos constituyen una masculinidad diferente de las que he delimitado hasta ahora. Ello subraya la dificultad analítica de establecer criterios para ubicar a un grupo de varones en una u otra masculinidad, dada la diversidad de elementos que deben tenerse en cuenta, entre los cuales no pueden olvidarse el contexto de entrevista ni las reformulaciones argumentativas realizadas *post factum*.

· CONSIDERACIONES FINALES

Dentro de los estudios de población, esta investigación representa una contribución al conocimiento de las consecuencias del fenómeno migratorio. Entre los múltiples ámbitos en que dicho fenómeno produce efectos, aquí se seleccionó el de la masculinidad; sin embargo, por el carácter relacional de las construcciones de género, los hallazgos también hicieron referencia a la situación de las mujeres y a la configuración de la feminidad. Además, no sólo se brindaron aportes al conocimiento de la relación entre la migración y la masculinidad, sino que se realizaron aportaciones específicas a cada uno de esos temas; es decir, los análisis de la migración y de la masculinidad ocasionalmente adquirieron relativa independencia uno del otro.

Se entendió que la migración es un fenómeno potencialmente propiciador de transformaciones en las representaciones, los sentimientos y las prácticas masculinos. Al análisis se incorporaron diversiones como el estatus socioeconómico y la etapa del ciclo vital y familiar, importantes para comprender los diferentes acomodamientos que los actores realizan. Particularmente relevante fue el involucrar a las cónyuges para la comprensión de la masculinidad de los migrantes adultos; a la vez los discursos de éstos favorecieron una mejor comprensión de la situación de las mujeres que permanecen en el lugar de origen.

Las diversas cuestiones que abordó esta investigación conforman una complejidad empírica importante. El esfuerzo que se realizó constituye una aproximación a dicha complejidad. Desde el punto de vista metodológico y analítico se privilegió el establecimiento de regularidades, en las cuales aparecía con mayor nitidez el peso de los condicionantes de la masculinidad. No puede soslayarse la importancia de estos condicionantes dentro del conjunto de elementos que orienta la acción migratoria de los varones; eso se mostró tanto en los diferentes motivos que conducen a la migración, como en las representaciones que acompañan a los varones durante el trance y los orientan a permanecer en Estados Unidos.

Asimismo se expusieron las divergencias y ámbitos de conflicto, con lo cual se pretendió poner de relieve las posibilidades de la acción social para flexibilizar los mencionados condicionantes de género. El fenómeno migratorio posibilita un proceso de relativas transformaciones en algunas ideas y prácticas masculinas, las cuales, más allá de su temporalidad y alcance, han mostrado notables efectos en la vida de los actores.

Claro está que los extremos de un continuo que va de la determinación a la ruptura se tomaron como tipos ideales que, por eso mismo, no han encontrado evidencia en el estudio. Los actores o grupos de ellos pueden acercarse más o menos a dichos extremos, pero han prevalecido los matices.

En términos generales es complejo dar cuenta de la tensión entre la adquisición de los nuevos elementos que ha incorporado la migración y los límites a la trasgresión que imponen las construcciones de género y, más específicamente, la masculinidad. No obstante, en esta investigación se dieron elementos que señalan diversos acomodamientos que se le han demandado a la masculinidad tras la aparición del fenómeno migratorio y por las condiciones en que se desarrolla.

LA MIGRACIÓN Y LA MASCULINIDAD EN CONTEXTO

El impacto de la migración sobre la masculinidad no puede comprenderse independientemente de las características del contexto analizado. En el caso que he abordado hay que tener en cuenta, en principio, dos fenómenos relacionados entre sí: uno que podría denominarse el principal detonante del fenómeno migratorio y otro que lo caracteriza. Me refiero en primer lugar a la crisis agraria, que opera como principal motor de la migración de cardaleños a Estados Unidos, y en segundo lugar a la relativa juventud de dicho proceso migratorio, la cual le da el carácter de proceso emergente. En tercer lugar debe resaltarse otro elemento: el alto componente masculino, tanto del trabajo agrario en El Cardal como del flujo migratorio que allí se origina.

Los elementos expuestos en el análisis permiten proponer que la migración aparece como una alternativa novedosa que, para algunos hombres, representa la posibilidad de reafirmar su masculinidad puesta en peligro por la coyuntura económica. La crisis agraria representa la crisis del tipo de trabajo que opera como contenedor material y simbólico de la masculinidad en El Cardal. La migración, entonces, puede ser concebida como la expresión de al menos dos crisis interrelacionadas, la económica y la masculina, a la vez que como una forma de enfrentar dichas crisis.[1]

Este carácter "bisagra" de la migración puede ser también trasladado a la masculinidad. En la masculinidad migrante la bisagra se observa particularmente en el tránsito de proveedores poco eficientes a proveedores eficientes. Los proveedores cardaleños que hoy están migrando, hasta pocos años atrás proveían mediante el trabajo agrícola. En otras palabras, se socializaron con la expectativa de proveer mediante la labor rural; no se estrenaron en el rol de proveedores mediante la migración, sino que la migración les permite, ahora, cumplir con el contenido del rol, pero de forma muy diferente. Para dichos hombres eso no significa un cambio intrascendente, sino que requiere numerosos acomodamientos tanto en la práctica como en su autopercepción como proveedores y tomadores (y controladores) de decisiones económicas. Tampoco es intrascendente la llegada de la migración para el no migrante, quien percibe cada vez más cuestionadas sus fuentes de ingresos, a la vez que es sabedor de los logros de los migrantes pioneros. Con la llegada de la migración se ampliaron las posibilidades y, con ello, las expectativas.

---

[1] El afirmar que existe una relación entre la crisis económica y la crisis masculina no significa negar que las mujeres se ven afectadas por dicha crisis económica, ni negar la existencia de una crisis femenina asociada. En el capítulo III se mostró que las mujeres cardaleñas comparten con los varones las preocupaciones por el sostenimiento económico de su familia aun cuando no sean proveedoras o no funjan como proveedoras principales. Sin embargo esta investigación se ha centrado en los varones, y a pesar de que proporciona algunos elementos acerca de los efectos de la crisis económica sobre las mujeres (particularmente en las cónyuges), considero poco prudente explayarme en ese sentido.

Un cuarto elemento del contexto que le da especificidad al análisis presentado son las condiciones en que se produce la migración de los cardaleños a Estados Unidos. Así como la crisis agraria es un factor clave para comprender el impacto de la migración sobre el mandato de proveedor, los obstáculos extrínsecos e intrínsecos que se deben sortear durante la travesía migratoria son particularmente relevantes para comprender los efectos de la migración sobre el mandato de la valentía. Los obstáculos extrínsecos están dictados por las condiciones de inseguridad y desprotección que caracterizan al movimiento indocumentado, derivadas de las políticas migratorias cada vez más restrictivas que ha impuesto Estados Unidos, y por la relativa debilidad de México para negociar otro tipo de condiciones. Esto se magnifica en una migración que cuenta con escasa experiencia y poca información acerca del cruce, y que ha experimentado directamente la muerte de cuatro de sus parientes o vecinos.

Se trata de un contexto rural, no indígena, lo cual ha agregado sus especificidades al análisis. Asimismo, tampoco puede desestimarse el efecto de las características del principal contexto de destino al que se dirigen los cardaleños: la ciudad de Chicago. Como ya mencioné, este tradicional destino puede afectar las representaciones y prácticas asociadas con la masculinidad de una manera diferente al impacto posible de contextos con menor antigüedad migratoria o que brindan posibilidades laborales distintas.

En otras palabras, tanto el contexto social y económico como las características del fenómeno migratorio (especialmente su juventud, su alto componente de varones, su carácter indocumentado y riesgoso) conforman el marco en el cual entender las transformaciones operadas en la masculinidad.

El momento migratorio, por decirlo sencillamente, en que se encuentran los cardaleños brinda la posibilidad de analizar el impacto de la migración en la masculinidad justamente cuando los antes peones o productores rurales tienen que aprender no sólo a ser migrantes, sino varones migrantes. Aquí radica la principal contribución de esta investigación: haber brindado elementos acerca del inicio de los procesos de construcción de las masculinidades migrantes, lo cual, claro está, se propone a partir de lo hallado en un contexto particular (el cardaleño), pero que bien puede dar elementos para comprender lo que sucede en otros.

El insistir en la existencia de un proceso de construcción de masculinidades migrantes no implica afirmar que dejarán de existir alternativas a la migración, o que ésta las invalidará como formas de cumplir con las obligaciones masculinas. Hasta el momento en que culminó esta investigación los migrantes constituían una minoría en El Cardal —lo cual indica que existen otras posibilidades—, y al menos en sus primeras etapas de desarrollo la migración no parecía cambiar los contenidos fundamentales de los mandatos masculinos que se analizaron. Pero la migración demanda importantes acomodamientos para ejercerlos.

Cuando digo "importantes acomodamientos" me refiero, en términos muy generales, a que la migración permite un ejercicio satisfactorio del rol de proveedor (cuando antes no se podía) y promueve deseos de migrar entre los no migrantes; dificulta el control sobre la mujer (cuando antes se le podía controlar directamente); introduce la exposición al riesgo de muerte como factor de la valentía (cuando antes no estaba incluido, con excepción de algunos jóvenes); propicia nuevas conjugaciones de beneficios y costos que, frecuentemente, provocan sentimientos encontrados que impiden clasificarlos en unos u otros. A este tipo de acomodamientos, operados en las primeras etapas del proceso migratorio, les otorgo los calificativos de importantes y excepcionales.

Los acomodamientos de la masculinidad frente a la migración

En los capítulos III, IV y V analicé en profundidad los efectos de la migración en tres mandatos de la masculinidad (el papel de proveedor, el control sobre la mujer y la valentía). Cada capítulo cuenta con su propia síntesis, al igual que cada sección o apartado. A fin de no ser repetitiva, a continuación retomo los principales hallazgos para señalar algunas de sus múltiples relaciones y para poner de relieve que, en su inicio, los procesos de construcción de las masculinidades migrantes están caracterizados por acomodamientos que sintetizan combinaciones de continuidades y transformaciones en la configuración de la masculinidad.

En el contexto de la crisis agraria, los varones y las mujeres que tienen responsabilidades familiares sufren la falta de ingresos y de disponibilidad de dinero, pero el sufrimiento de los varones no se origina en el mismo "lugar" que el de las mujeres. En términos generales, mientras para los varones el sufrimiento deriva de la imposibilidad de desempeñar con éxito su responsabilidad como proveedores económicos, el de la mujer se posicionaría en las dificultades para desarrollar su papel de ama de casa y cuidadora de los hijos. Es decir, los cardaleños no escapan a la dinámica de la división sexual del trabajo que mencionan recurrentemente numerosos estudios de género. Pero dicha dinámica tampoco se encuentra libre de cuestionamientos, introducidos principalmente por la participación de algunas mujeres en el mercado de trabajo. Aun así, el trabajo remunerado de algunas mujeres y los conflictos que surgen por la oposición de los esposos no cuestionan el contenido del mandato masculino de proveedor: para la gran mayoría de las y los entrevistados es el varón quien tiene la obligación de proveer cuando ha formado una familia.²

Los argumentos de los varones entrevistados para explicar su lugar de proveedores en la división sexual del trabajo son muy similares a los que utilizan para explicar la migración: trabajar, obtener dinero y sostener a quienes dependen de ellos, constituyen no sólo los elementos principales del mandato masculino de proveedor, sino los motivadores de su migración. Así, si se migra para lograr el bienestar económico de la familia, y el encargado de ello es el varón; es él quien migra. De esta manera la migración se instala como posibilidad de tránsito de una situación económica y masculina no satisfactoria, a otra que se espera sí lo sea, lo cual, además, les permite continuar erigiéndose como proveedores sin necesidad de ceder al trabajo extradoméstico de sus cónyuges para paliar la crisis económica.

Claro está que otros aspectos deben considerarse también en la decisión de migrar y en la selectividad por sexo de la migración, y no sólo la pauta social sobre quién es responsable de proveer. Entre otros hay que tener en cuenta las características del mercado de trabajo de destino, que en el caso de Chicago permite la inserción de

---

² La existencia de algunas mujeres que son proveedoras principales no impide afirmar que hay una identificación plena entre "ser varón con familia" y "ser proveedor". De un varón que ha formado una familia se espera, siempre, que provea.

los varones. Otros mercados laborales facilitan la de las mujeres más que la de los varones; es decir, en algunos casos las características del mercado laboral de destino operan como selectoras en favor de las mujeres, aun cuando en los países de origen se encuentren pautas de género donde el varón se erige como proveedor (Rosas, 2005a).

Otro aspecto que afecta la selectividad por sexo en favor de los varones y diferencia de otros el proceso analizado, son las circunstancias en que se produce el cruce de la frontera internacional México-Estados Unidos, las cuales, por su peligrosidad y alta demanda de resistencia física, generalmente no se consideran "propicias" para las mujeres.

Entre los cardaleños existen, además, otras motivaciones migratorias asociadas al mandato de proveedor: los sentimientos de dolor que causa la previsión de un futuro incierto para la prole, así como los deseos de igualar o superar lo hecho por otros migrantes. También hay que recordar que dentro del cúmulo de expectativas migratorias adquieren relevancia las pequeñas rivalidades con otras figuras masculinas, como el padre, a quienes se pretende superar o seducir (al mostrar qué tan bueno se es) mediante el movimiento.

A partir de lo expuesto en los párrafos anteriores es posible establecer los primeros efectos de la migración en el mandato de proveedor. Estos primeros efectos se encuentran en el terreno de los deseos y las expectativas. Tan sólo por presentarse como posibilidad de mejora económica, la migración introduce un cambio en la gama de opciones laborales, ya que abre la posibilidad de trabajar y ganar dinero en Estados Unidos. Por otro lado, en los deseos de igualar o superar el desempeño económico de otros varones también se evidencia que la migración se nutre de (y brinda elementos para) la competencia masculina; es decir, el deseo de migrar no sólo está amarrado a las necesidades propias o de la familia, sino a otro que se percibe en mejores condiciones.

Para los jóvenes sin responsabilidades familiares la migración representa la posibilidad de competir con sus pares, a quienes esperan superar al obtener conocimientos y nuevas experiencias. Estos aspectos conforman sus motivaciones migratorias principales. La mayoría de los jóvenes manifestó que las responsabilidades de proveer no están vigentes en sus vidas, pues las perciben como potenciales.

Para ambos grupos de varones (adultos y jóvenes) la migración cumple el importante papel de ser un medio para cumplir sus respectivas expectativas. Sin embargo la mayoría de los adultos que se convirtieron en migrantes manifestó no haber querido serlo. Lo que deseaban era mejorar su situación económica, y la migración constituyó un medio para ello; pero eso no necesariamente se traduce en un deseo de migrar. Además, junto al relativo mejoramiento económico que estos varones esperan obtener, experimentan preocupaciones asociadas a las características del proceso migratorio: la migración hace entrar en tensión las expectativas en torno al rol de proveedor, tanto con los afectos (porque hace necesario alejarse de ellos) como con el cuidado de la integridad física (por los obstáculos extrínsecos que se deben sortear), entre otros aspectos. De esta manera, la migración no sólo parece acarrear una serie de ventajas a los responsables de familia, sino que plantea serias disyuntivas y sentimientos encontrados.

Se dice que para separarse de la familia y exponerse a los riesgos de la migración es necesario tener valor. La valentía constituye un importante atributo de la masculinidad de los cardaleños, tanto adultos como jóvenes; es un sentimiento orientador de las acciones, necesario para lograr un fin y sobreponerse a los obstáculos; la hombría es necesaria para aguantar los deseos de desdecirse, de retractarse.

La llegada de la migración no inaugura el mandato de la valentía ni cambia sus contenidos principales, al igual que sucede con los otros dos mandatos. Sin embargo agrega nuevas formas de demostrarla, porque presenta obstáculos que los cardaleños no habían tenido que enfrentar antes. Por un lado, la mayoría experimentará por primera vez en su vida una gran separación espacial y temporal de sus seres queridos. La salida del poblado y el viaje hasta la frontera están signados por sentimientos de tristeza y nostalgia, que constituyen los primeros obstáculos intrínsecos al migrante que la valentía deberá sortear. Por otro lado, durante el cruce aparece con gran fuerza el sentimiento de miedo asociado a los obstáculos extrínsecos que ponen en riesgo la vida: abandono del coyote o persecuciones de rancheros, entre otros. Además, el accidente en el cual murieron cuatro cardaleños en Denver, Colorado, contribuyó a magnificar la idea de que la migración tiene carácter riesgoso. Entonces, si se otorga más validación a la hombría cuanto mayor es la magnitud del obstáculo por superar, o superado, es comprensible que la valentía de los migrantes sea altamente estimada en El Cardal.

Una vez en Estados Unidos, los antes insatisfechos proveedores no sólo pueden cumplir con ese mandato, sino que se superan al lograr inversiones inusuales y de otro tipo en un tiempo relativamente corto. Es sumamente importante contar con dinero para cumplir con el papel de proveedor: es el medio que permite su ejercicio.

Por otra parte, los logros simbólicos pueden ser tan importantes como los materiales, aunque dependen en gran medida de éstos. Los sentimientos de satisfacción y orgullo emergen en los migrantes ante las mejores posibilidades que pueden brindar a su familia, así como cuando perciben que los tratan con mayor deferencia al regresar al poblado, y elogian sus esfuerzos.

Los jóvenes, en cambio, no parecen estar apremiados por el ahorro o la inversión, aunque sí por demostrar que vivieron nuevas experiencias y, en algunos casos, que pudieron adquirir un medio de transporte, vestimentas nuevas y modernas, y equipos de música. Sólo se documentó un caso, el del soltero de mayor edad, que ahorraba con una lógica similar a la de los adultos y esperaba que eso le facilitara la conquista de una mujer para formar una familia.

En otras palabras, los diferentes resultados que adultos y jóvenes obtienen de la migración son coherentes con las motivaciones que impulsaron a migrar a cada uno de estos dos grupos de varones. Además, debido a que el apremio en el envío de dinero es mayor entre los adultos, ellos soportaron las mayores cargas en términos del esfuerzo físico realizado; la sobrecarga horaria es importante entre los responsables de familia. Pero los mayores ingresos que se reciben en Estados Unidos y un uso diferente del cuerpo, entre otros aspectos, contribuyen a la divulgación de la idea de que en el norte los trabajos son menos rudos que en El Cardal.

Gracias a los logros materiales y simbólicos referidos, tanto a los solteros como a los unidos la migración les permite posicionarse mejor frente a otros varones. Si bien ésta no inaugura la competencia masculina, en términos generales los migrantes encuentran mejores posibilidades de competir. Por la juventud del proceso migratorio, la competencia encuentra un escenario privilegiado en la comunidad de origen. Las noticias de los logros ajenos, visibles en El Cardal, llegan rápidamente a cada migrante en Estados Unidos; con la migración, la competencia masculina trasciende las fronteras.

Respecto de los varones adultos, la competencia en el mandato de proveedor demanda grandes esfuerzos, ya que está signada por la idea de que el tiempo de estadía en Estados Unidos debe relacionarse positivamente con la magnitud de los logros materiales. Una migración exitosa será la que logre más en menor tiempo. Los discursos que asociaron "tener" con "ser" indican la idea de que quien se convierte en propietario se vuelve alguien. Tal puede ser la importancia de la migración. La competencia, entonces, se entabla no sólo en el rol de proveedor (en el ámbito de la masculinidad), sino también en el ámbito del estatus socioeconómico; la migración permite competir mejor en ambos terrenos al mismo tiempo.

Ahora bien, si la inversión en bienes visibles es un requisito para validarse masculinamente como proveedores, cobra gran importancia que las cónyuges, principales receptoras de las remesas, hagan un uso "adecuado" del dinero. En las dificultades que la distancia impone a los hombres para supervisar el uso e inversión que sus cónyuges hacen de la remesa se evidencia un impacto doble (e inescindible) de la migración en los mandatos de proveedor y de control sobre la mujer.

Además de la actividad económica, la actividad sexual y la migración de la mujer son también ámbitos del mandato de control, que se encuentran íntimamente ligados al de proveedor. Respecto de la actividad sexual femenina, en el análisis se mostró que si bien se espera la fidelidad de la mujer independientemente del comportamiento económico del hombre, el ser infiel al varón que se esfuerza laboralmente y que para ello ha debido exponerse a los riesgos de la migración, parece altamente repudiable. Aun cuando no se documentaron casos de infidelidad femenina entre las cónyuges de migrantes, son mayúsculas las suspicacias que tal posibilidad acarrea, tanto a varones como a mujeres.

Por otro lado, para el control sobre la migración femenina no se requieren grandes esfuerzos, lo cual se explica en gran parte por la división sexual del trabajo prevaleciente en El Cardal: la cónyuge no es la responsable de proveer económicamente y, por lo tanto, no se espera que ella migre; mucho menos que migre antes que el hombre. Aunque, como ya fue mencionado, la escasa participación femenina en la migración no puede desligarse de la característica emergente que tiene este flujo, ni de las condiciones del cruce, ni del mercado laboral de destino.

Otro conjunto de hallazgos que merece resaltarse es que el incumplimiento de las expectativas propias y ajenas produce dolor en los varones; diferentes tipos de preocupaciones y de sanciones sociales se dejan ver según el grado de incumplimiento y sus razones. Respecto al mandato de proveedor, si bien se critica a los migrantes que se retrasan en las inversiones y se expresa preocupación porque otros están logrando más en menos tiempo, son altamente cuestionados quienes no aprovechan la empresa migratoria para proveer y acumular dinero o bienes, porque ponen los sentimientos (propios y ajenos) antes de sus obligaciones económicas. La mayoría de los migrantes reconoció sentir nostalgia por la familia; sin embargo también reconocieron la importancia de controlar los sentimientos para poder cumplir con sus objetivos. Por ello a los varones que se dejan abatir por sentimientos de nostalgia y regresan rápidamente junto a su familia no sólo se les critica por no haber logrado sus objetivos económicos, sino porque no controlaron sus sentimientos y, además, se arriesgaron inútilmente en el cruce del desierto. Es decir, parece contradictorio que hayan tenido valentía para enfrentar los peligros del cruce del desierto y no la tengan para controlar los sentimientos y permanecer alejados de la familia.

En términos de la crítica, en un lugar intermedio se encuentran quienes no cumplen satisfactoriamente con el rol de proveedores pero se conducen con autonomía afectiva y muestran valentía al exponerse a los riesgos migratorios y aguantar en Estados Unidos. En general a este último tipo de hombre se le refiere con un dejo cómplice, como si su actitud licenciosa fuera una salvaguardia ante el mal desempeño en el ámbito económico. Además, se trata de varones que ya eran catalogados como "irresponsables" antes de migrar, por lo que su conducta no sorprende. En las primeras etapas de la migración, ésta no parece cambiar drásticamente el compromiso de los varones para con la familia; en contextos de mayor antigüedad migratoria, en cambio, se ha observado cierto debilitamiento del compromiso de algunos hombres migrantes (Hondagneu Sotelo, 1994; Faguetti, 2000).

En cuanto al mandato del control sobre la mujer, las preocupaciones de los varones se relacionan con las dificultades que impone la distancia para cotejar las actividades de las cónyuges. Por un lado, la participación de la mujer en la inversión de la remesa suscita algunos cambios en su autoestima y, aunque limitados, esos cambios dan lugar a que ellas tomen ciertas decisiones por su cuenta o no cumplan estrictamente con los deseos del hombre. Aunque algunas sienten que administran un dinero que no consideran suyo y sumisamente obedecen las órdenes del esposo, a otras se les amplía el margen de acción y comienzan a decidir sobre gastos que no son cotidianos ni domésticos. También hay mujeres (muy pocas, por cierto) que fueron más lejos, que se "desmandaron" e iniciaron sus propios emprendimientos con el dinero que recibieron, para lo cual no contaron con la aprobación del esposo o lo realizaron sin que él conociera sus nuevas actividades. Es decir, la recepción de remesas y la participación de las mujeres en su administración e inversión conforman un espacio que potencialmente puede generar gestos o procesos de autonomía femenina.

Los ojos de la comunidad están puestos en las cónyuges de los migrantes, y las acciones muy independientes son comunitariamente evaluadas de forma negativa, lo cual repercute tanto sobre la reputación de la mujer como sobre la del varón. Las mujeres que comienzan a decidir con mayor autonomía ponen en cuestión la capacidad masculina para controlarlas, mientras que las que empezaron a trabajar o concretaron emprendimientos parecen cuestionar la capacidad de proveer y el éxito migratorio del esposo.

Además, una mayor independencia de las mujeres en la toma de decisiones y en el movimiento espacial hace emerger dudas acerca de su proceder sexual, lo cual agrega otra cuota de preocupación a los varones. Es importante mencionar que de una mujer se espera no sólo que sea fiel, sino que lo parezca. Sus acciones públicas no deben sobrepasar ciertos límites que disparen las habladurías y los celos de su cónyuge, independientemente de la concreción de la infidelidad. Las mujeres que se ven afectadas por rumores sobre su vida sexual expresan agobio ante los celos que suelen emerger en los varones y señalan discusiones por ese motivo.

También acarrea suspicacias el que la mujer pueda utilizar los símbolos de la masculinidad en su beneficio; algunos perciben que ciertas mujeres se entrometen mucho en los asuntos económicos y sobrepasan el papel de informadoras acerca de los logros ajenos para convertirse en manipuladoras de sus cónyuges a la distancia mediante el incentivo de la competencia masculina. Es decir, es esperable que la mujer informe al esposo acerca de los logros ajenos, porque eso permite al varón evaluar su grado de avance en relación con lo hecho por otros, pero parece haber una zona —analíticamente difícil de determinar— en la cual la mujer deja de ser una mera informante, para ser vista como conductora de las acciones de su cónyuge.

Se advirtió que algunas mujeres están inmersas en una lógica de competencia similar a la de sus esposos, aunque dirigida hacia otras mujeres. Pero, como para igualar o superar lo realizado por otras dependen del dinero que gana el esposo, se ven impelidas a estimular el trabajo del varón. Precisamente, esta forma a la que debe recurrir la competencia femenina para realizarse es uno de los aspectos que acarrean más cuestionamientos a las mujeres y molestias a los varones.

Ahora bien, la estimulación del trabajo masculino parece tener otro objetivo además de servir para la competencia femenina: el de quitarle tiempo a la tentación sexual de los esposos; las mujeres viven acosadas por constantes rumores acerca de la vida sexual y afectiva de los varones en Estados Unidos, los cuales tienen como raíz la idea de que los deseos sexuales de los varones requieren una satisfacción inevitable y urgente.

En otras palabras, la imposibilidad de atender directamente los asuntos económicos o de supervisar la vida afectiva y sexual de la mujer, así como los pequeños o grandes "desmandes" que algunas cónyuges comienzan a permitirse, son las principales preocupaciones masculinas relacionadas con el mandato del control. Como se puede observar, las mujeres ocupan un lugar sumamente relevante en la validación de la masculinidad, lo cual se ve magnificado por las condiciones que impone la migración. Aunque las competencias masculinas están generalmente dirigidas entre varones, a éstos les importa, y mucho, lo que dicen y hacen las mujeres.

Claro está que no debe exagerarse el conflicto derivado del alejamiento del varón ni proponer la emergencia de una autonomía femenina generalizada, pero tampoco desdeñar que la escena migratoria impone condiciones de excepción a las cuales hombres, mujeres y parejas deben acomodarse.

Pero la migración no sólo produce dolor y conflicto o expone a críticas a quienes han migrado, sino también a algunos de quienes no lo han hecho. Se trata de los varones que han publicitado sus expectativas migratorias pero no las han llevado a cabo. El incumplimiento de la palabra pone en entredicho la decisión de un hombre, principal atributo sobre el que se monta la valentía. El ejemplo más notorio es el de los varones que a raíz del accidente donde murieron cuatro cardaleños en Estados Unidos decidieron abortar sus planes migratorios. Uno de los principales argumentos que esgrimieron para no migrar fue el de preservarse como proveedores, pero eso no consiguió amortiguar las habladurías en su contra ni el dolor que sintieron por saberse cuestionados. Las críticas más duras fueron proferidas por otros varones; apuntaban que a los arrepentidos les faltaron decisión y autonomía, que se afamaron al publicitar sus planes migratorios y luego faltaron a su palabra y mostraron cobardía.

Sin embargo, que se valide altamente la hombría de los migrantes (por los múltiples obstáculos intrínsecos y extrínsecos que se deben sortear) o que se cuestione la de quienes se retractan, no significa que se invalide la de los que no migran ni tienen planes de hacerlo. Se observó que los recursos económicos median la posibilidad de que se critique la hombría: a quienes no se arriesgan porque no tienen necesidades económicas no se les tacha de cobardes por no exponerse a la empresa migratoria; tampoco a quienes tienen necesidades pero no cuentan con los medios para enfrentar los gastos del cruce. Además, el hecho de que la mayoría de los varones cardaleños no haya migrado ni haya proclamado intenciones de hacerlo también contribuye a explicar por qué no se cuestiona la hombría de quien no migra: porque si se le calificara de cobarde, la mayoría de los cardaleños entraría en esa categoría.

En los párrafos anteriores he dicho que las sanciones sociales por el incumplimiento de los múltiples "deber ser" de la masculinidad no pueden soslayarse. Sin embargo los varones encuentran diversos recursos para justificarse cuando no han cumplido; por ejemplo, los criticados por incumplimiento en su rol de proveedores pueden hacer uso del de la valentía, mientras que los arrepentidos a quienes se cuestionó en su hombría hicieron uso del rol de proveedor para justificar su retractación; otros mencionaron que por haberse colocado en el dominio público, por haberse convertido en objeto de conversaciones al haber conocido Estados Unidos ya podían sentirse satisfechos. Es decir, la migración brinda a los varones múltiples recursos para validarse cuando están en desventaja en algún aspecto. También cuentan con recursos para acomodarse a varias de las condiciones que impone la migración. Respecto del mandato del control sobre la mujer, importante para la validación en el de proveedor y en la afirmación de la virilidad, se ponen en marcha diversas estrategias a fin de asegurar el cumplimiento de las órdenes y el adecuado accionar de las cónyuges (aunque, cabe recordar, a la mayoría no la inauguró la migración). Algunos migrantes exigen fotografías que demuestren los avances en las construcciones, mientras que otros lanzan duras advertencias, incluyendo la posibilidad de quitarle los hijos a la cónyuge ante una infidelidad. También se ocupan de averiguar públicamente sobre el proceder femenino, así como de recordar a terceros que ellos siguen siendo los cónyuges y autoridades del hogar, a pesar de la ausencia. Estos dispositivos de control se maximizan para mantenerse vigentes en una coyuntura de excepción como es la migratoria.

Un recurso de control que sí inaugura la migración es la idea colectivamente difundida de que en Estados Unidos los hombres no sólo tienen posibilidades más frecuentes de ejercer su virilidad, sino que ni siquiera tienen que esforzarse para conseguirlo, porque mujeres bellas y lujuriosas suelen buscarlos en sus hogares para mantener relaciones sexuales. Los varones hacen uso de ese tipo de rumores como una manera de controlar las acciones de las cónyuges al hacerles saber que pueden reemplazarlas rápidamente si no se conducen como ellos esperan.

Las estrategias de control frecuentemente se vinculan con las de cuidado. Detrás de estas estrategias no sólo se encuentra el interés de salvaguardar la autoridad y la virilidad masculinas, sino intereses amorosos de protección hacia quien se percibe vulnerable. Muchas veces puede resultar complicado tratar de deslindar o depurar la vigilancia del cuidado. Tanto en las estrategias de control como en las de cuidado cobran gran relevancia otros varones, especialmente los padres de las cónyuges. Para estos varones están en juego la reputación de la hija, la del yerno y la propia; son los responsables, en gran medida, de que los lazos conyugales no se vean afectados.

Por otro lado, también hay formas de acomodarse y sobrellevar los sentimientos de temor durante el trance migratorio. La valentía no es una actitud que deba demostrarse en todo tiempo y lugar. Hay espacios y situaciones que permiten la emergencia del llanto o el reconocimiento del temor y la nostalgia sin que ello signifique el desmerecimiento de la hombría. Se trata principalmente de momentos compartidos con otros varones, como el ómnibus que los lleva hacia la frontera, o de situaciones que por ser muy riesgosas posibilitan el reconocimiento del miedo.

En síntesis, los tres mandatos analizados constituyen importantes ámbitos de la masculinidad, pero, claro está, la masculinidad es mucho más que la suma de los tres. La migración ocasiona efectos en cada uno, directa o indirectamente a través de otro mandato, o produciendo transformaciones en fenómenos o actores relevantes para la configuración de la masculinidad. Hay dimensiones de la migración y de la masculinidad más o menos flexibles, más o menos rígidas, que producen y reciben impactos diversos; los cuales, además, se construyen en función de una serie de mediadores, tales como la etapa de la trayectoria vital y familiar, el estatus socioeconómico y el sentido de la participación de diversos actores (principalmente de las mujeres).

En cuanto a la importancia relativa de los tres mandatos, el cumplimiento satisfactorio con el de proveedor es el más relevante para la masculinidad de los hombres cardaleños con responsabilidades familiares. Por eso la migración produce en él efectos que exceden a los varones que participan directamente en el proceso. En cambio la influencia de la migración en los otros dos mandatos analizados no parece tener repercusiones en los varones no involucrados directamente.

La satisfacción del mandato de proveedor depende, en gran medida, de la satisfacción de los otros dos. Para cumplir exitosamente con el papel de proveedores los varones requieren, por un lado, de valentía para enfrentar los obstáculos que se presenten antes y durante la travesía migratoria, así como para aguantar una vez en su destino.[3] Por otro lado, tienen que ejercer un control efectivo so-

---

[3] Frecuentemente la hombría se nutre de las condiciones —sociales, económicas, políticas, etc.— adversas que obligan a muchos a asumir riesgos con el fin de

bre las acciones económicas de las cónyuges a fin de validarse mediante inversiones inusuales en el menor tiempo posible. No sólo eso, sino que su validación como proveedores también depende de la conducta sexual de las mujeres.

Ahora bien, el mandato de la valentía merece otras consideraciones. Por un lado, entre los varones con responsabilidades familiares la satisfacción de este mandato adquiere mayor relevancia cuando funge como recurso para aminorar la crítica por incumplimientos en el rol de proveedor; es decir, la importancia de este mandato puede ser mayor, pero ella depende del papel que se desempeñe en el de proveedor.

Por otro lado, el mandato de la valentía ha demostrado más pertinencia en la comprensión de la experiencia de los jóvenes solteros migrantes: en términos generales la demostración de valentía es una de las principales motivaciones que impulsan su migración; ello es particularmente visible en sus actuaciones durante el cruce del desierto, donde pueden llegar a exponerse innecesariamente. Sin embargo considero que ninguno de los tres mandatos analizados da cuenta de las principales motivaciones y búsquedas de los jóvenes: la procuración de aventura y de experimentación. Por ello los hallazgos de esta investigación, junto con los que se han documentado en otros estudios (Rivas Sánchez, 2004; Rodríguez y de Keijzer, 2002; Bonino, 1992, entre otros), sugieren la existencia de un "mandato masculino de la experimentación" que no necesariamente fue inaugurado por la migración, como ámbito clave en el *habitus* de

---

procurar bienestar a sus familias. En otras palabras, la pauperización económica, la consecuente búsqueda de nuevos empleos y más ingresos (que muchas veces se encara en condiciones de total desprotección, como ilustra el cruce del desierto), así como las inserciones laborales precarias que brindan los mercados a ciertos segmentos de la población, constituyen terrenos fértiles para la proliferación de prácticas riesgosas y la exposición al sufrimiento afectivo en situaciones que no siempre quieren asumir los varones, más allá de los efectos "positivos" que las mismas traerán a su valentía. Desde esta perspectiva, y con el solo fin de contribuir a la discusión ya planteada por diversos especialistas, cabe preguntar si la validación de la hombría puede ser entendida como un "premio" que los sectores sociales vulnerados otorgan a sus varones proveedores ante las carencias que el mercado les impone (sin olvidar que el "premio" tiene también el carácter de "recurso" para enfrentar tales carencias).

género de los jóvenes. Este campo deberá abordarse en futuras investigaciones, ya que el grupo de los migrantes jóvenes ha sido el menos analizado desde un enfoque de género.

De varones migrantes a masculinidad hegemónica ¿un tránsito posible?

Las acciones más validadas son las que más se acercan al "deber ser" de la masculinidad en cada mandato. Cabe recordar que en esta investigación he utilizado el recurso de las críticas y de los elogios para establecer grados de validación. Frecuentemente hombres y mujeres, jóvenes y adultos, muestran criterios comunes conforme a los cuales califican de más o menos válida determinada práctica. Sin embargo hay situaciones que se evaluan en forma opuesta. El ejemplo más evidente se encuentra en las opiniones sobre quienes abortaron sus planes migratorios a raíz del accidente; en términos generales los entrevistados varones expusieron opiniones negativas acerca de la decisión de quedarse; las mujeres, en cambio, la legitimaron.

Este tipo de ejemplos evidencia la importancia de evitar generalizaciones acerca de la validación en las prácticas masculinas. El análisis de situaciones específicas y la escucha atenta de diferentes actores o grupos de ellos parecen los recursos apropiados para comprender que lo socialmente esperado y legitimado es plural. Claro está, el reconocimiento de la pluralidad tampoco puede desconocer la existencia de regularidades ni la importancia del género como condicionante y como limitante de dicha pluralidad.

Además de las distintas validaciones, se puso de manifiesto que existen varios tipos de masculinidades. Cobra importancia, entonces, no confundir los grados de validación de la masculinidad con los distintos tipos de masculinidades. Es decir, el haber demostrado ser buen proveedor, controlar eficientemente a la mujer y haber mostrado valentía no necesariamente ubica a un hombre en determinada masculinidad.

Si bien no hay una "receta" para distinguir una masculinidad de otra, he considerado que una manera cautelosa de diferenciarlas es en función del establecimiento de contrastes no sutiles entre grupos de varones, teniendo siempre en cuenta el carácter colectivo que una masculinidad debe observar. Más específicamente, ya que una masculinidad no se define en sí misma, sino que existe sólo en contraste con otra (Marqués, 1997), conferí importancia a la etapa vital y familiar por la que transitan los actores, así como al estatus socio-económico, en tanto factores que de forma no sutil diferencian las expectativas y las prácticas masculinas.

De ninguna manera quiero dar a entender que los factores diferenciadores que he propuesto sean los únicos pertinentes. No sólo es evidente la existencia de otros diferenciadores no sutiles (como el origen étnico), sino que también puede ser pertinente la distinción de masculinidades en función de factores de mayor sutileza. Esto deberá establecerse de acuerdo con las características del contexto que se analice y de los alcances de cada estudio.

En esta investigación se distinguió, en primer lugar, la masculinidad de los varones con responsabilidades familiares (adultos) de aquella conformada por los que no tenían dependientes (jóvenes). Las masculinidades de adultos y jóvenes, para decirlo sencillamente, se distinguen porque hay diferencias no sutiles en las expectativas y en los símbolos que cada grupo pondera. Se entiende que la masculinidad va mutando sus significados según el momento de las etapas vital y familiar que se transita. Entre los jóvenes sobresalen los condicionantes asociados con el grupo de pares, relacionados con la búsqueda de experimentación y exaltación de su hombría; para los adultos, en cambio, pesan más los condicionantes familiares y económicos.

Las distinciones entre la masculinidad de los jóvenes y la de los adultos no las inaugura la migración. Sin embargo cada grupo tiene particulares vivencias del proceso, y aun transitando por situaciones similares, cada uno exalta lo que le parece relevante en función de los símbolos de la masculinidad que pretende alcanzar.

Carezco de elementos para afirmar que estas dos masculinidades compiten entre sí, y pocos que indiquen que una tenga deseos de imitar a la otra; por eso no he establecido relaciones de jerarquía entre ambas, lo cual no implica que sugiera que se trata de dos masculinidades independientes. Sobre este aspecto deberán profundizar futuras investigaciones.

En cambio, en el grupo de varones con responsabilidades familiares sí hay elementos para establecer relaciones de jerarquía, donde la migración cumple un papel fundamental. Al respecto se distinguieron la masculinidad de los "adinerados" y la de los migrantes. Tal distinción se hizo en función del estatus socioeconómico discursivamente delimitado por los entrevistados.

Los "adinerados" tienen características que los colocan en un lugar privilegiado en la jerarquía masculina, ya que encarnan un modelo que provoca imitación y deseos de igualación en otros varones. Sin embargo la llegada de la migración posibilita a otro grupo de hombres —los migrantes— reunir el dinero necesario que les permitiría igualar o superar económicamente a los "adinerados", en una empresa —la migratoria— que simbólicamente les resultaría difícil de igualar quedándose en El Cardal. Aun cuando la acumulación de dinero o bienes no es el único requisito que los migrantes tendrían que alcanzar para arrebatar la hegemonía a los "adinerados", se presentaron elementos que sugieren la existencia de una incipiente disputa entre ambas masculinidades.

En la resolución de esa disputa tiene mucha importancia la validación obtenida en el desempeño de cada mandato. Considero que si los migrantes lograran validarse como proveedores, controladores y valientes, tendrían más posibilidades de colocarse en el futuro como masculinidad hegemónica.

Cabe también mencionar ciertas zonas grises que no siempre permitieron diferenciar las masculinidades. Más específicamente me refiero a la pregunta acerca de si los "arrepentidos" constituyen una masculinidad diferente: sus prácticas y discursos parecen alejarse de ciertos estereotipos o ideales que la gran mayoría de los varones postula y defiende, pero es difícil establecer si los discursos de los arrepentidos responden a la necesidad de argumentar a su favor por saberse cuestionados, o si efectivamente se trata de disposiciones duraderas (*habitus*) que trascienden la coyuntura del accidente. Por estas razones la pregunta quedó abierta y puso de manifiesto la dificultad analítica para establecer criterios a fin de ubicar a un grupo de varones en una u otra masculinidad, dada la diversidad de elementos que deben tenerse en cuenta, entre los cuales cabe incluir el contexto de entrevista. En todo caso, lo que interesa subrayar acerca de los "arrepentidos" es que ilustran las posibilidades de los sujetos de transgredir ciertos juegos del poder social o de "hacer algo diferente" a lo que se "esperaría" de ellos. En este sentido dichos varones ejemplifican el interjuego de las interpelaciones que produce el sistema de género y las resistencias o cuestionamientos que pueden surgir desde la acción social que crea y recrea dicho sistema. Ahora bien, he brindado elementos que sugieren que la masculinidad de los migrantes con responsabilidades familiares puede interpretarse como una potencial masculinidad hegemónica. Pero, ¿qué sucede con la masculinidad de los migrantes jóvenes solteros?, ¿pueden ellos convertirse en masculinidad hegemónica dentro del grupo de los jóvenes? En ese caso conviene plantearse una pregunta previa: ¿cuál es, en la actualidad, la masculinidad (joven soltera) hegemónica en El Cardal? La investigación claramente se ha inclinado hacia las experiencias de los adultos, pero los elementos recabados acerca de los jóvenes sugieren que tanto los jóvenes migrantes como los que buscan migrar compiten con los escolarizados o hijos de los "adinerados". Entonces, ¿la masculinidad hegemónica joven cardaleña está constituida por los jóvenes más escolarizados o por los hijos de los "adinerados"?

En otras palabras, surgen preguntas acerca de la coexistencia de masculinidades hegemónicas (véase Minello, 2000). Es decir, ¿existe una masculinidad hegemónica dentro del grupo de jóvenes y otra en el de los adultos? En ese caso, ¿qué relaciones hay entre ellas?, ¿es posible que una sea la versión "joven" de la otra?; o sea, ¿la masculinidad hegemónica joven es una derivación de la masculinidad hegemónica adulta? Más aún, ¿la migración desempeña un papel similar en la disputa entre masculinidades jóvenes y entre masculinidades adultas? Estas preguntas dejan al descubierto la complejidad de las relaciones entre diversas dimensiones derivadas de los diferenciales en la participación en la migración, en la construcción de la masculinidad, en el estatus socioeconómico y en la etapa del ciclo vital y familiar por la que se transita, entre otros.

Los avances en el conocimiento de la relación entre la migración y la masculinidad producen aportes en torno de la relación entre la migración y la feminidad y viceversa; aunque en sentido estricto parece más conveniente profundizar en el análisis de la relación entre la migración y la masculinidad más la feminidad. Así como el tratamiento de la migración sin considerar aspectos del género llevó al ocultamiento de las especificidades de los movimientos protagonizados por mujeres, el tratamiento desvinculado de la masculinidad y de la feminidad conlleva el riesgo de proponer impactos de la migración exclusivos en los varones o en las mujeres, cuando algunos pueden observar rasgos compartidos.

BIBLIOGRAFÍA

Abarca, H., "Crónicas del aguante", en J. Olavarría (ed.), *Hombres: identidad/es y violencia, II Encuentro de Estudios de Masculinidades*, Facultad Latinoamericana de Ciencias Sociales/Universidad Academia de Humanismo Cristiano/Red de Masculinidades, Chile, 2001.

Alba, F., "Liberalización económica, tendencias y políticas migratorias. El caso de México-Estados Unidos", en García (coord.), *Población y sociedad al inicio del siglo XXI*, El Colegio de México, México, 2002.

Alexander, J., *Las teorías sociológicas desde la Segunda Guerra Mundial*, Gedisa, Barcelona, 1989.

Alonso, L., "Sujeto y discurso: el lugar de la entrevista abierta en las prácticas de la sociología cualitativa", en Delgado y Gutiérrez (coords.), *Métodos y técnicas cualitativas de investigación en ciencias sociales*, Madrid, 1995.

Arias, P., "La migración femenina en dos modelos de desarrollo: 1940-1970; 1980-1992", en *Conference: New Perspectives on México-US Migration*, Chicago, 1992, mimeo.

_____, "Dos nociones en torno al campo", *Memorias del Seminario Mercados de Trabajo: una perspectiva comparativa, tendencias generales y cambios recientes*, México, 1991.

Ariza, M., "Migración, familia y trasnacionalidad en el contexto de la globalización: algunos puntos de reflexión", *Revista Mexicana de Sociología*, vol. 64, núm. 4, Universidad Nacional Autónoma de México, Instituto de Investigaciones Sociales, México, 2002.

_____, *Ya no soy la que dejé atrás… mujeres migrantes en República Dominicana*, Instituto de Investigaciones Sociales/Plaza y Valdés, México, 2000.

_____, "Género y migración femenina: dimensiones analíticas y desafíos metodológicos", en Barrera Bassols y Oehmichen Bazán (eds.), *Migración y relaciones de género en México*, Grupo Interdisciplinario sobre Mujer, Trabajo y Pobreza/Universidad Nacional Autónoma de México, Instituto de Investigaciones Antropológicas, México, 2000.

_____, *Migración trabajo y género: la migración femenina en República Dominicana, una aproximación macro y microsocial*, tesis de doctorado, El Colegio de México, México, 1997.

Barbieri, Teresita de, "Sobre la categoría de género: una introducción teórico-metodológica", *Fin de siglo, género y cambio civilizatorio*, Isis Internacional, Ediciones de las Mujeres, núm. 17, Chile, 1992.

Besserer, F., "Estudios transnacionales y ciudadanía transnacional", en Mummert (ed.), *Fronteras fragmentadas*, El Colegio de Michoacán/Centro de Investigación y Desarrollo del Estado de Michoacán, México, 1999.

Bilsborrow, R. y United Nations Secretariat, "Internal Female Migration and Development: An Overview", United Nations, *Internal Migration of Women in Developing Countries*, ST/ESA/SER.R/127, Department for Economic and Social Information and Policies, 1994.

Bonino, L., "Varones, género y salud mental: reconstruyendo la normalidad masculina", Carabí y Segarra (eds.), *Nuevas masculinidades*, Icaria, Barcelona, 2000.

_____, "Accidentes de tráfico. Asignatura pendiente en salud mental", trabajo presentado en el Encuentro hispano-argentino. Prevención en salud mental, Santiago de Compostela, 1992.

Bourdieu, M., *La dominación masculina*, Anagrama, Barcelona, 2000.

Boyd, M., "Family and Personal Networks in International Migration: Recent Developments and New Agendas", *International Migration Review*, vol. 23, núm. 3, 1988.

Boyd, M. y E. Grieco, "Women and Migration: Incorporating Gender into International Migration Theory", 2003 <www.migrationinformation. org>.

Bronfman, M. *et al.*, "Hábitos sexuales de los migrantes temporales mexicanos a los Estados Unidos de América. Prácticas de riesgo para la infección de VIH", en Bronfman, Amuchástegui, Martina, Minello, Rivas y Rodríguez, *Sida en México. Migración, adolescencia y género*, Consejo Nacional para la Prevención y Control del Sida/Colectivo Sol, México, 1999.

Burin, M. e I. Meler, *Varones. Género y subjetividad masculina*, Paidós, Buenos Aires, 2000.

Canales, A., *El papel económico y productivo de las remesas en México. Una visión crítica*, 2005 <meme.phpwebhosting.com/~migracion/modules/seminarioe/canalesalejandro.pdf>.

Castellanos, G., *¿Por qué somos el segundo sexo? Genealogía de una idea social*, Ediciones Universidad del Valle, Colombia, 1991.

Castillo, M. A., "La política de inmigración en México: un breve recuento", en Castillo, Lattes y Santibáñez (coords.), *Migración y fronteras*, El Colegio de la Frontera Norte/Asociación Latinoamericana de Seguridad/El Colegio de México, México, 1998.

_____, "Tendencias recientes de la migración en América Latina", *Perfiles Latinoamericanos*, año 4, núm. 6, Facultad Latinoamericana de Ciencias Sociales, México, 1995.

_____, A. Lattes y J. Santibáñez (coords.), *Migración y fronteras*, El Colegio de la Frontera Norte/Asociación Latinoamericana de Sociología/ El Colegio de México, México, 1998.

Castles, S. y M. Miller, *The Age of Migration: International Population Movements in the Modern World*, Londres, 1996.

Castro, M., "Ideología, ciencias sociales y política. El debate sobre la política de inmigración en Estados Unidos", en Castillo, Lattes y Santibáñez (coords.), *Migración y fronteras*, El Colegio de la Frontera Norte/Asociación Latinoamericana de Seguridad/El Colegio de México, México, 1998.

Coltrane, S., "La teorización de las masculinidades en la ciencia social contemporánea", *La Ventana*, núm. 7, Universidad de Guadalajara, México, 1998.

Connell, R., "El imperialismo y el cuerpo de los hombres", en T. Valdés y J. Olavarría (eds.), *Masculinidades y equidad de género en América Latina*, Facultad Latinoamericana de Ciencias Sociales, Chile, 1998.

_____, "La organización social de la masculinidad", en T. Valdés y J. Olavarría (eds.), *Masculinidad/es. Poder y crisis*, Isis-Facultad Latinoamericana de Ciencias Sociales, Chile, 1997.

Consejo Estatal de Población (Veracruz, México), *Programa veracruzano de población, 1999-2004*, Coespo, Veracruz, 1999.

Consejo Nacional de Población (México), *Veinticinco años de cambio de la migración interna de México*, 1999 <http://www.conapo.gob.mx/publicaciones/1999/PDF/99006.pdf>.

_____, "Migración mexicana hacia los Estados Unidos", 3 de octubre de 2002a <http://www. conapo.gob.mx/migracion_int/principal.html>.

_____, *Programa nacional de población, 2001-2006*, México, 2002b.

_____, *La población de México en el nuevo siglo*, México, 2001.

_____, "La migración de mexicanos a Estados Unidos", en *La Población de México en el nuevo siglo*, México, 2001.

_____, "Migración interna en México", 2001 <http://www.conapo.gob. mx/publicaciones/Lapoblacion/06.pdf>.

Corona Vázquez, R., "Monto y uso de las remesas en México", en R. Tuirán (coord.), *Migración México-Estados Unidos. Opciones de políticas*, Consejo Nacional de Población, México, 2001.

Cortés, F., *La distribución del ingreso en México en épocas de estabilización y reforma económica*, Porrúa, México, 2000.

_____, "Algunos aspectos de la controversia entre investigación cualitativa e investigación cuantitativa", en Canales y Lerner Sigal (coords.), *Desafíos teórico-metodológicos en los estudios de población en el inicio del milenio*, El Colegio de México/Universidad de Guadalajara/Somede, México, 2003.

Correa, R., "Vive el país la crisis más aguda en cafeticultura", *Gaceta UNAM*, núm. 3477, México, 2001.

Champion, A., "International Migration and Demographic Change in the Developed World", *Urban Studies*, vol. 31, núms. 4-5, 1994.

Chant, S., *Gender and Migration in Developing Countries*, Belhaven Press, Londres, 1992.

Chávez, A., C. Rosas y P. Zamudio, "El fenómeno migratorio en el estado de Veracruz: transformaciones, consecuencias y retos", en Ángeles Cruz (comp.), *La población en el sureste de México*, Sociedad Mexicana de Demografía/El Colegio de la Frontera Sur, México, 2005.

D'Aubeterre Buznego, M. E., "Matrimonio, vida conyugal y prácticas transnacionales en San Miguel Acuexcomac, Puebla", tesis de doctorado, Escuela Nacional de Antropología e Historia, México, 1998.

Davis Root, B. y Gordon de Jong, "Family Migration in a Developing Country", *Population Studies*, núm. 45, 1991.

D'Keijzer, B., "Hasta donde el cuerpo aguante: género, cuerpo y salud masculina", en VI Congreso de Ciencias Sociales y Salud, Perú, 2001.

_____, "Morir como hombres. La enfermedad y la muerte masculina desde una perspectiva de género", *Seminario de masculinidad*, UNAM-Programa Universitario de Estudios de Género, México, 1994, mimeo.

Deutschendorf, H., *Of Work and Men*, Fairview Press, Minneapolis, Estados Unidos, 1996.

Díaz Cárdenas, S. *et al.*, "Sistemas de policultivo: una alternativa a la crisis del café en Veracruz", en De Grammont y Tejera Gaona (coords.), *La sociedad rural mexicana frente al nuevo milenio*, vol. II, Instituto Nacional de Antropología e Historia/Universidad Nacional Autónoma de México/Universidad Autónoma Metropolitana/Plaza y Valdés Editores, México, 1995.

Domenach, H. y M. Picouet, "El carácter de la reversibilidad en el estudio de la migración", *Notas de Población*, núm. 49, Centro Latinoamericano y Caribeño de Demografía, Santiago de Chile, 1990.

Donato, K. y M. Kanaiaupuni, *Poverty, Demographic Change, and the Migration of Mexican Women to the United States*, International Union for the Scientific Study of Population, Oaxaca, México, 1994, mimeo.

Donato, K., "Current Trends and Patterns of Female Migration: Evidence from Mexico", 1993, mimeo.

Durand, J., "Nuevas regiones de origen y destino de la migración mexicana", *Working Papers Series*, Center for Migration and Development, Princeton University, 2005.

_____, "¿Nuevas regiones migratorias?", en *Población, Desarrollo y Globalización*, t. 2, Sociedad Mexicana de Demografía/El Colegio de la Frontera Norte, 1998.

Fachel Leal, O., "Suicidio y honor en la cultura gaucha", en Valdés y Olavarría (eds.), *Masculinidad/es. Poder y crisis*, Isis/Facultad Latinoamericana de Estudios Sociales, Chile, 1997.

Fagueti, Antonella, "Mujeres abandonadas: desafíos y vivencias", en Barrera Bassols y Oehmichen Bazán (eds.), *Migración y relaciones de género en México*, GIMTRAP/UNAM-IIA, México, 2000.

Faist, T., *The Volume and Dynamics of International Migration and Transnational Social Spaces*, Oxford, Clarendon Press, 2000.

Fernández Torres, J. E., *La crisis financiera de 1994-1995 y el TLCAN a diez años*, 2005 <www.eumed.net/libros/2005/jeft/>.

Figueroa Perea, J. G., "Algunos elementos para interpretar la presencia de los varones en los procesos de salud reproductiva", *Cadernos de Saúde Pública*, vol. 14, suplemento 1, Rio de Janeiro, 1998.

Findley, S. y L. Williams, "Women who go and women who stay: Reflections of Family Migration Processes in a Changing World", International Labour Office, Ginebra, 1991, mimeo.

Fondo de Población de las Naciones Unidas, *Estado de la población mundial: seis mil millones, es hora de optar*, Nueva York, 1999.

Foucault, M., *Vigilar y castigar*, Siglo Veintiuno Editores, México, 1984.

Fox, N., "Postmodern Reflections on 'risk', 'hazards' and Life Choices", en D. Lupton (ed.), *Risk and Sociocultural Theory. New Directions and Perspectivas*, Cambridge University Press, Gran Bretaña, 1999.

Franzke, J., "El mito de la historia de vida", *Historia y Fuente Oral*, núm. 2, Barcelona, 1989.

Fuller, N., "Fronteras y retos: varones de clase media del Perú", en Valdés y Olavarría (eds.), *Masculinidad/es. Poder y crisis*, Isis/Facultad Latinoamericana de Estudios Sociales, Chile, 1997a.

——————, *Identidades masculinas. Varones de clase media en el Perú*, Pontificia Universidad Católica del Perú/Fondo Editorial, Perú, 1997b.

Gallart Nocetti, M. A., "Reformas agrarias y programa de regularización en México: El Procede", *Boletín del Archivo General Agrario*, Centro de Investigaciones y Estudios Superiores en Antropología Social/Registro Agrario Nacional, enero-marzo, núm. 5, México, 1999.

Gamio, M., *Mexican Immigration to the United States; a Study of Human Migration and Adjustment*, The University of Chicago Press, Chicago, Estados Unidos, 1930.

García, B., R. M. Camarena y G. Salas, "Mujeres y relaciones de género en los estudios de población", en García (coord.), *Mujer, género y población en México*, El Colegio de México/Sociedad Mexicana de Demografía, México, 1999.

García Zamora, R., "Migración internacional y desarrollo local: una propuesta binacional para el desarrollo regional del sur de Zacatecas", ponencia presentada en el Seminario Permanente sobre Migración Internacional: Nuevas Tendencias y Nuevos Desafíos, El Colegio de la Frontera Norte, Tijuana, México, 2003.

Garfinkel, H., *Ethnomethodological Studies of Work*, Londres, Routledge, 1986.

_____, *Studies in Ethnomethodology*, Englewood Cliffs, N. J. Prentice-Hall, 1967.

Gilmore, D., "Cuenca mediterránea: la excelencia en la actuación", en T. Valdés y J. Olavarría (eds.), *Masculinidad/es. Poder y crisis*, Isis-Facultad Latinoamericana de Estudios Sociales, Chile, 1997.

_____, *Hacerse hombre. Concepciones culturales de la masculinidad*, Paidós, Buenos Aires, 1994.

Glaser, B. y A. Strauss, *The Discovery of Grounded Theory: Strategies for Qualitative Research*, Estados Unidos, 1967.

Gledhill, J., "El reto de la globalización: reconstrucción de identidades, formas de vida trasnacionales y las ciencias sociales", en Mummert (ed.), *Fronteras fragmentadas*, El Colegio de Michoacán/Centro de Investigación y Desarrollo del Estado de Michoacán, México, 1999.

Gobierno del Estado de Veracruz (México), *Plan veracruzano de desarrollo, 1999-2004*, Veracruz, México, 1999.

Godelier, M., *La producción de grandes hombres. Poder y dominación masculina entre los baruya de Nueva Guinea*, Akal, España, 1986.

Goldring, L., "Gendered Memory: Constructions of Rurality among Mexican Transnational Migrants", en DuPuis y Vandergeest (eds.), *Creating the Countryside: The Politics of Rural and Environmental Discourse*, Filadelfia, Temple University Press, 1996.

Gómariz Moraga, E., *Introducción a los estudios sobre masculinidad*, Fondo de Población de las Naciones Unidas/Facultad Latinoamericana de Estudios Sociales, México, 1997.

Gramsci, A., *Cuadernos de la cárcel*, Era, México, 1981.

Gregorio Gil, Carmen, "El estudio de las migraciones internacionales desde una perspectiva del género", *Migraciones*, 1997.

_____, *Migración femenina. Su impacto en las relaciones de género*, Narcea, Madrid, 1998.

Guarnizo, L. y M. Smith, "Las localizaciones del trasnacionalismo", en Mummert (ed.), *Fronteras fragmentadas*, El Colegio de Michoacán/Centro de Investigación y Desarrollo del Estado de Michoacán, México, 1999.

Gutmann, M., *Ser hombre de verdad en la ciudad de México. Ni macho ni mandilón*, El Colegio de México, Programa Interdisciplinario de Estudios de la Mujer, Programa Salud Reproductiva y Sociedad, México, 2000.

_____, "Los verdaderos machos mexicanos nacen para morir", *Ediciones de la Mujer*, núm. 24, Isis Internacional, Facultad Latinoamericana de Estudios Sociales, Chile, 1997.

Hegel, G., *Fenomenología del espíritu*, Fondo de Cultura Económica, México, 1986.

Heller, A., *Teoría de los sentimientos*, Fontamara, Barcelona, 1985.

Hernández Licona, G., "El desarrollo económico en México", *Cuadernos de Desarrollo Humano*, núm. 24, Secretaría de Desarrollo Social, México, 2005.

Hernández Meijueiro, J. C., "Sexualidad masculina y reproducción. ¿Qué va a decir papá?", en Coloquio Latinoamericano sobre varones, sexualidad y reproducción, Zacatecas, México, 1995, mimeo.

Hirsch, J., *Migration, Modernity and Mexican Marriage: a Comparative Study of Gender, Sexuality and Reproductive Health in a Transnational Community*, tesis de doctorado, The Johns Hopkins University, Estados Unidos, 1999.

Hondagneu-Sotelo, P., *Gendered Transitions. Mexican Experiences of Immigration*, University of California Press, Berkeley, 1994.

Hugo, G., "Gender and Migrations in Asian Countries", en A. Pinneli (ed.), *Gender in Population Studies Series*, Unión Internacional para el Estudio Científico de la Población, Bélgica, 1999.

————, "Migrant Women in Developing Countries", en United Nations Expert Group Meeting on the Feminization of Internal Migration, Aguascalientes, México, 1991, mimeo.

Instituto Nacional de Estadística, Geografía e Informática, *Indicadores sociodemográficos de México (1930-2000)*, México, 2001.

————, *XII Censo general de población y vivienda, 2000, Tabulados de la muestra censal. Cuestionario ampliado*, México, 2000.

————, *Encuesta nacional de la dinámica demográfica, 1997*, México, 1997.

————, *Conteo de población y vivienda, 1995*, México, 1995.

————, *XI Censo general de población y vivienda, 1990*, México, 1991.

Jonas, S., "Seguridad nacional estadounidense *vs.* bienestar regional como la base para una política migratoria: reflexiones sobre el caso de los inmigrantes y refugiados centroamericanos", en Castillo, Lattes y Santibáñez (coords.), *Migración y fronteras*, El Colegio de la Frontera Norte/Asociación Latinoamericana de Seguridad/El Colegio de México, México, 1998.

————, "The Process of Building Trans-regional Migrant Advocacy Networks: Guatemalan and Salvadoran Experiences", ponencia presentada en el Seminario Permanente sobre Migración Internacional: Migraciones y Fronteras, El Colegio de la Frontera Norte, Tijuana, México, 2001.

Jones, R., "Micro-Service Regions of Mexican Undocumented Migration", *National Geographic Research*, núm. 4, Estados Unidos, 1988, pp. 11-22.

Kanaiaupuni, S., "Male and Female Migration from Mexico to the United States: A Cross-Gender Analysis", Madison, Centre for Demography and Ecology, University of Wisconsin-Madison, 1995, mimeo.

Kaufman, M., "Las experiencias contradictorias del poder entre los hombres", en T. Valdés y J. Olavarría (eds.), *Masculinidad/es. Poder y crisis*, Isis-Facultad Latinoamericana de Estudios Sociales, Chile, 1997.

Kimmel, M., "Homofobia, temor, vergüenza y silencio en la identidad masculina", en T. Valdés y J. Olavarría (eds.), *Masculinidad/es. Poder y crisis*, Isis-Facultad Latinoamericana de Estudios Sociales, Chile, 1997.

_____, "La producción teórica sobre la masculinidad: Nuevos aportes", *Fin de siglo, género y cambio civilizatorio*, núm. 17, Isis Internacional/Ediciones de las Mujeres, Chile, 1992.

King, G., R. Keohane y S. Verba, *Designing Social Inquiry*, Nueva Jersey, Princeton University Press, 1994.

Labrador Fernández, J., *Identidad e inmigración. Un estudio cualitativo con inmigrantes peruanos en Madrid*, Publicaciones de la Universidad Pontificia Comillas, Madrid, 2001.

Lamela Viera, Carmen, "Relaciones y desigualdades de género como mecanismo de selección en los procesos migratorios", *Migraciones*, núm. 6, 1999.

Lan, Pei-Chia, "Maid or Madam? Filipina Migrants Workers and the Continuity of Domestic Labor", *Gender & Society*, vol. 17, núm. 2, 2003.

Laslett, P., "La historia de la familia", en Gonzalbo (comp.), *Historia de la familia*, Universidad Autónoma Metropolitana/Instituto de Investigaciones Dr. José María Luis Mora, México, 1993.

Lim, L. L., "Effects of Women's Position on their Migration", en Federici, Mason y Sogner (eds.), *Women's Position and Demographic Change*, 1993.

Lindón, A., *De la trama de la cotidianidad a los modos de vida urbanos*, El Colegio de México/El Colegio Mexiquense, México, 1999.

Lozano Ascensio, F., "Tendencias recientes de las remesas de los migrantes mexicanos en Estados Unidos", *Working Paper*, núm. 99, The Center for Comparative Immigration Studies, University of California, San Diego, 2004.

Luco, A., "El sexo imaginario", en J. Olavarría (ed.), *Hombres: Identidad/es y violencia. II Encuentro de estudios de masculinidades*, Facultad Latinoamericana de Estudios Sociales/Universidad Academia de Humanismo Cristiano/Red de Masculinidades, Chile, 2001.

Marqués, J., "Varón y patriarcado", en T. Valdés y J. Olavarría (eds.), *Masculinidad/es. Poder y crisis*, Isis-Facultad Latinoamericana de Estudios Sociales, Chile, 1997.

Martin, P. y J. Widgren, "International Migration: Facing the Challenge", *Population Bulletin*, Population Reference Boureau, vol. 57, núm. 1, 2002.

_____, "International Migration: a Global Challenge", en *Population Bulletin*, Population Reference Bureau, 1996.

Martínez, C., "Introducción al trabajo cualitativo de investigación", en Szasz y Lerner (comps.), *Para comprender la subjetividad. Investigación cualitativa en salud reproductiva y sexualidad*, El Colegio de México, México, 1996.

Martínez Flores, A., "Para los hombres las heridas son flores. Trabajo, cuerpo y memoria en Pindal", en Andrade y Herrera (eds.), *Masculinidades en Ecuador*, Facultad Latinoamericana de Estudios Sociales/Fondo de Población de las Naciones Unidas, Ecuador, 2001.

Martínez Pizarro, J., *El mapa migratorio de América Latina y el Caribe, las mujeres y el género*, Comisión Económica para América Latina y el Caribe, Santiago de Chile, 2003, <<Serie Población y Desarrollo, 44)>>.

—————, "Las remesas de los migrantes, los estudios de la CEPAL y algunas discusiones pendientes (notas de trabajo)", documento presentado en el panel "Usos y potencialidades de las remesas. Efectos diferenciales en hombres y mujeres latinoamericanos" (Fondo de Población de las Naciones Unidas), en el Foro Internacional sobre el Nexo entre Ciencia Social y Política-UNESCO-Gobiernos de Argentina y de Uruguay, Argentina, 2006.

Marroni, María da Gloria, "Él siempre me ha dejado con los chiquitos y se ha llevado a los grandes… Ajustes y desbarajustes familiares de la migración", en Barrera Bassols y Oehmichen Bazán (eds.), *Migración y relaciones de género en México*, Grupo Interdisciplinario sobre Mujer, Trabajo y Pobreza/Universidad Nacional Autónoma de México-Instituto de Investigaciones Antropológicas, México, 2000.

Massey, Douglas S., J. Arango, G. Hugo, A. Kouaouci, A. Pellegrino y J. E. Taylor, "Theories of International Migration: A Review and Appraisal", *Population and Development Review*, vol. 19, núm. 3, 1993.

Massey, D. *et al.*, *Return to Aztlan: The Social Process of International Migration From Western México*, Berkeley, University of California Press, Estados Unidos, 1987.

Mauro, A., K. Araujo y L. Godoy, "Trayectorias laborales masculinas y cambios en el mercado de trabajo", en J. Olavarría (ed.), *Hombres: Identidad/es y violencia. II Encuentro de estudios de masculinidades*, Facultad Latinoamericana de Estudios Sociales/Universidad Academia de Humanismo Cristiano/Red de Masculinidades, Chile, 2001.

Melhuus, M., "Machismo and Marianismo: Elements in an Interpretation of a Migration Process", University of Oslo, 1990, mimeo.

Miles, M. y M. Huberman, *Qualitative Data Analysis*, Sage Publications, Estados Unidos, 1994.

Minello, N., "Masculinidad/es: un concepto en construcción", *Nueva antropología*, vol. XVIII, núm. 61, Consejo Nacional para la Cultura y las Artes/Instituto Nacional de Antropología e Historia/Universidad Central de México, México, 2002.

Mirandé, A., "Los hombres latinos y la masculinidad: un panorama general", *La Ventana*, núm. 8, Universidad de Guadalajara, México, 1998.

Montesinos, R., *Las rutas de la masculinidad*, Gedisa, España, 2002.

Mora, L., "Las fronteras de la vulnerabilidad: género, migración y derechos reproductivos", documento presentado en la Conferencia hemisférica sobre migración internacional: derechos humanos y trata de personas en las Américas, Santiago de Chile, 2002.

Morin, E., *El hombre y la muerte*, Kairós, Barcelona, 1999.

Morokvasic, M., "Birds of Passage are also Women...", *International Migration Review*, vol. XVIII, núm. 4, 1984.

Mummert, G., "Cambio sociocutural y género: internalizando y cuestionando relaciones conyugales e intergeneracionales", *Estudios de Historia y Sociedad*, vol. XVI, núms. 61-62, El Colegio de Michoacán, México, 1995.

_____, "Dios, el norte y la empacadora: la inserción de hombres y mujeres rurales en mercados de trabajo extralocales", en *Ajuste estructural, mercados laborales y TLC*, El Colegio de México/El Colegio de la Frontera Norte/Fundación Friedrich Ebert, 1992a, pp. 243-256.

_____, "Reshaping of Gender and Generational Relations among Rural Mexican Migrants to the US", ponencia presentada en Latin American Studies Association, Los Ángeles, California, 24-27 de septiembre de 1992b.

Mummet, "Mexican Rural Women's Struggle for Family Livehood: Case Study of Working Daughters and Working Wives in a Migrant Village", ponencia presentada en *Conference Learning from Latin America: women's struggles for Livelihood*, University of California, febrero 26-29, Los Ángeles, 1992c, mimeo.

_____, "Mujeres de migrantes y mujeres migrantes de Michoacán: nuevos papeles para las que se quedan y para las que se van", en Calvo y López (coords.), *Movimientos de población en el occidente de México,* El Colegio de Michoacán/Centre d'Études Mexicaines et Centre-Américaines, México, 1988.

Núñez Noriega, G., "Los (hombres) y el conocimiento. Reflexiones epistemológicas para el estudio de (los hombres) como sujetos genéricos", en *Desacatos*, núms. 15-16, Centro de Investigaciones y Estudios Superiores en Antropología Social, México, 2004.

Oehmichen Bazán, C., "Las mujeres indígenas migrantes en la comunidad extraterritorial", en D. Barrera Bassols y C. Oehmichen Bazán (eds.), *Migración y relaciones de género en México*, Grupo Interdisciplinario sobre Mujer, Trabajo y Pobreza/Universidad Nacional Autónoma de México/Instituto de Investigaciones Antropológicas, México, 2000.

————————, *Reforma del Estado. Política social e indigenismo en México (1988-1996)*, Universidad Nacional Autónoma de México/Instituto de Investigaciones Antropológicas, México, 1999a.

————————, "La relación etnia-género en la migración femenina rural urbana: mazahuas en la ciudad de México", *Iztapalapa*, núm. 45, México, 1999b.

Oehmichen Bazán, C. y D. Barrera Bassols, "Introducción", en Barrera Bassols y Oehmichen Bazán (eds.), *Migración y relaciones de género en México*, Grupo Interdisciplinario sobre Mujer, Trabajo y Pobreza/Universidad Nacional Autónoma de México/Instituto de Investigaciones Antropológicas, México, 2000.

Olavarría, J. y E. Moletto (ed.), *Hombres: Identidad/es y sexualidad/es. II Encuentro de Estudios de Masculinidad*, Facultad Latinoamericana de Estudios Sociales/Universidad Academia de Humanismo Cristiano/Red de Masculinidad/es, Chile, 2002.

Olavarría, J., *¿Hombres a la deriva? Poder, trabajo y sexo*, Facultad Latinoamericana de Estudios Sociales, Chile, 2001.

Oppenheim Mason, K., "Gender and Demographic Change: What do we Know?", en *Memorias International Union for the Scientific Study of Population*, 1995, mimeo.

Orozco, M., *Remittances and Markets: New Players and Practices*, InterAmerican Dialogue, 2000.

————————, *Gender and Remittances: Preliminary Notes about Senders and Recipients in Latin America and the Caribbean*, documento presentado en el panel "Gender Dimensions of International Migration", Naciones Unidas, Nueva York, 2006.

Paral, B., "Chicago's Immigrants Break Old Patterns", *Institute for Metropolitan Affairs*, Roosevelt University, 2003, mimeo.

Pedraza, S., "Women and Migration: The Social Consequences of Gender", *Annual Reviews of Sociology*, núm. 17, 1991.

Peña, I. de la y G. Vélez, "Café veracruzano: una buena propuesta", *Revista México Profundo*, núm. 304, México, 2002.

Pérez Herrera, M. E., "Migración internacional y políticas públicas en el estado de Veracruz", en De Castro (coord.), *Políticas migratorias de los estados de México*, Instituto Tecnológico Autónomo de México/Universidad Autónoma de Zacatecas/Universidad Autónoma de Guadalajara, México, 2007.

Pérez Monterosas, M., "Miradas y esperanzas puestas en el norte: migración del centro de Veracruz a los Estados Unidos", *Cuadernos Agrarios*, núms. 19-20, México, 2000.

Pessar, P., *Women, Gender and International Migration across and beyond the Americas: Inequalities and Limited Empowerment*, en Reunión de Expertos. Migración internacional y desarrollo en América Latina y el Caribe, México, diciembre de 2005, mimeo.

Política, "Pierde Veracruz 10% de su población por la migración: Coespo" (nota periodística aparecida el 18 de septiembre), Xalapa, México, 2000.

Portes, A. y J. BöRöcz, "Contemporary Immigration: Theoretical Perspectives on its Determinants and Modes of Incorporation", *International Migration Review 87*, vol. XXIII, núm. 3, 1989.

Ritzer, G., *Teoría sociológica contemporánea*, McGraw-Hill, México, 1995.

Rivas Sánchez, E., "Entre la temeridad y la responsabilidad. Masculinidad, riesgo y mortalidad por violencia en la sierra de Sonora", *Desacatos*, núms. 15-16, Centro de Investigaciones y Estudios Superiores en Antropología Social, México, 2004.

Rodenburg, J., "Emancipation or Subordination? Consequences of Female Migration for Migrants and their Families", en *United Nations Expert Group Meeting on the Feminization of Internal Migration*, Aguascalientes, México, 1991.

Rodríguez, G. y B. de Keijzer, *La noche se hizo para los hombres. Sexualidad en los procesos de cortejo entre jóvenes campesinas y campesinos*, Population Council/Edamex, México, 2002.

Rodríguez, H., "1988-1998: El cambio estructural en la economía veracruzana", *Notas de INEGI*, núm. 11, México, febrero, 2001.

Roig, M., "La migración internacional en el contexto mundial", ponencia presentada en el *Expert Group Meeting on International Migration and Development in Latin America and the Caribbean*, México, 30 de noviembre a 2 de diciembre de 2005.

Rosas, C., "Remesas y mujeres en Veracruz. Una aproximación macromicro", en Suárez y Zapata (coords.), *Remesas. Milagros y mucho más realizan las mujeres indígenas y campesinas*, vol. II, Grupo Interdisciplinario sobre Mujer, Trabajo y Pobreza, México, 2004, pp. 111-173.

_____, "Las prescripciones de género como condicionantes de la migración peruana a la Ciudad de Buenos Aires", informe de avances de investigación, Ubacyt, Buenos Aires, 2005a, mimeo.

_____, "Administrando las remesas: posibilidades de autonomía de la mujer. Un estudio de caso en el centro de Veracruz", en *Género, Cultura y Sociedad*, El Colegio de México, México, 2005b, <<Serie de Investigaciones del Programa Interdisciplinario de Estudios de la Mujer, 1>>.

_____, "El desafío de ser hombre y no migrar. Estudio de caso de una comunidad del centro de Veracruz", en Szasz y Amuchástegui (comps.), *Sucede que me canso de ser hombre... Relatos y reflexiones sobre hombres y masculinidades en México*, El Colegio de México, México, 2007.

Rubin, G., "El tráfico de mujeres: notas sobre la economía política del sexo", en *Nueva Antropología*, vol. VIII, núm. 30, México, 1986.

Ruiz Marrujo, O., "Los riesgos de cruzar. La migración centroamericana en México-Guatemala", *Frontera Norte*, vol. 13, enero-junio, El Colegio de la Frontera Norte, México, 2001a.

_____, "Riesgos, migración y espacios fronterizos: una reflexión", *Estudios Demográficos y Urbanos*, vol. 16, núm. 2, mayo-agosto, México, 2001b.

Salazar Parreñas, R., "Migrant Filipina Domestic Workers and the International Division of Reproductive Labor", *Gender & Society*, vol. 14, núm. 4, 2000.

Salles, V., "El debate micro-macro: dilemas y contextos", en Canales y Lerner Sigal (coords.), *Desafíos teórico-metodológicos en los estudios de población en el inicio del milenio*, El Colegio de México/Universidad de Guadalajara/Sociedad Mexicana de Demografía, México, 2003.

Salles, V. y R. Tuirán, "Dentro del laberinto: Primeros pasos en la elaboración de una propuesta teórico-analítica para el Programa de Salud Reproductiva y Sociedad de El Colegio de México", en *Reflexiones: Sexualidad, salud y reproducción*, El Colegio de México, México, 1995.

Saltalamacchia, H., *Del proyecto al análisis*, Buenos Aires, 2007.

Sassen-Koob, S., "Notes on the Incorporation of Third World Women into Wage-labor through Immigration and Off-shore Production", *International Migration Review*, vol. XVIII, núm. 4, 1984.

Sau, V., "De la facultad de ver al derecho de mirar", en Carabí y Segarra (eds.), *Nuevas masculinidades*, Icaria, Barcelona, 2000.

Scott, J., *Los dominados y el arte de la resistencia*, Era, México, 2000.

Secretaría de Gobernación (México), *Enciclopedia de los municipios de México*, t. IV, Centro Nacional de Desarrollo Municipal, México, 2000.

Seidler, V., *La sinrazón masculina. Masculinidad y teoría social*, Programa Universitario de Estudios de Género/Universidad Nacional Autónoma de México/Centro de Investigaciones y Estudios Superiores en Antropología Social, México, 2000.

_____, "Los hombres heterosexuales y su vida emocional", *Debate Feminista*, año 6, vol. 11, México, 1995.

Shihadeh, E., "The Prevalence of Husband-Centered Migration: Employment Consecuences for Married Mothers", *Journal of Marriage and the Family*, núm. 53, 1991.

Shutz, A., *El problema de la realidad social*, Amorrortu, Buenos Aires, 1974.

_____, *Fenomenología del mundo social*, Paidós, Buenos Aires, 1972.

_____ y T. Luckmann, *The Structure of the Life World*, Londres, 1973.

Simmons, A., "Explicando la migración: la teoría en la encrucijada", *Estudios Demográficos y Urbanos*, vol. 6, núm. 1, El Colegio de México, Centro de Estudios Demográficos y de Desarrollo Urbano, México, 1991.

Smith, R., "Transnational Localities: Community, Technology and the Politics of Membership within the Context of México and US Migration", en Smith y Guarnizo (eds.), *Transnationalism from Below*, New Brunswick: Transaction Publishers, Estados Unidos, 1998, pp. 196-238.

Smith, C., "Boletín de prensa", 2005, <http://www.stopgatekeeper.org>.

Stefoni, C. y L. Núñez, *Comunidades transnacionales de inmigrantes. ¿Espacios de integración social o la globalización de la exclusión?*, Facultad Latinoamericana de Estudios Sociales, Chile, 2003, mimeo.

Stier, H. y M. Tienda, "Family, Work and Women: The Labor Supply of Hispanic Immigrant Wives", *International Migration Review*, vol. 26, núm. 4, 1990.

Szasz, I., "La perspectiva de género en el estudio de la migración femenina en México", en García (coord.), *Mujer, género y población en México*, El Colegio de México/Sociedad Mexicana de Demografía, 1999.

_____, "Sexualidad y género: algunas experiencias de investigación en México", *Debate Feminista*, núm. 18, México, 1998.

_____, "Migración y relaciones sociales de género; aportes de la perspectiva antropológica", *Estudios Demográficos y Urbanos*, vol. 9, núm. 1, 1994.

_____, "Migración femenina y transición demográfica: algunas reflexiones desde la perspectiva de género", ponencia presentada en la IV Conferencia Latinoamericana de Población. La Transición Demográfica en América Latina y el Caribe, México, Instituto Nacional de Estadística, Geografía e Informática/Universidad Nacional Autónoma de México/Instituto de Investigaciones Sociales, 1993a.

_____, *Migración temporal en Malinalco: la agricultura de subsistencia en tiempos de crisis*, El Colegio de México/El Colegio Mexiquense, México, 1993b.

Tacoli, Cecilia, "International Migration and the Restructuring of Gender Asymmetries: Continuity and Change among Filipino Labor Migrants in Rome", *International Migration Review*, vol. 33, núm. 3, 1999.

Taylor, S. y R. Bogdan, *Introducción a los métodos cualitativos de investigación*, Paidós, Barcelona, 1987.

Tienda, M. y K. Booth, "Gender, Migration and Social Change", *International Sociology*, vol. 6, núm. 1, 1991.

Toro-Morn, M., "Gender, Class, Family and Migration. Puerto Rican Women in Chicago", *Gender and Society*, vol. 9, núm. 6, 1995.

Trigueros, P., "Inserción laboral de los mexicanos en Estados Unidos. Una visión sociodemográfica", ponencia presentada en el Seminario Permanente sobre Migración Internacional, Tijuana, México, 2002.

Trigueros, P. y J. Rodríguez Piña, "Migración y vida familiar en Michoacán", 1982, mimeo.

Tuirán, R., "Intervención en la ceremonia de presentación del Programa de Trabajo de los 210 Consejos Municipales de Población", Xalapa, Veracruz, 15 de agosto, 2001.

_____, "La población mexicana indocumentada en los Estados Unidos: El resurgimiento de la preocupación por los números", trabajo presentado en el seminario La migración laboral mexicana a Estados Unidos de América: Una perspectiva bilateral desde México, Secretaría de Relaciones Exteriores/El Colegio de la Frontera Norte, México, 1993.

United Nations Secretariat, "Population Distribution and Migration: The Emerging Issues", en United Nations, *Population Distribution and Migration, Proceedings of the United Nations Expert Meeting on Population Distribution and Migration*, Nueva York, 1993.

Valdés, T. y J. Olavarría, "Introducción", en *Masculinidad/es. Poder y crisis*, Isis-Facultad Latinoamericana de Estudios Sociales, Chile, 1997.

_____, "Ser hombre en Santiago de Chile: a pesar de todo un mismo modelo", en T. Valdés y J. Olavarría (eds.), *Masculinidades y equidad de género en América Latina*, Facultad Latinoamericana de Estudios Sociales, Chile, 1998.

Velazco Ortiz, M. L., "Comunidades transnacionales y conciencia étnica: indígenas migrantes en la frontera México-Estados Unidos", tesis de doctorado, El Colegio de México, México, 1999.

Viveros, M., "Quebradores y cumplidores: Biografías diversas de la masculinidad", en Valdés y Olavarría (ed.), *Masculinidades y equidad de género en América Latina*, Facultad Latinoamericana de Estudios Sociales, Chile, 1998.

Welti, C., *Demografía I*, Programa Latinoamericano de población, Universidad Nacional Autónoma de México/Instituto de Investigaciones Sociales/Centro Latinoamericano de Desarrollo, México, 1997.

Zamudio Grave, P., "Veracruz: los nuevos en la aventura migratoria", *Masiosare*, núm. 242, 2002, <http://www.jornada.unam.mx/2002/ago02/020811/mas-cara.html>.

_____, "Una experiencia subjetiva de la migración indocumentada: las incertidumbres del cruce de la frontera", en 48ª Conferencia Anual Secolas, Veracruz, México, 2001, mimeo.

_____, "Huejuquillense Immigrants in Chicago: Culture, Gender and Community in the Shaping of Consciousness", tesis de doctorado, Northwestern University, Illinois, 1999.

Zamudio Grave, P., C. Rosas, Ma. E. Pérez, A. Cruz y A. Chávez, "Patrones migratorios y geografía de la migración: un análisis del estado de Veracruz", en Delgado Wise y Favela Gavia (coords.), *Nuevas tendencias y desafíos de la migración internacional México-Estados Unidos*, Universidad

Nacional Autónoma de México/Centro de Investigaciones Interdisci-
plinarias en Ciencias y Humanidades/Universidad Autónoma de Za-
catecas/Grupo Editorial Miguel Ángel Porrúa, México, 2004, <<Co-
lección Alternativas>>.
Zamudio Grave, P., A. Chávez y C. Rosas, "La migración en el estado de
Veracruz, una visión desde sus municipios", en Escobar Latapí (coord.),
Dinámicas tradicionales y emergentes de la migración mexicana, Centro de
Investigaciones y Estudios Superiores en Antropología Social-Región
Occidente, Guadalajara, México, 2007.
Zlotnik, H., "Female Migration in Relation to Female Labour Force Parti-
cipation: Its Implications for Poverty Alleviation", en Brígida García
(ed.), *Women, Poverty and Demographic Change*, International Studies in
Demography, Oxford, 2000.
_____, "The Dimensions of International Migration. International Mi-
gration Levels, Trends and what Existing data Sys ems Reveal", en
Technical Symposium on International Migration and Development, Paper
núm. II, Naciones Unidas, Holanda, 1998.
Zolberg, A. R., "The Next Waves: Migration Theory for a Changing World",
International Migration Review, vol. XXIII, núm. 3, 1989.

ANEXO

El desarrollo de la investigación

Una de las principales dificultades analíticas que ha enfrentado esta investigación es valorar los efectos de la migración sin caer en imputaciones incorrectas, ya que las personas se ven afectadas por factores de todo tipo: económicos, políticos y socioculturales, entre otros. Marta Tienda y Karen Booth (1991) afirman que es muy difícil aislar los efectos de la migración de otros; advierten sobre la posibilidad de caer en reduccionismos que, como tales, harían que se perdieran de vista procesos tanto o más importantes que el migratorio.

En este estudio, el analizar la masculinidad en relación con la migración no significa darle mayor ni menor importancia a esta última respecto de otros condicionantes; se trata de un recorte necesario desde el punto de vista analítico, y si bien el foco está puesto en los efectos del proceso migratorio, en el análisis se incluyen factores generacionales, familiares y socioeconómicos a fin de observar los efectos o mediaciones que imponen.

También se reduce la posibilidad de hacer imputaciones incorrectas y se brindan más alternativas para validar regularidades cuando, mediante la conformación de distintos grupos de entrevistados, se comparan sus percepciones sobre un mismo fenómeno. En otras palabras, el riesgo de sobrestimar el peso explicativo de un evento o fenómeno se minimiza al trabajar con diferentes conjuntos de personas, en los cuales se puede observar en qué escenarios se presentan ciertas regularidades y qué otros factores (individuales, familiares, sociales) están condicionando (evitando, atenuando, alentando, etc.) la aparición de determinado efecto (Glaser y Strauss, 1967; Miles y Huberman, 1994, entre otros).

Además, aun cuando la masculinidad no se analice frecuentemente en relación con la migración, no me acerco a un tema virgen de contenido; las "similitudes estructurales", en términos de Scott (2000), que han encontrado diversos estudios ayudan a delimitar no sólo el campo de observación, sino el análisis y las imputaciones que allí se realicen, a la vez que operan como elementos externos de validación con los cuales es posible contrastar y discutir los hallazgos.

Por otra parte, el abordaje que propongo necesariamente tiene que dar cuenta de la situación premigratoria, ya que las circunstancias que rodeaban a las personas antes de su incorporación o relación con la migración son elementos clave para entender los cambios que ha producido el fenómeno migratorio (Tienda y Booth, 1991; Lim, 1993). Desde el punto de vista metodológico, la dificultad de reconstruir el pasado es propia de cualquier estrategia de investigación que busque analizar procesos de cambio. En este estudio, como en la mayoría, la reconstrucción del pasado (y del presente) se realiza a partir de los discursos de los actores. Dado que el recurso a la memoria es un elemento básico en la investigación, conviene subrayar que "la película de nuestra vida que nos podemos proyectar a nosotros mismos dentro de nuestras mentes no es una película documental, sino una gran película dirigida y manipulada, en la que la persona que elabora el recuerdo desempeña también el papel de montador y productor" (Franzke, 1989:57). En términos de los estudios cualitativos, interesan las representaciones que los individuos tienen de sus vivencias, los significados que les dan, la forma en que construyen y deconstruyen su imagen y la de los demás, y la manera en que dicen guiar su acción de acuerdo con ciertos sistemas colectivos que les son significativos. Es importante tomar esto como punto de partida de la investigación, lo que lejos de presentarse como dificultad sólo requiere no ser olvidado durante el análisis.

Al respecto citaré las palabras del primer cardaleño que salió rumbo a Estados Unidos

Uno a la hora de platicar así con usted, con la entrevista, no puede uno decir todo. Porque uno se lo dice hasta acá arriba, pero otra cosa es vivirlo; como lo que uno pasó en la brincada, lo que uno siente. Uno platica lo que le pasó, pero aparte es el sentimiento que uno trae, el miedo y todo. ¿Qué nos vaya a pasar? ¿Vamos a llegar? ¿No vamos a llegar? ¿Verdá? Pero eso nunca se puede escribir bien o decir bien qué es lo que sintió y lo que pasa uno […] y lo que yo sentí, el miedo, muchas cosas que nos pasan a todos y muchas cosas que no se pueden explicar bien (Beto).

Beto entiende que no sólo quiero saber acerca de los acontecimientos o de cómo se fueron sucediendo los hechos desde que decidió irse hasta que llegó a su destino; es claro para él que también quiero saber acerca de sus sentimientos y motivos. Y es entonces cuando explica que ahora que ya está en Chicago (ahora que está "acá arriba") le resulta difícil narrar los sucesos, pero más difícil le resulta trasmitir lo que sintió. En pocas palabras, Beto no sólo resume gran parte del interés del trabajo, también se refiere concienzudamente a la dificultad del recuerdo; sin embargo, ello no invalida su discurso ni la interpretación que se puede hacer de él.

En cuanto al trabajo de campo, motivada por las lecturas metodológicas que he realizado, lo dividí en dos partes. En la primera salida al campo de trabajo, que duró alrededor de dos meses, establecí los primeros contactos con los cardaleños y realicé 13 entrevistas en profundidad a informantes clave. Estas entrevistas, sumadas al resto del trabajo etnográfico, me permitieron acotar y especificar mis objetivos e hipótesis, y fundamentarlos (*grounded*) en una ida y vuelta entre la teoría y "la realidad". De esa manera fui especificando las hipótesis para pasar de suponer sobre "los varones", a suponer acerca de "los varones cardaleños en relación con la migración internacional hacia Chicago".

Algo similar ocurrió con el instrumento de recolección de datos. Como Miles y Huberman (1994) subrayan, es necesario no derivar la guía de entrevistas sólo de las lecturas bibliográficas, sino de un intercambio entre el bagaje teórico y el contexto de campo.[1] Una vez rediseñada la guía concreté 35 entrevistas más, lo cual arroja un total de 48 entrevistas en profundidad, que constituyeron la

---

[1] Para abundar sobre las características de la entrevista en profundidad véase S. Taylor y R. Bogdan, 1987; Jurgen Franzke, 1989; A. Strauss, 1990; Daniel Bertaux, 1993; Marie Chanfrault-Duchet, 1995; George Ritzer, 1995; Delgado y Gutiérrez (coords.), 1995; I. Szasz y S. Lerner (comps.), 1996.

base de esta investigación. De las últimas 35 entrevistas, 27 se hicieron en El Cardal y ocho en Chicago.[2] Respecto a la técnica de captación de entrevistados, utilicé la llamada "bola de nieve". En todos los casos solicité al entrevistado que se pusiera en contacto con el pariente, amigo o vecino que me recomendaba y tratara de conseguir su consentimiento. A cada persona la entrevisté al menos en dos ocasiones. En la primera visita le explicaba cuáles eran mis intereses y dejaba que hablara sobre todo lo que creyera pertinente, tratando de intervenir lo menos posible. En la segunda visita realicé preguntas específicas sobre aspectos que antes no se habían abordado o en los que necesitaba mayor profundización de acuerdo con mis objetivos. El tiempo de cada entrevista varió entre alrededor de dos y siete horas de grabación; las de Chicago fueron las más extensas.

Realicé entrevistas con cuestionamientos similares a diferentes actores, pero la especificidad de las biografías me llevó a profundizar en distintos aspectos según el caso.[3] De esta manera no generé biografías completas, sino fragmentos en función de los objetivos planteados.

Permanentemente busqué en las entrevistas relatos sobre las experiencias de los actores. Ellas incluyen tanto narraciones de sucesos (eventos o prácticas) como de los pensamientos y sentimientos que acompañaron a los sucesos.

El criterio para dejar de sumar entrevistados fue que los últimos ya no proporcionaban nueva información (saturación teórica).

En cuanto al análisis, busqué establecer regularidades en los discursos, a la vez que dar cuenta de la variedad. No basta con cono-

---

[2] El intenso trabajo etnográfico propició el acercamiento con la comunidad y su gente, así como la aparición de gestos de confianza imprescindibles para la entrevista en profundidad. Las pláticas informales con autoridades y prestadores de servicios públicos del municipio y de la congregación, las visitas y la convivencia cotidiana con familias y grupos de mujeres y de jóvenes, mi participación en eventos comunitarios y familiares, así como mis funciones de cartero (llevando y trayendo cartas y regalos entre El Cardal y Chicago) fueron algunas de las actividades que crearon y fortalecieron la empatía con la comunidad. Por otra parte, la localización de los migrantes cardaleños en Chicago fue relativamente fácil, porque ellos me buscaron para recibir las esperadas cartas de sus familiares.

[3] Se puede entender "biografía" como el conjunto de representaciones (interpretaciones) relacionadas con las experiencias vividas por el entrevistado (Alonso, 1995).

cer los ámbitos en que interactúan regularmente mujeres y varones, ni los espacios de "normalidad" en las acciones, pensamientos y sentimientos. Dice De Barbieri (1992), al hacer una revisión exhaustiva sobre las distintas corrientes y autores que han trabajado desde la perspectiva de género, que también es necesario conocer las colas de las distribuciones y las zonas límite, es decir, aquellas cuestiones que salen de "lo regular". Esto es algo que tuve en cuenta desde el inicio de la investigación, ya que permite discutir ciertos estereotipos o lugares comunes.

Para observar el papel de la migración como posible propiciadora de transformaciones en los mandatos de la masculinidad, se privilegia el análisis comparativo de dos tipos de referentes discursivos:

1) Los discursos sobre terceros. El análisis de los comentarios acerca de un determinado actor, acción o situación brinda información acerca de lo que Alicia Lindón (2000) llama la inmanencia de lo social en lo individual. Considero que la crítica, entendida como el argumento mediante el cual descalificamos aquello con lo que no estamos de acuerdo, y el apoyo, concebido como la argumentación por la cual defendemos aquello con lo que acordamos, vistos desde el prisma del género son excelentes medios para evidenciar, al menos, dos tipos de construcciones sociales valorativas sobre las prácticas masculinas. En otras palabras, mediante el discurso sobre terceros me he acercado, en los términos que plantea James Scott (2000), al "discurso oficial" de la masculinidad, es decir, al "deber ser" que demanda a los hombres ciertas acciones, pensamientos y sentimientos.

2) Los discursos sobre sí mismo. Así como en el caso anterior se da prioridad al discurso "social", en este caso se prioriza el "individual", es decir, las formas en que cada persona interpreta sus propias ideas, acciones y sentimientos. Si bien las construcciones individuales son, en gran medida, deudoras de las sociales, los sujetos tienen capacidad para cuestionar los sistemas sociales. En otras palabras, he procurado dar cuenta de las construcciones individuales valorativas sobre lo masculino y de las formas en que se acercan o alejan de las sociales, a la vez que poner de relieve las justificaciones que se dan ante una acción socialmente invalidada o las formas en las cuales se rescata lo social para validarse.

Respecto a los alcances de los hallazgos de esta investigación es importante aclarar algunos presupuestos de los que partí. Como ya he mencionado, aquí se analiza un fenómeno social: el impacto del proceso migratorio en las construcciones de género; más específicamente, en las masculinidades. Es decir, no se trata del estudio de un caso o de una comunidad en particular, sino de un fenómeno. Para la interpretación profunda de un fenómeno social, desde la perspectiva que se haya escogido, es necesario tomar un contexto (caso) específico. En este sentido el "caso" es el medio, pero no el fin, de un estudio de esta naturaleza.

La profundización en la interpretación de los discursos, presentando con transparencia las representaciones, sentimientos y prácticas que fungieron como detonantes de las conclusiones de la investigación, es un recurso que permite mostrar la validez interna de un estudio cualitativo. Ello brinda elementos para evaluar si las conclusiones contaron o no con evidencia suficiente que las sustentara.

También cabe aludir a las posibilidades de generalización de los hallazgos. Las discusiones entre posiciones cuantitativistas y cualitativistas acerca de la generalización pueden consultarse, entre otros, en los textos de King, Keohane y Verba (1994) y Cortés (2003); no pretendo reseñarlas aquí en extenso ni, por demás está decirlo, entrar en la compleja discusión; sólo referiré muy sintéticamente los aspectos que me interesan.

Como los estudios cualitativos utilizan muestras pequeñas, seleccionadas de forma no aleatoria, frecuentemente aparece la idea de que sus posibilidades de generalización son también pequeñas. Esta consideración se basa, en gran parte, en la estrategia que se sigue para establecer la muestra. Para avanzar en la discusión parece necesario comenzar por "despegar" la idea de generalización de la de representatividad estadística. A grandes rasgos puede decirse que una muestra es estadísticamente representativa de la población bajo análisis cuando los errores estimados, al pasar de lo particular (la muestra) a lo general (el universo de población) no superan ciertos niveles, con un alto grado de confianza, todo lo cual puede establecerse debido a que la muestra fue seleccionada aleatoriamente. Como los estudios cualitativos utilizan muestras intencionales, la estimación de errores no es posible, por lo que resulta incongruente preguntar por su representatividad. Pero, ¿es incongruente preguntar por las posibilidades de generalización en los estudios cualitativos? Considero que no lo es, siempre y cuando se deje de asociar el término "generalización" con el de representatividad. "[L]a disputa sobre generalización en la investigación cualitativa pareciera estar mal localizada cuando se plantea dentro del marco de la inferencia estadística" (Cortés, 2003:158).

La clave de los estudios cualitativos consiste en lograr profundidad en el análisis de un fenómeno desde la perspectiva que se haya escogido, como ya se mencionó. Ahora bien, no todos los estudios cualitativos persiguen los mismos fines; muchas veces se habla de "los estudios cualitativos" o "los estudios cuantitativos" como si se tratara de conjuntos homogéneos en su interior, sin prever la existencia de objetivos de distintos alcances. Dependiendo de los intereses del investigador, legítimamente se puede optar por la profundización en la dinámica de procesos o relaciones sociales que hacen a un fenómeno en un contexto específico, proponiendo que el fin de la investigación no es la "generalización" de sus hallazgos. Pero también existen estudios que, utilizando abordajes cualitativos, tienen algunas pretensiones respecto de la "generalización" de sus conclusiones. La profundización no está reñida con la generalización; la primera puede ser el medio necesario para llegar a la segunda, en tanto que la segunda puede detonar a la primera, a la vez que cualquiera de las dos puede constituir el fin de una investigación sin que ello signifique mayor o menor legitimidad científica. Entiendo que los estudios cualitativos que tienen alguna pretensión de "generalización" son aquellos que utilizan la profundización como medio para elucidar construcciones, relaciones, procesos, conceptos o modelos teóricos que, por su relativo nivel de abstracción, puedan ser analíticamente replicados en otros contextos, sirvan como recursos teóricos para ser confrontados en otras investigaciones y ayuden a comprender ciertas dimensiones de algunas otras realidades. Precisamente, lo que puede resultar más o menos "generalizable" es ese conjunto relativamente abstracto de relaciones, procesos y construcciones que hacen a un fenómeno social, sin con ello pretender hacer "generalizables" las particularidades encontradas en un contexto determinado.[4]

---

[4] Si se tiene en cuenta que la propuesta de relaciones, conceptos o modelos teóricos relativamente abstractos también puede ser el fin de estudios que utilizan

Resulta complicado, sin embargo, establecer *a priori* mayores o menores posibilidades de "generalización" en los estudios cualitativos, aunque algunas características contextuales en las que se llevó a cabo el estudio pueden alentar la propuesta de "tiempos y espacios" en los cuales los procesos, relaciones o construcciones abstraídos tendrían más posibilidades de aparecer o de ser viables como recursos analíticos. Es decir, habría "parámetros contextuales" que propiciarían una potencial delimitación de las posibilidades de "generalización contextual" de los hallazgos. Los hallazgos de esta investigación, como los de cualquier investigación cualitativa o cuantitativa, se encuentran contextualizados. La importancia del contexto no sólo emerge al momento de reflexionar sobre las posibilidades de "generalización" de los hallazgos, sino que fue fundamental a la hora de proponer ciertas preguntas de investigación y no otras, ciertos supuestos y no otros, etc. Por lo tanto, el contexto condiciona también las respuestas. Y, cabe resaltar, este condicionamiento no es exclusivo de los estudios cualitativos.

Pero considero que la complicación tiende a disminuir *a posteriori*. Al respecto cabe mencionar el recurso de la acumulación de conocimiento. Cuando distintos estudios cualitativos sobre un mismo fenómeno coinciden en determinado hallazgo o muestran la versatilidad del fenómeno ante el condicionamiento de características contextuales, emergen más posibilidades, bien de "generalizar" teóricamente, bien de proponer tipologías dependientes del contexto, bien de discutir y cuestionar un hallazgo. En otras palabras, las posibilidades de "generalización" de una investigación cualitativa se refieren tanto a los estudios que la anteceden como a la utilización que de ella hagan, *a posteriori*, otros estudios; dicha utilización futura permitirá evaluar la pertinencia de lo propuesto y avanzar en el conocimiento del fenómeno que se analiza, lo cual no es exclusivo de los abordajes cualitativos. Ahora bien, la utilidad de los resultados de un estudio cualitativo no se restringe al campo de los que

---

metodologías cuantitativas, y se reconoce que los hallazgos de los estudios cuantitativos también se encuentran acotados a ciertas realidades, la condición de cualitativo o cuantitativo podría pasar a un segundo plano a la hora de discutir las posibilidades de generalización. Pero esta discusión merece mayores consideraciones y no es el fin de este libro entrar en ellas.

emplean metodologías cualitativas, pues constituyen importantes insumos para el diseño de estudios sociales que, mediante abordajes cuantitativos, se valen de herramientas que permiten, ahora sí, generalizar (sin comillas).[5]

CARACTERÍSTICAS DE LOS ENTREVISTADOS

En los siguientes cuadros se presenta la lista de entrevistados y se refieren sus principales características.

TABLA 1
Informantes clave (entrevistados en El Cardal)

Seudónimo	Sexo	Edad	Escolaridad	Situación conyugal	Número de hijos	Ocupación actual
Paula	Mujer	68	Terciario completo	Viuda	3	Ex agente municipal
Aldo	Varón	45	Preparatoria incompleta	Unido legalmente	3	Agente municipal
Daniel	Varón	28	Universitario	Soltero	–	Médico
Antonia	Mujer	46	Terciario completo	Separada	1	Enfermera
Lucas	Varón	59	Terciario completo	Separado	3	Director de escuela
Franco	Varón	44	Terciario completo	Unido legalmente	2	Director de escuela
Horacio	Varón	45	Secundaria completa	Unido legalmente	3	Promotor de salud
Ruperto	Varón	35	Preparatoria completa	Soltero	–	Docente de adultos (IVEA)
Ismael	Varón	40	Primaria completa	Unido consensualmente	3	Comisariado ejidal

[5] He utilizado las comillas cada vez que me he referido a la generalización en los estudios cualitativos, a fin de desligarla de la idea de generalización asociada con la representatividad estadística.

TABLA 1 (*conclusión*)

Seudónimo	Sexo	Edad	Escolaridad	Situación conyugal	Número de hijos	Ocupación actual
Elsa	Mujer	45	Secundaria completa	Unida legalmente	3	Esposa del agente municipal; ama de casa
Karina	Mujer	38	Primaria completa	Unida consensualmente	3	Esposa del comisariado ejidal; ama de casa
Don Martín	Varón	73	Primaria completa	Viudo	4	Anciano
Doña Esther	Mujer	86	Primaria incompleta	Viuda	5	Anciana

TABLA 2
Personas sin planes migratorios y sin migrantes en el grupo familiar (entrevistadas en El Cardal)

Seudónimo	Sexo	Edad	Escolaridad	Situación conyugal	Número de hijos	Ocupación actual
Carlos	Varón	28	Preparatoria completa	Unido	1	Productor cafetalero
Lelia	Mujer	36	Terciario completo	Unida legalmente	2	Comerciante
Omar	Varón	61	Primaria incompleta	Unido	4	Comerciante
Karen	Mujer	23	Preparatoria incompleta	Soltera	–	Empleada doméstica

TABLA 3
Personas con migrante en el grupo familiar (entrevistadas en El Cardal)

Seudónimo	Sexo	Edad	Escolaridad	Situación conyugal	Número de hijos	Ocupación actual
Delia	Mujer	64	Primaria incompleta	Unida consensualmente	5	Ama de casa y comerciante

TABLA 3 (conclusión)

Seudónimo	Sexo	Edad	Escolaridad	Situación conyugal	Número de hijos	Ocupación actual
Eleonora	Mujer	38	Primaria incompleta	Unida consensualmente	5	Ama de casa y vendedora de tortillas
Clara	Mujer	29	Carrera técnica	Unida legalmente	1	Ama de casa y vendedora de ropa
Berta	Mujer	54	Sin escolaridad	Unida consensualmente	2	Ama de casa
Diego	Varón	57	Primaria completa	Viudo	2	Albañil
Cora	Mujer	57	Primaria completa	Unida consensualmente	3	Ama de casa y vendedora de ropa
Alicia	Mujer	35	Preparatoria completa	Unida consensualmente	3	Ama de casa
Sara	Mujer	29	Secundaria completa	Unida consensualmente	1	Ama de casa y ayudante de carnicería
Yeni	Mujer	28	Secundaria completa	Unida legalmente	2	Ama de casa
Lina	Mujer	36	Preparatoria completa	Unida legalmente	3	Ama de casa y vendedora de dulces
Silvana	Mujer	39	Secundaria completa	Unida consensualmente	3	Ama de casa
Ana	Mujer	29	Secundaria incompleta	Unida consensualmente	2	Ama de casa
Lorna	Mujer	29	Primaria completa	Unida legalmente	1	Ama de casa

TABLA 4
Personas con plan migratorio abortado
(entrevistadas en El Cardal)

Seudónimo	Sexo	Edad	Escolaridad	Situación conyugal	Número de hijos	Ocupación actual
Ema	Mujer	26	Secundaria completa	Soltera	–	Empleada en Xalapa

Tabla 4 (conclusión)

Seudónimo	Sexo	Edad	Escolaridad	Situación conyugal	Número de hijos	Ocupación actual
Norberto	Varón	41	Primaria completa	Unido legalmente	2	Campesino
Manolo	Varón	35	Preparatoria completa	Unido legalmente	2	Comerciante
Ricardo	Varón	24	Primaria incompleta	Unido consensualmente	1	Campesino y carnicero
Andrea	Mujer	21	Preparatoria completa	Soltera	–	Estudiante

Tabla 5
Personas con plan de migrar (entrevistadas en El Cardal)

Seudónimo	Sexo	Edad	Escolaridad	Situación conyugal	Número de hijos	Ocupación actual
Joselo	Varón	23	Preparatoria completa	Soltero	–	Ayuda al padre en tlapalería
Federico (comparte atributo de retornado)	Varón	25	Preparatoria completa	Soltero	–	Campesino
Emilio (comparte atributo de retornado)	Varón	39	Sin escolaridad	Unido consensualmente	3	Campesino

Tabla 6
Personas retornadas de Estados Unidos
(entrevistadas en El Cardal)

Seudónimo	Sexo	Edad	Escolaridad	Situación conyugal	Número de hijos	Ocupación actual
Federico	Varón	25	Preparatoria completa	Soltero	–	Campesino
María	Mujer	29	Carrera terciaria incompleta	Soltera	–	Jueza de paz

TABLA 6 (conclusión)

Seudónimo	Sexo	Edad	Escolaridad	Situación conyugal	Número de hijos	Ocupación actual
Sebastián	Varón	24	Secundaria completa	Unido legalmente	2	Albañil
Emilio	Varón	39	Sin escolaridad	Unido consensualmente	3	Campesino
Pedro	Varón	30	Primaria completa	Unido consensualmente	2	Campesino
Rogelio	Varón	25	Preparatoria completa	Soltero	–	Campesino

TABLA 7
Migrantes (entrevistados en Chicago)

Seudónimo	Sexo	Edad	Escolaridad	Situación conyugal	Número de hijos	Ocupación actual
Beto	Varón	40	Universitaria incompleta	Unido consensualmente	3	Vendedor en comercio
Silvio	Varón	31	Secundaria completa	Unido consensualmente	1	Albañil
Leandro	Varón	26	Universitaria incompleta	Soltero	–	Empleado en industria
Hugo	Varón	21	Preparatoria completa	Soltero	–	Albañil
Mario	Varón	34	Primaria completa	Unido legalmente	3	Jardinero
Coqui	Varón	20	Secundaria completa	Soltero	–	Empleado en industria
Tony	Varón	32	Primaria incompleta	Soltero	–	Jardinero
Gabo	Varón	25	Primaria completa	Unido legalmente	1	Lavado de coches

Varones al son de la migración.
Migración internacional y masculinidades
de Veracruz a Chicago
se terminó de imprimir en el mes de noviembre de 2008
en los talleres de Reproducciones y Materiales, S.A. de C.V.,
Presidentes 189-A, col. Portales, 03020 México, D.F.
Portada: Irma Eugenia Alva Valencia
Tipografía y formación: Solar, Servicios Editoriales, S.A. de C.V.
Calle 2 núm. 21, col. San Pedro de Los Pinos
03800 México, D.F., tel.: 55 15 16 57.
Cuidó la edición la Dirección de Publicaciones
de El Colegio de México.